U0909931

国家社会科学基金教育学青年课题CDA100123
四川师范大学出版基金项目

Execution and Deviation of
Independent College Conversion Policy

独立学院转设政策的执行与偏差

阙海宝 等◎著

人民出版社

目　录

第一章　研究背景与设计

本章作为全书的开篇，将对本书的问题已有研究的文献综述和本书的设计与框架结构作出概括性地介绍和论述。首先本书聚焦于我国教育体系中独特的高等教育机构——独立学院，并在追溯其发展演变历史的基础上，对独立学院未来发展的方向，也是一个重大的转折点——转设问题开展专门的研究，富于创新性地运用利益相关者的视角探析政策执行问题，进行深入地理论探讨并与实践紧密联系，结合对独立学院问题的长期关注和研究经历，以期使主管部门的政策制定者、独立学院管理者、民办教育研究者和社会各界人士对这一问题加深认识，并为他们提供决策参考。

第一节　研究问题的提出

一、问题产生的背景

独立学院的产生对我国高等教育的蓬勃发展有重大意义，缓解了高等教育资源的不足，为高等教育大众化作出了重要的贡献。作为我国高等教育发展的一项重要战略选择，独立学院的发展对实现我国高等教育大众化，深化高等教育改革发挥了重要作用。

独立学院的产生主要依托母体高校，参照公办高校的管理方式。2008 年 2 月，为了规范独立学院的办学行为，教育部公布了《独立学院设置与管理办法》（以下简称《办法》）。根据 26 号文件的精神，明确要求此前设立的独立学院以 5 年为期限，按照《办法》的规定进行调整，充实办学条件，撤、转、合并成为独立学院最终的归宿与选择。2013 年即是五年过渡期的截止时间，转设问题成为独立学院未来出路的关键。关于独立学院转设问题的研究中，主要集中在是否能够转设，不能转设的原因在哪里，怎样做才能成功转设，以及转设过程涉及哪些利益的相关者会影响转设和转设后所面临的各种问题。

除了国家政策引导独立学院转设之外，独立学院本身也有转设的迫切要求。首先，独立学院依托母体高校的资源，在专业设置、课程以及管理方面都是按照母体高校的模式，独立学院的学生在毕业后不具备与其他普通高校学生的竞争能力，若不及时转设为民办普通高校，脱离母体高校的办学模式，进行应用型大学转型，形成自身独特的办学特色，将无法形成核心竞争力，将会面临着生源和就业等多重压力。其次，独立学院每年向母体高校支付的管理费用，在没有国家财政资金投入的情况下，特别对于处在发展中的独立学院来讲，必须要有大的投入，改善办学条件和教职工待遇，不然无法形成一支数量充足、质量优良的教职工队伍，独立学院优秀师资的流失也是一个重要的问题。独立学院的运营如果仅靠民间资本和学生的学费维持学校运作，其发展空间可想而知。在独生子女越来越多的社会，不仅有来自公办高校生源的竞争压力，还有来自其他独立学院的生源竞争，生源竞争优势降低会成为将来独立学院发展的瓶颈，这使得独立学院必须有自己的优势和特色，提高软件和硬性条件，成功转设为民办高校。

在独立学院转设的过程中，国家规定的关于独立学院转设所需土地和其他的硬件条件等的限制，致使一部分独立学院无法成功进行转设。从相关利益者角度来看，独立学院转设中所涉及的利益相关者，他们之间的利益博弈也会影响到独立学院的转设，利益相关者从哪些方面影响转设，怎样影响转设都是我们必须要深究的，追究其更深层次的原因，有利于我国的独立学院顺利度过五年的过渡期，成功转设为民办高校。

独立学院的转设牵扯到各个方面的利益，投资方害怕转设后得不到“合理的回报”，政府少了一条解决财政困难的路径，母体高校得不到管理费用，独立学院出于自身发展的需要，又想摆脱母体高校的控制，教师舍不得放弃公办母体高校的编制和待遇，以及学生和家长不愿意拿独立学院颁发的文凭，为了找到合适的工作，母体高校的牌子更能吸引这些学生和家长，这些都是他们之间利益的博弈。因此独立学院在转设过程中困难重重，研究独立学院转设存在的问题，平衡他们之间的利益博弈，有助于独立学院顺利转设。

二、独立学院的产生与发展

20 世纪 90 年代初期，在我国部分地区的个别公立高校，开始出现一种新的办学尝试，即在公立高校内部举办实行民办机制的二级学院，这些二级学院要么是公立高校自办，要么是和其他社会机构合作举办的，学院实行相对独立的教学管理，办学活动不享受财政性拨款，学院的运行主要依靠学生的学费收入。1992 年，天津师范大学创办了国际女子学院；1994 年，郑州大学与台北广兴文教基金会合作举办了郑州大学升达经贸管理学院；1995 年，四川师范大学与四川电影电视艺术进修学院合作举办了四川师范大学电影电视学院。此外，上海理工大学、东华大学等高校也举办了一些形式不同的二级学院。这些学院的合作主体、办学模式、管理制度都各不相同。这些学院成为民办二级学院最初的办学尝试，作为一种新生的事物，当时的发展前景并不明朗，因此这些办学尝试也是处于一种自发的、零散的状态。

1999 年前后，随着高等教育大扩招政策的出台，我国高等教育规模随即进入了一个迅速扩张的阶段。与此同时，民办二级学院的办学模式也得到了迅速推广，民办二级学院开始在部分省区得到迅猛发展。从 1999—2003 年几年间，民办二级学院从最初在个别省份的“星星之火”，发展到 25 个省区创办的三百多所民办二级学院的“燎原之势”。

从民办二级在各个省份的分布情况来看，呈现出明显的不均衡状态，有的省份发展较快，有的则相对谨慎，处于观望状态。具体而言，江苏省、浙江省、湖北省、吉林省、辽宁省等省份起步较早，发展速度相对较快，如在江苏省，仅在 1998—1999 学年就批准建立了 23 所二级学院（赵蒙成，2000），而到 2002 年年底，江苏省内的二级学院已经发展到 37 所，在校生 4 万多人。浙江省是在 1999 年年初开始发展二级学院的，从 1999 年 4 月 22 日批准第一所二级学院后，举办二级学院的办学尝试迅速得到推广，截至 1999 年年底，全省的公立高校中共创办了 11 所二级民办学院（张祖夔，2000）。到 2002 年年底，浙江省全省共举办了 25 所民办二级学院，在校大学生达 3.21 万人，占全省在校大学生总数的 29.8%（北京大学教育学院，2003）。辽宁省自 1999 年开始举办二级学院，至 2003 的上半年全省共有 21 所普通高等学校举办了 27 所二级学院，在校生共有 6 万人左右。云南省从 2000 年 6 月开始试办二级学院，首批批准了云南大学国际文化学院等三所二级学院，至2002年7月，全省共有二级学院8所。

总的说来，在民办二级学院的办学尝试过程中，呈现出来的是一种极其多样的复杂局面：民办二级学院在举办方式、管理模式、办学条件等方面都存在着较大的差异，在纯公办高校与纯民办高校、规范办学与短期行为、办学条件优良与办学条件缺乏等二维之间，呈现出广泛的光谱状分布状态。有研究者在归纳国有民办二级学院的特征时指出，“有的高校积极吸引企事业单位共同投资创办，更多的则由母体高校独家创办；有的已有独立的校园，有的校园还在母体‘腹中’；有的尝试新的领导体制和运行机制，有的领导体制和运行机制变化不大”（韩翼祥，2000）。

在2003年6月13日召开的“普通高等学校以新的机制和模式试办独立学院工作会议”上，时任教育部部长周济就较为全面地总结了公办民助二级学院办学过程中存在的问题：“在独立学院试办过程中，出现不少问题和矛盾，主要表现在：一是相当一部分高校在校内举办了所谓‘二级学院’，这种‘校中校’，本质上是变相地在搞收费‘双轨制’。这不仅违反国家现行高校收费政策，而且有悖教育公平，容易引发不同类别学生之间的矛盾。这类学校如不及早整治，迟早要出大问题。二是颁发学历证书的政策不统一，有的学校以独立学院的名义颁发，有的学校则以校本部的名义颁发，招生宣传不明确，容易在社会上造成混乱，影响教育公平，广大学生和家长对此有较强反应。最近，一些独立学院出现的不稳定现象，大多数与证书的颁发有很大的关系。三是法人、产权等重大法律关系问题不明确，合作办学各方面临一定的法律和政策风险，一旦发生民事责任和债权债务纠纷，将给普通高校带来很大的麻烦。”（周济，2003）

正是公办民助二级学院在发展过程中逐步暴露出来了种种问题，包括观念上的教育公平问题和实际运行中种种缺陷，最终导致教育部不得不采取相应的政策措施对此加以规范。2003年4月23日，教育部在对公办民助二级学院进行的长达4年之久的观望之后，最终制定了《教育部关于规范并加强普通高校以新的机制和模式试办独立学院管理的若干意见》（以下简称“8号文件”），试图对公办民助二级学院的办学行为进行规范。

8号文件针对独立学院的规范管理提出了10个方面的意见，包括“试办独立学院要一律采用民办机制”“必须确保办学条件和质量”。从政策目标来看，8 号文件主要有两个目的：一是对原有的民办二级学院的办学行为进行规范；二是积极鼓励发展独立学院。

就规范管理这一政策目标来看，主要有两个层面的意图：一是对不符合相关要求的办学行为要一律停办；二是对现有的办学行为要进行规范。而规范则主要是从办学机制、办学形式和办学条件三方面来进行的，具体体现在 8 号文件的第 4 条和第 7 条之中，也就是独立学院应当满足以下三个条件：一是在办学机制上，试办独立学院要一律采用民办机制，“试办独立学院建设、发展所需经费及其他相关支出，均由合作方承担或以民办机制筹措解决”。二是在办学形式上，独立学院要实现“六个独立”，独立学院应具有独立的校园和基本办学设施，实施相对独立的教学组织和管理，独立进行招生，独立颁发学历证书，独立进行财务核算，应具有独立法人资格，能独立承担民事责任。三是在办学条件上，独立学院正式招生时生均各项办学条件应基本符合国家规定标准，如教学行政用房建筑面积不少于 4 万平方米，教学仪器设备总值不少于 1000 万元，图书不少于 4 万册。独立学院还应具备不少于 100 人的、聘期一学年以上的、相对固定的专任教师队伍，专任教师中具有副高级以上职称的比例应不低于 30%。

8 号文件出台之后，教育部通过采取了一系列的具体措施来推进相关政策要求的落实。如 2003 年 8 月 15 日，教育部发布了《关于对各地批准试办的独立学院进行检查清理和重新报批工作的通知》，并聘请了 300 多位专家，组成 80 多个检查组，对全国各地、各高校举办的 360 多所民办二级学院就“校中校”、以二级学院名义“双轨收费”、产权不明晰、民办机制不健全、不独立发文凭等办学失范行为进行了清理整顿（闻曙明、王剑敏、董召勤，2006）。在清理整顿之后，教育部于 2004 年 2 月 12 日公布了经过重新审批确认的独立学院名单，在这一审批中，共有 186 所二级学院通过教育的重新审核而获得合法地位。此后，随着重新审批和确认工作的进展，这一名单上的独立学院数目不断增加。

2004 年 11 月 29 日，教育部发布了《教育部关于对独立学院办学条件和教学工作开展专项检查的通知》，并在 2004 年年底至 2005 年 2 月，组织开展了对独立学院办学条件和教学工作的专项检查。接受教育部检查的 249 所独立学院中，70%具备独立法人资格，80%实现财务独立、拥有独立校园，仅9%招生宣传规范（黄一琨、王娜，2007）。

2005年2月28日，教育部专门就加强独立学院的招生工作管理发布了《教育部关于加强独立学院招生工作管理的通知》，要求独立学院在招生过程中要严格按照国家有关规定制定本校招生章程，并如实进行招生宣传，要强化录取工作管理，不得擅自超计划招生、不得委托任何中介机构组织生源或进行录取工作；不得向学生收取国家规定的收费项目和标准以外的任何费用；不得违规降低标准录取考生；不得以专科录取、按“专本连读”培养等要求。

2005年3月22日，教育部组织召开“进一步做好独立学院试办工作网络视频会议”，会上，时任教育部副部长张保庆做了题为“统一思想，提高认识，注重质量，严格管理，努力促进独立学院健康、持续发展”的讲话，在讲话中对独立学院的发展历程进行了简要回顾，并多次强调“办学质量是学院的生命线”，表示教育部将对独立学院开展经常性的评估或专项检查，以此来促进高等教育发展、加大投入、改善办学条件和提高教学质量。

2006年4月30日，教育部发布了《教育部办公厅关于对普通高校、独立学院办学条件等有关问题核查情况的通报》，对2005年度普通高校、独立学院基本办学条件和独立学院资产权属核查工作进行了总结。教育部在通报中对6所独立学院因完全靠租赁土地和教学行政用房办学采取了原则上2006年度不安排招生的惩罚措施；对自有土地、教学行政用房均不达标的5所独立学院，及自有土地或教学行政用房不达标的33所独立学院，采取了2006年度安排的招生计划数不得超过当年的毕业生数或去年的实际招生数的惩罚；对资产未过户到独立学院名下的189所独立学院予以了通报批评。

2013年，教育部召开独立学院规范发展与创新研讨会，会上，鲁昕副部长代表教育部就独立学院的发展，提出了六种出路。一是与企业、社会组织或个人合作继续举办独立学院，特别欢迎与有实力的国有大型企业合作。二是转设为民办普通本科高校或其他层次民办学校。三是并入公办高校，那些公办高校自己举办，不具备独立校区，具有“校中校”特征的独立学院考虑并入公办高校。四是进行资产整合，现有独立学院合并继续举办独立学院或转设为民办本科学校或其他层次的民办学校。五是由当地政府支持转为公办高校，转设后继续与政府合作。六是终止办学。不论选择哪条路径，都要在

“26 号令”的框架内进行，也只有这样，才能保障学校、师生和举办者的合法权益。可以说，独立学院有更多的出路可以选择，又如实现规范后，与国外高水平学校合作开展中外合作办学。多条出路选择其一，每个独立学院都要根据自身情况作出选择。

三、独立学院转设政策执行过程中的偏差现象

2007 年 5 月开始，笔者开始对独立学院的基本现状进行调研，初步发现：当时被官方正式确认的 318 所独立学院中，有相当一部分学校并不符合 8 号文件的规定，不少学校并没有真正的投资方，或者并没有从母体高校中真正独立出来，也就是说“校中校”仍然事实上存在着，而“校中校”正是 8 号文件重点规制的对象，这对未来的转设无法执行埋下了伏笔。具体而言：

根据 8 号文件，独立学院必须按照新模式来试办，而新模式的关键特点在于独立学院所需要的办学设施和经费必须由合作者或以民办机制筹措。简而言之，举办独立学院必须有一个切实的投资方，为学院提供基本的办学设施和办学经费。然而，根据这一标准，目前正式得到官方确认的独立学院中，却有相当一部分独立学院并没有真正的投资方。在笔者参加的“中国独立学院协作会 2007 年年会暨第四次独立学院峰会”的其中一个分组讨论中，前后共有来自 12 所独立学院的代表发言，而在这些发言的 12 所独立学院的代表中，就有 5 所独立学院的代表直言不讳地表明自己所在的学校是“母体学校自办”或“学校的产业集团创办的”。2014 年的独立学院峰会上，一些独立学院也正在积极的寻找合作方，但仍然还有一些校中校在观望。据估计，大约有三分之一并不符合这一规定，也就是有三分之一左右的独立学院是没有真正的投资方的。没有投资方的独立学院大概可以归为三种类型：一是采取“银校结合”的方式举办，即通过向银行贷款的方式来筹措独立学院的基本建设经费，运行经费及贷款偿还主要来自学生的学费；二是由母体高校的产业集团举办的，实质上举办经费仍然具有“公办”的性质；三是由母体高校举办。即母体高校在没有引入社会资本的情况下，运用已有的办学资源来举办。在母体高校举办的独立学院中，又大致存在两种情况：一是旨在增加学校的学费收入而占用现有办学资源举办的学校；二是为了有效整合或利用闲置资源而举办的。目前，在独立学院的办学实践中，这三类独立学院都不同程度

地存在着。

2008年，教育部出台文件，要求独立学院在规定时间内完成资产过户，有条件的进行转设，从长远来看，转设成为普通民办高校也是独立学院发展的方向，但是，由于一些独立学院系校中校，没有真正的投资方，导致资产不能过户，转设也就成了无法实现的目标，基于这一现状，教育部近日出台文件，对独立学院未来的发展提出了以下的目标，即“本、独、并、其他”的路径选择，“本”就是转设成为民办本科高校，“独”就是继续办独立学院，“并”就是合并到母体高校或与其他高校合作，“其他”就是除以三种情况以外的选择，如有专家提出利用国有资金举办的独立学院是否可以不转设，而是批准为公办本科高校，这对于未来独立学院的发展也是一个不错的选择。如全国人大代表杨卫却对此办法提出了不同的看法，不能一揽子将所有的独立院校都定位为民办教育。他直言不讳地说，“独立学校这种一度被提倡和追捧的新兴办学模式，如今已陷入了尴尬的境地，很多独立学院举步维艰。实际上，独立学院有各类各样的类型，除了一些民办的之外，也有学校和地方政府联办的学校，如浙江大学宁波理工学院、浙江大学城市学院就属于此类，实质上这类高校是国家提倡的混和所有制的典型，产权中有地方政府、高校、企事业单位，各自发挥优势，有利于办学权与产权分开，形成规范的法人治理结构”。杨卫表示，“这种联办的学校各种资产都是来源于公家的，地方政府的投资就占到了很大比重，一旦归结为民办或者转为民办，浙江大学就没办法去介入，学校发展堪忧”。“尽管（浙大宁波理工和浙大城市学院）这两所独立学院在国内的各种评比中都位于前列，但还是遇到了一系列困难”。浙江在线记者了解到，允许多收费曾是独立学院的优势之一，由于近几年国家财政性教育经费的支出提高，公办学校得到的教育拨款已经大幅提高，其中工科学校人均可以得到两万多的拨款，已大大高出了独立学院允许的收费上限。

杨卫建议，有关部门是否可以考虑区分不同独立学院的类型，采用不同处理方法，如果独立学院的资源都来源于公家，其办学性质也是公益性的，政府也要给予一定的办学支持。“美国为了支持教育发展，联邦政府和州政府也会对私立学校给予办学支持”，杨卫提出，政府工作报告中说要“提高各级各类教育质量”，就要给所有学校一个发展上升的空间。

四、政策执行理论

自 1973 年美国学者艾伦·维尔达夫斯基和杰弗里·普瑞斯曼正式开启了“政策执行”研究领域以来，政策执行过程对政策目标达成的重要性就越来越被人们所认识到。不管是国内学者“政策执行是将政策目标转化为政策现实的唯一途径”（陈振明，2003）的观点，还是美国学者艾利森所作出的“在达到政策目标的过程中，政策方案确定的功能只占 10%，而其余的 90% 取决于有效的执行”（袁振国，2001）的判断，都立场鲜明地强调了政策执行过程的重要性。在关于政策执行的研究文献中，读者也可以看到很多类似的观点。这些观点，一方面是学者们对政策执行进行探究的认知结果；另一方面也自然地引起了更多的学者对政策执行过程的关注和探究。

然而，与政策执行的重要性伴随的，是政策执行过程中所蕴含的让人望而生畏的复杂性。有学者指出，政策执行过程是“一个充满着连续不断的交易、谈判和政治互动的复杂过程”（米切尔·黑尧，2004），“其复杂程度绝不低于政策的制定过程”（丁煌，2002）。事实上，早在 20 世纪中叶，在政策执行受到人们普遍关注之前，就有一批重要的研究成果“清楚地揭示出行政机构不仅受其合法委托权的影响，而且还受到关心其行动的利益团体的影响，受到其政策子系统中的立法机关干预的影响，并受到其政治环境中的各种其他因素的影响”（保罗·A. 萨巴蒂尔，丹尼尔·A. 马兹曼尼安，1990）。进而言之，仅从有关学者对“联合行动的复杂性”这一影响因素的分析来看，就足以窥见政策执行过程的复杂性了（保罗·A. 萨巴蒂尔，丹尼尔·A. 马兹曼尼安，1990；陈庆云，1996）。

基于以上论述，在政策执行的重要性和复杂性之间，我们可以把握的一个基本事实是：不管是在国内还是在国际政策科学界，关于政策执行研究仍然有大量的工作有待开展。在中国当前的教育政策执行领域，更是如此。

由此可见，不管是在政策实践领域，还是政策科学研究领域，政策执行研究的重要性怎么强调也不为过。因为其复杂性，政策执行研究的开展或许会面临着诸多困难；因为其重要性，任何以此为志业的研究者都会倍感任重道远。总体而言，在独立学院政策执行过程中，转设政策实施情况与政策目标之间存在明显的不相一致现象。换言之，在政策执行过程中，与政策目标不相符合的政策执行现象的长时段存在，政策执行过程中严重背离了设计者的初衷，导致政策成了一纸空文。

五、研究问题的聚焦

关于政策执行研究的问题，保罗·A. 萨巴蒂尔和丹尼尔·A. 马兹曼尼安提出了政策执行研究所应该关注的三个主要问题：第一，在多大程度上，政策执行机构的政策输出和执行过程的最终影响，与原始法规、上诉法院决定或者其他基本决定中阐述的目标相一致？第二，在多大程度上，原始决定中的目标和基本战略在执行过程中被修改，以及在政策再形成阶段被原政策制订者修改？第三，影响目标实现程度、目标和战略的修改，以及导致其他政治上重大冲击的主要因素是什么？（保罗·A. 萨巴蒂尔，丹尼尔·A. 马兹曼尼安，1990）

保罗·A. 萨巴蒂尔和丹尼尔·A. 马兹曼尼安的这三个问题，可以归纳为对政策执行过程中的政策偏差、政策调整以及影响因素的考察。通过对以上独立学院转设政策实施过程中存在的政策执行偏差现象的描述，本书提出以下三个主要研究问题：

第一，在独立学院政策中，对作为政策制定部门的中央教育行政管理部门而言，独立学院转设政策所期望达到的政策目标是什么？作为政策执行部门的省级地方教育行政管理部门是如何解读这些政策目标的？在政策执行过程中，哪些政策目标得到了落实，这些政策目标具备什么样的特征？哪些政策目标未能得到落实，这些政策目标又具备什么样的特征？

第二，在独立学院转设政策实施过程中，作为政策执行者的中央教育行政管理部门和省级教育行政管理部门对政策执行偏差现象是否了解？如果了解，是否采取相应的对策措施？影响政策执行者采取有效的政策执行措施的主客观因素是什么？

第三，作为社会利益的权威性分配方案的独立学院政策方案，在存在广泛差异性的政策环境中，政策统一性与地方差异性二者之间是如何进行调适的？这种调适对政策目标的实现造成了什么样的影响？当政策的统一性与地方的差异性存在明显冲突的情况下，政策制定部门是如何采取相应的政策行动的？而政策执行者又是采取什么样的应对措施的？政策对象又应当如何应对这些来自政府部门的干预措施？此时，应当如何处理政策的权威性与社会实践的复杂性的关系？如何来看待政策得到修正或终结之前，各政策参与者所采取的行为的性质？

第二节　已有研究的文献综述

一、对独立学院转设问题的研究

国内大多数的研究都赞成独立学院从“母体学校”中脱离出来，成为完全独立的民办高校。国内关于独立学院的研究视角主要是整体的规划与展望，并未深入分析独立学院微观运行过程，还缺乏对独立学院评估指标体系、相关利益主体、运行机制等的深入研究，既是对独立学院未来发展对策的研究，也是基于我国高等教育市场化的假设之上。

在中国期刊全文数据库核心期刊中搜索“独立学院”关键词一共有 887 篇论文，优秀硕士论文 273 篇，博士论文 4 篇，然而在中国期刊全文数据库全部期刊中搜索“独立学院转设”关键词，只有 11 篇相关文献，这些文献大多将研究的问题聚焦在独立学院转设为民办高校后，学院将面临的机遇及挑战，以及财务、资产过户和人才培养模式、师资建设方面。从目前的文献研究来看，我国学术界对于独立学院转设研究主要集中在转设过程中的问题上，没有从利益相关者角度出发，去分析出现这些问题的深层次原因。独立学院因为自身性质的独特，既不属于公立高校，也不属于民办高校，而是公有民办的综合体，国家并没有专门为不同类型的独立学院制定出相关的转设政策，而是统一用相同的标准要求不同类型的独立学院进行转设，致使一部分独立学院由于相关条件的限制而无法进行转设，例如在相关文件中，《普通本科学校设置暂行规定》（教发〔2006〕18 号），要求普通本科学校生均占地面积应达到 60 平方米以上，学校建校初期的校园占地面积应达到 500 亩以上，但是这在沿海比较发达的东部地区是无法实现的；再次，《普通本科学校设置暂行规定》要求，普通本科学校生均教学科研仪器设备值，理、工、农、医类和师范院校应不低于 5000 元，人文、社科类院校应不低于 3000 元，体、艺类院校应不低于3000元，在经济实力落后的西部这也是比较困难的。国家没有分地区、分类别对独立学院转设进行区别对待，没有考虑到相关的实际条件和特殊情况，导致一些本来有实力可以转设为民办高校的独立学院因为国家的硬性规定而无法进行转设。

又如“国有民营”独立学院在执行资产过户政策时因产权归属问题也难以落到实处。一是公立高校利用闲置的土地资源和教学资源办的独立学院，在这种情况下资产过户涉及很多方面，它属于国有资产转移，必须要通过国资委等部门的同意，还需要履行相应的程序，并不只是一个土地使用证上的更名。二是公立高校与地方政府或国有企业单位合作也存在资产过户的障碍。很多独立学院是按非营利性教育用地的规定才获得政府的“划拨用地”，即主要是获得土地的使用权，而没有相应的产权。一些独立学院主要靠租用土地来办学，谈不上土地过户的问题，如果土地不过户，转设就没有什么实质的意义。还有一些独立学院的投资方是国有企业或事业单位，将国有闲置土地或工厂用于办学，这种教育用地不准用于买卖、抵押、担保等交易行为，因此，这部分独立学院也无法进行过户。一部分独立学院通过公司购买土地后，进行了抵押，但已经用于抵押、查封、担保用途的土地依法不能予以转让，如果不进行置换，将不能从银行取回产权证，无法进行资产的评估工作。① 以上这些都是独立学院进行转设过程中遇到的各种问题，各种不同的利益主体是影响我国独立学院进行转设的重要因素，他们对独立学院转设的态度是不一样的。中央政府主要考虑的是全局的利益，它制定政策的出发点是全体人民的整体利益，在制定政策的时候，可能只考虑到大部分地区的利益，而损害了其他部分地区的利益，比如在东北三省，政策的制定若有利于本地区的利益，当地的政府就会严格地执行，并出台辅助政策帮助独立学院进行转设，对于中西部地区的独立学院来说，发展比较落后，国家政策可能会损害到一部分独立学院的利益，这就会导致当地政府和独立学院不会按照国家的政策执行，出现“上有政策，下有对策”的局面。而地方政府代表局部利益，其执行政策的出发点是谋求本地区的最大利益。

---

① 罗昆、阙海宝：《“国有民营”独立学院发展的制度困境与对策》，《国家教育行政学院学报》2011年第3期。

关于独立学院转设的研究目前大多数学者集中在对转设过程的问题研究上，对出现这些问题的深层次原因缺乏理论上的分析。

二、运用利益相关者视角对教育问题开展的研究

利益相关者理论产生于20世纪60年代，它是在对美、英等国奉行“股东至上”公司治理实践的质疑中逐步发展起来的。对其研究主要集中在利益相关者的概念界定、利益相关者参与治理的基础及其利益相关者总类的划分上。已有相关文献对利益相关者的分类的研究较为丰富，国外的研究主要集中在多维细分法和米切尔（Mitehell）评分法，多维细分法具体又包括查克汉姆（Char-khaln）、克拉克森（Clarkson）、惠勒（Wheeler）等人的分类方法。现有研究注重规范分析，实证研究明显不足；现有研究对利益相关者的界定及分类未考虑企业所处环境；现有研究未涉及利益相关者利益的量化问题。

国外研究者米切尔将利益相关者的定义归纳为二十多种，其定义有广义和狭义之分，具体表现为斯坦福大学研究所（1963）利益相关者是这样一些团体，没有其支持，组织就不可能生存；雷恩曼指出利益相关者依靠企业来实现某个人目标，而企业也依靠他们来维持生存；Ahlstedt 和 jahnukainen（1971）提出，利益相关者是一个企业的参与者，他们被自己的利益和目标所驱动，因此必须依靠企业；而企业为了生存，也必须依赖利益相关者；弗里曼和瑞德（1983）认为利益相关者能够影响一个组织目标的实现，或者他们自身受一个组织实现其目标过程的影响；科奈尔和夏皮罗（1987）认为利益相关者是那些与企业有合约关系的要求权人；伊万和弗里曼（1988）认为利益相关者在企业中有一笔“赌注”，或者对该企业有要求权，他们因公司活动受益或受损，他们的权利因公司活动而受到尊重或受到侵犯；鲍威尔（1988）认为利益相关者没有他们的支持，组织将无法生存；阿尔卡法奇（1989）认为利益相关者是那些公司对其负有责任的人；卡罗（1989）认为利益相关者能以所有权和法律的名义对公司资产或财产行使权利；弗里曼和伊曼（1990）认为利益相关者是与企业有合约关系的人；克拉克森（1994）认为利益相关者已经在企业中投入了一些实物资本、人力资本、金融资本或有一些有意义的价值物，并因此而承担了一些形式的风险，或者说，他们因企业活动而承

担风险。还有许多未列举的定义，对于利益相关者的概念界定都是过于宽泛或狭窄的，目前没有一个统一的概念供学者使用。对于利益相关者定义范围最宽的概念指凡是能影响公司活动或被公司活动所影响的人或团体都是利益相关者。最窄的概念指伊万和弗里曼提出的只有在企业中下了“赌注”的人和团体才是利益相关者。

目前国外关于利益相关者的分类主要集中在以下几个方面，查克汉姆（1992）按照利益群体与企业是否有交易性合同关系，将其分为契约性利益相关者和公众型利益相关者。克拉克森（1995）根据与企业联系的紧密程度，将利益相关者分为主要的利益相关者和次要的利益相关者。随后，惠勒（1998）根据社会维度的紧密型差别，将利益相关者分为一级社会利益相关者，是指与企业有直接关系的，包括顾客、投资者、雇员、社区、供应商等；二级社会利益相关者，指通过社会性活动与企业有间接关系的，包括居民、相关团体；一级非社会利益相关者，指对企业有直接关系，但不与具体的人发生联系，如自然环境等；二级非社会利益相关者，指对企业有间接影响，同时也不与人联系，如非人类物种等。卡罗（Carroll，1996）提出了两种分类方法，一种是与公司关系的正式性分为直接利益相关者和间接利益相关者；另一种是将利益相关者分为核心利益相关者、战略利益相关者和环境利益相关者。

最具有突出贡献的是米切尔在归纳出27种利益相关者概念的基础上对其进行了分类，提出了评分法以界定利益相关者，主要是以影响力、合法性以及紧迫性三个维度区分利益相关者关系。他认为企业的相关者类型可以分为确定型利益相关者、预期型利益相关者和潜在型利益相关者。

国外对于利益相关者的研究多集中在对利益相关者的概念以及分类上，还有部分学者对利益相关者理论本身产生质疑，认为其基本概念以及范围还没有达成共识，利益相关者的数量众多，管理层无法平衡各自的利益，并且认为将社会责任与股东价值最大化放在同等重要的地位这种中立的方案是行不通的。

尹晓敏在《利益相关者参与逻辑下的大学治理研究》一书中将利益相关者的概念范围分为三类：第一类范围最宽，即凡是能影响公司活动或被公司活动所影响的人或团体都是利益相关者。股东、债权人、员工、供应商、客户、政府、相关的社会组织和社会团体、周边的社会成员等，都被纳入此范围。第二类定义范围较窄，即凡是与公司有直接关系的人或团体才是利益相关者。该定义排除了政府部门、社会组织及社会团体、社会成员等。第三类定义范围最窄，它认为，只有在公司中下了“赌注”的人或团体才是利益相关者。①

到目前为止，还没有一个具体规范的定义给予利益相关者，自斯坦福大学首次提出利益相关者以来，其后有三十余种关于利益相关者的定义。在本书中偏向于采取广义上的概念界定，即主要是指由于个人或集体作出的某种决定或决策能够影响到组织目标的实现，这一类个人、群体和组织就是本书中所涉及的利益相关者。

在国内，利益相关者的研究始于20世纪90年代，主要产生于企业理论和公司治理研究，最具代表性的人物就是杨瑞龙和李维安。杨瑞龙在2001年提出了共享所有权及利益相关者“共同治理”的优越性，这为利益相关者的参与治理提供了一定的基础。李维安提出企业的治理应该从行政型治理转型为经济型治理，其中利益相关者是极为重要的一方面。李福华在《大学治理的理论基础和组织架构》一书中的分类，根据利益相关者与独立学院的密切程度不同，将独立学院的利益相关者分为：（1）核心利益相关者：教师、学生和管理人员；（2）重要利益相关者：独立学院的资产投资人，包括合作者、申办高校、校友和捐赠者；（3）间接利益相关者：与学校有契约关系的当事人，如科研经费提供者、产学研合作者和贷款提供者；（4）边缘利益相关者：当地社区、社会公众、媒体和社会中介机构等。本书着重偏于根据与独立学院的密切程度及重要性，研究重要利益相关者和次要利益相关者。

从利益相关者角度来谈独立学院问题的目前有罗昆、李道先的《独立学院转设政策的利益博弈及其治理》，彭华安、陈维民的《利益相关理论视野下的独立学院“独立”困境研究》，蔡荔的《独立学院利益相关者和引入独立董事的必要性》，相对来说，从利益相关者这个角度来谈独立学院转设问题的文献比较少，对于转设过程中各个层次的利益相关者对独立学院转设的影响都没有涉及。从利益相关者角度来看，蔡荔将利益相关者归纳为国家、举办

① 尹晓敏：《利益相关者参与逻辑下的大学治理研究》，浙江大学出版社2010年版，第33—34页。

高校、合作者、学生、教职工以及用人单位，未对利益相关者作出具体的分类，并且没有更进一步深层次挖掘这些利益相关者是怎样影响独立学院运行的，在执行独立学院转设政策过程中，利益相关者他们的心态以及态度是怎样的，是出于什么样的利益考虑来面对独立学院转设等这些问题都没有涉及到。她反对股东利益至上，否认股东利益优于其他利益拥有者，而是坚持独立学院价值的最大化就是以六方利益（国家、举办高校、合作者、学生、教职工以及用人单位）总合的最大化。

李维安认为，理论上对于利益相关者当中“谁‘能够’或者‘应该’参与公司治理”这个问题，仍存在很大的分歧。回顾相关文献，这种分歧主要表现为四种不同的治理观，它们分别是股东治理观、员工治理观、利益相关者共同治理观以及关键利益相关者治理观。① 股东治理观主要以资产特性作为治理基础，让股东作为治理的参与者，员工治理观是建立在对员工价值的尊重基础之上的，以员工作为治理参与者，利益相关者共同治理观主要以共同利益作为治理基础，全体利益相关者作为治理参与者，而在关键利益相关者治理观中，以关键利益为治理基础，主要以关键利益相关者作为治理参与者。他指出，在利益相关者理论的研究中，还必须解决一些关键的问题，比如利益相关者参与治理的理论基础、机制设计以及效果的验证。

三、国外政策执行研究的基本现状及主要理论模型

本书是从政策执行的角度来对独立学院政策进行探讨的。因此研究的前提之一就是对政策执行的研究状况进行梳理。

自 1973 年政策执行研究的开山之作《执行：联邦政府的宏愿是如何在奥克兰化成泡影的》一书发表以来，该领域就开始成为政策学者研究和探讨的热点所在，并在此后三十多年的发展过程中出现了大量的研究成果。如果从理论的发展阶段来进行分析，可以把这些研究成果划分为以下三类：

一是政策执行过程描述阶段，这一阶段研究成果的基本特征是：这类研究采取某种视角对政策执行过程进行理论性分析，但还没有识别出比较明确的变

---

① 李维安、王世权：《利益相关者治理理论研究脉络及其进展探析》，《外国经济与管理》2007 年第 4 期。

量，其主要任务并非在探讨变量间可能存在的关联问题，而是旨在识别出部分重要变量，帮助人们从某一角度来理解政策执行现象。代表性的成果如麦克拉夫林（Mclaughlin）的政策执行调适过程模式、马丁·雷恩（Martin Rein）和弗朗森·F. 拉宾诺维茨（Francine F. Rabinovitz）的政策执行循环模式、贝曼（Berman）的总体与个体政策执行模式、尤金·巴德克（Eugene Bardach）的执行赛局模式、那卡穆拉（Nakamura）和斯默伍德（Smallwood）政策环境关联模式。以下选取麦克拉夫林的政策执行调适过程模式进行简要评析。

1976 年，麦克拉夫林在对美国联邦教育改革研究的基础上发表了《相互调适的政策执行：教室组织变革》一文，提出了政策执行调适过程模式，其基本观点是：政策执行过程是执行组织与受影响者之间就目标和手段作相互调适的互动过程。其基本图示如下：

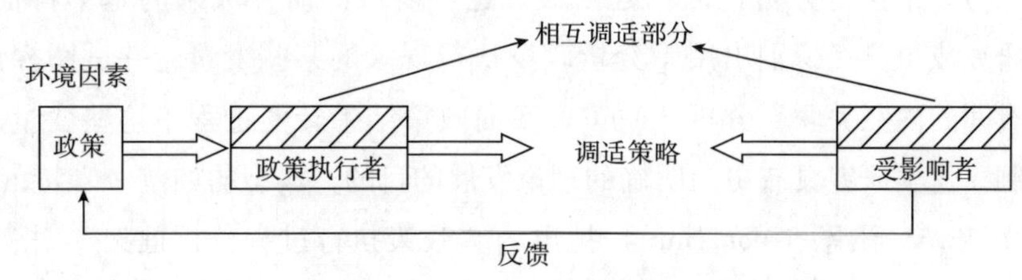

图 1－1　政策执行调适模式

资料来源：袁振国：《教育政策学》，江苏教育出版社 2003 年版，第 297 页。

在该模式中，麦克拉夫林认为政策执行行为相互调适的过程应包括以下四个方面内容：

（1）政策执行者与受影响者之间彼此的需求和观点并不一致，基于双方在政策上的利益，彼此必须放弃或修正其立场，以协调出一个双方皆可接受的政策执行方式。

（2）政策执行者的目标与手段富有弹性，可因环境因素或受影响者需求和观点的改变而变化。

（3）这一相互调适过程是彼此处于平等地位的双向交流过程，并非古典论者所云“上令下行”的单向流程。

（4）受影响者的利益、价值与观点仍将反馈到政策上，以至左右政策执行的利益、价值和观点。

在麦克拉夫林对当时美国教室结构改革方案执行情况的研究后得出结论，成功的教室改革方案有赖于成功的政策执行过程，而成功的政策执行过程则依赖于成功的相互调适过程。因而，可以认为唯有在制度背景、方案目标与方法以及执行人员之间的相互调适与适应，才可能产生成功和教育改革成效（颜国梁，1997；袁振国，2003）。

麦克拉夫林的政策执行调适模式从主体互动的视角来描述政策的执行过程，虽然该模式最后也认为政策执行的成功是制度背景、方法目标与方法以及执行者等变量之间相互调适的结果，但该模式主要的内容还在于从动态的角度来描述政策执行过程，指出政策执行过程中诸多相关要素之间相互调适和互动的事实，而没有致力于变量间的关联情况的探讨。因此，这里将该模式归入执行描述阶段。

二是政策执行分析框架构建阶段，这一阶段的研究成果的基本特征是：这类研究成果已经识别出用于分析政策执行现象的某些变量，并试图探讨这些变量间的内在关联，分析从政策方案向政策结果转变过程中这些变量的作用机制。这类研究具有更为明确的理论发展的目的，典型的如范·米特（Van Meter）和范·洪恩（Van Horn）提出的“政策执行过程分析框架”、格林德（Grindle）提出的政治和行政过程模式、保罗·萨巴蒂尔（Paul Sabatier）和丹尼尔·马兹曼尼恩（Daniel Mazmannian）提出的环境影响模式、乔伊（GogginBowman）和鲍曼（Bowman）提出的政府间沟通模式等。以下选取保罗·萨巴蒂尔和丹尼尔·马兹曼尼恩的环境影响模式进行简要评析。

在保罗·萨巴蒂尔和丹尼尔·马兹曼尼恩的环境影响模式中，他们把环境因素视为自变量，政策执行过程视为因变量，试图建立执行者的政策行为与政策环境因素之间的关联性，其中环境因素包括三大类 17 个因素，这三大类分别是政策问题的可处理性；政策本身的规范能力；影响政策执行的非政策变量因素。而政策执行过程又可以分为五个阶段：执行机关的政策产出、目标群体对政策产出的顺服、政策产出的实际影响、对政策产出所认知到的影响、政策的主要修正。

环境影响模式是一个比较全面的分析框架，已经将政策执行的诸多重要影响因素纳入其中，这是该模型独到的贡献之一。如，在政策问题的可处理性中，保罗·萨巴蒂尔和丹尼尔·马兹曼尼恩已经识别出的变量包括现行的有效的理论与技术、目标群体的多样性、目标群体的人数、目标群体的行为需要调适的幅度四个变量。在其他相关的研究成果中，我们或多或少可以看到对这四个变量更为深入的探讨，对这些变量的重要性也已经取得普遍的认识，例如，缺乏有效的技术，政策往往难以得到执行，或者即使已经拥有某些执行政策的技术，但由于技术难以推广，从而影响了政策目标的实现（颜国梁，1997）。事实上，该模型中提到17个变量与政策执行结果之间存在着十分丰富、复杂的关联，然而，这些丰富而复杂的关联在这个模型中被隐藏起来了。因此，该模型与其他处于分析框架构建阶段的研究成果一样，都存在着进一步发展的空间。该分析框架见图1-2：

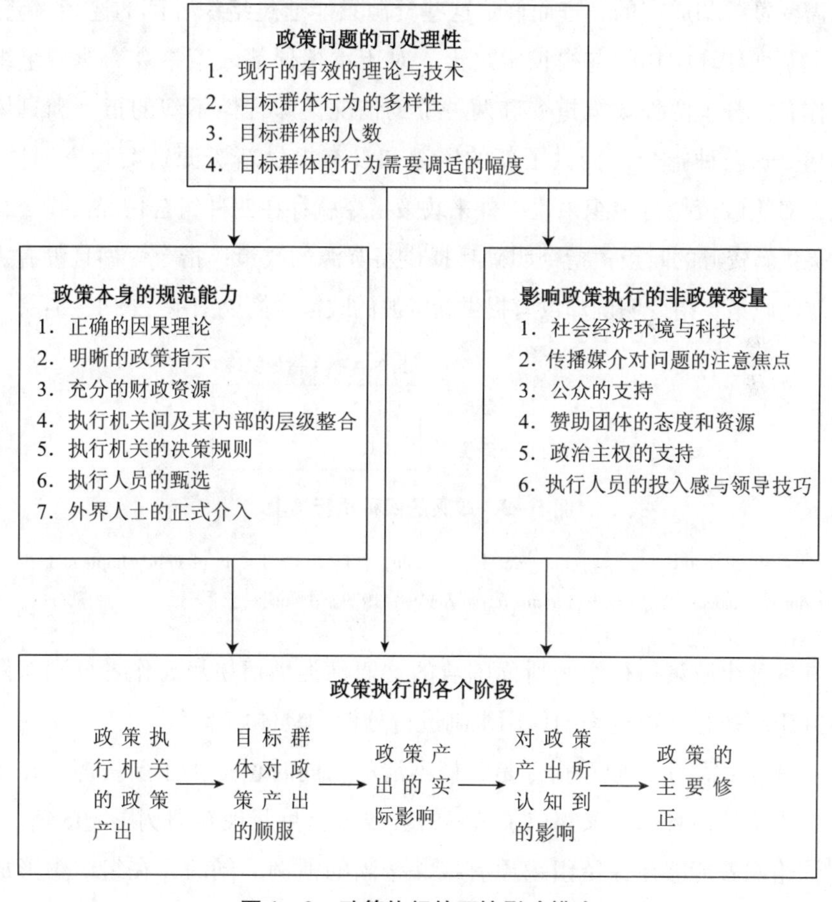

图1-2 政策执行的环境影响模式

资料来源：袁振国：《教育政策学》，江苏教育出版社2003年版，第307页。

三是政策执行理论构建阶段，这一阶段研究成果的基本特点是：选取若干关键变量，通过研究假设建立某两个或几个变量间的联系，并运用经验的资料对假设进行验证，理查德·F. 埃尔默、罗伯特·S. 蒙特乔伊、小劳伦斯·J. 奥图尔和理查德·马特兰德提出的模糊—冲突模型就是其中较具影响力的研究成果。下面分别对这两项研究成果进行梳理。

在罗伯特·S. 蒙特乔伊和小劳伦斯·J. 奥图尔的研究中，他们在已有的组织理论和经验观察的基础上假定，组织中存在着一个能够影响组织行动方向的主导集团，他们的行为受到两个因素的制约：一是外部的政策指令；二是组织内部已有惯例。对于已有惯例，作者认为，这些惯例的形成或改变往往是需要资源和成本的，进而假定这些资源只能通过组织外部的途径来获取。在这一系列环环相扣的前提设定之上，对于承担外部政策指令的执行组织而言，作者区分了两种政策指令和两种资助情况，即含糊不清的指令和具体明确的指令这两种指令，提供了新的资源和没有提供新资源这两种资助情况。因此，对于政策执行组织来说，外来政策指令就存在四种组合情况：指令含糊同时提供新资源的政策；指令明确且提供新资源的政策；指令含糊且没有提供新资源的政策；指令明确却没有提供新资源的政策。简要图示见图 1 –3：

	指令含糊	指令明确
提供新资源	A	B
没有提供新资源	C	D

图 1 –3　政策的四种执行情境

资料来源：Robert S. Montjoy，Laurence J O’Toole，“Toward a Theory of Policy Implementation：An Organizational Perspective”，*Public Administration Review*，1979，p. 466。

在区分出政策执行组织所面临着的这四种类型情境后，作者分别对两个变量在组织执行政策过程的作用机制进行分析。具体如下：

在 A 类情境中，政策指令是含糊不清的，同时也提供了新资源。在政策指令含糊不清而且组织又获取了足够的资源可以克服现有惯例影响的情况下，这时该组织就能够在保留组织原有根深蒂固的惯例的同时，在组织中形成最高程度一致的自主决策权。此时，如果该组织的领导有一贯的目标或世界观，那么可以预期该领导也会在相应的层次上对政策进行解释。而如果组织的领导缺乏这样的领导特质，则对具有引导该组织政策执行方向的解释的机会就可能落到其他参与者手中。

在B类型情境中，政策指令是清晰明确的，同时也提供了新资源。显然，在这类情境中，政策指令会比在A类情境中受到更多的约束。政策指令为执行组织提供了新的资源，这为组织变革提供了有利条件，但与此同时可以推测出这种变革将受到来自更具体明确的外部指令的影响。在接受这种政策指令的组织中，需要建立新的惯例来达到政策所规定的行为。如果这些新的活动内容本身具有较高的一致性，并且与组织原有的政策指令明显不同，此时组织就会另外形成一个次级组织来完成规定任务。可以预期的是，在该类情境中，主导联盟的目标和世界观将没有在第一类情境中重要，政策指令的执行也会相对更符合既定目标。

C类型的政策指令比A类型要受到更多的约束。在这种情境中政策陈述虽然有一定的解释空间，但组织都受到它已有的惯例的束缚。同时由于缺乏必要的资源，由此可以推断出组织内将很少会出现自愿的变革行为。此时执行机构可能开展最小程度上的新的活动内容，而同时宣称他们是遵守政策的，对此他们所做的是将新政策所规定的操作流程解释成与组织原有的操作方式相类似。由于政策指令本身是含糊不清的，C类型的政策指令比起D类型的政策指令，可能导致更多类似的政策变通行为。

在D类情境中，对执行组织而言，它受到了现有的惯例和来自外部的明确政策指令的双重约束。因此在正常情况下，组织在面临此类政策指令时他拥有的自由决策空间是最小的。当然也有一些例外的情况：在这些情况下，某些没有提供额外资源的政策指令往往也能够提升组织的行动范围。如，当组织领导者和一般成员对已有惯例的态度不一致时，外部的政策指令往往会被某一方当作一种可资利用的“资源”。最显而易见的例子就是：当组织的领导者试图引入一项新的技术却缺乏必要的权威来实施的时候，尽管此时组织的另外一些领导可能反对这种新技术，但外来的政策指令往往会打破组织内部的权力平衡，帮助其中的一方实现其目的。

作者同样也分析了这类情境可能出现的其他情况。如当外在的政策指令与组织部分成员的目标或世界观不完全相符时，一个新的政策指令往往会催生一个新的主导联盟；或者，现有的组织成员中，特别是组织领导者，也可能就会利用政策指令去达到一些与政策目标完全不相关的目的，与此同时他们却将这种情况“嫁祸”于政策指令。

在作出以上四类理论假设之后，作者通过对美国通用会计办公室（U. S. General Accounting Office）开展的58个与研究目的相关的政策案例进行经验分析。通过案例分析作者认为，案例研究确实揭示了与外部政策指令相联系的组织内部政策执行问题，研究结果在一定程度上与研究假设是一致的，研究假设中所提到的命题也确实在各种各样的联邦政府机构中得到证实（Robert S. Montjoy、Laurence J O’Toole，1979）。

在理查德·马特兰德提出的模糊—冲突模型中，作者首先关注到了政策执行中的模糊性和冲突性的特征，并据此确立了较低的政策模糊性和较低的政策冲突性、较低的政策模糊性和较高的政策冲突性、较高的政策模糊性和较低的政策冲突性、较高的政策模糊性和较高的政策冲突性四种政策执行情境，这四种情境分别对应行政执行、政治执行、试验性执行和象征性执行（理查德·马特兰德，2004）。

在模糊—冲突模型中，政策的模糊性主要的两大来源，即政策目标的模糊性和政策手段的模糊性。在政策制定过程中，限制冲突的一个方法就是通过模糊性来达到。在其他情况下，模糊性通常是在正式批准阶段让新的政策得以通过的必要条件。很多立法妥协建立在十足的语言模糊性之上，这使不同的政策参与者可以用不同的方式解释同一法案。这是政策过程运作的一种自然的不可避免的结果。关于政策手段的模糊性，最明显的是出现在这一状况中，即不存在达到一个政策目标所需的技术。当不同的组织无法确定在执行过程中所要扮演的角色时，或者当一种复杂的环境使用很难了解应该使用哪些工具、如何使用，以及使用会产生什么样的影响时，政策手段也会变得模糊。

政策的冲突性也是分析政策执行的一个重要维度，当冲突存在时，行为会发生变化，参与者会要求诸如附加报酬、互投赞成票和监督等讨价还价机制来达成一致并且结成联盟，会采用强制性的手段来保证顺从。在这些冲突中，某些类型的冲突是可以控制的。通过限制政策带来的变化，通过诸如无伤害条款等手段，或者通过向重要的参与者提供有报酬的刺激来使其加入，所有这些都可能使政策更加合乎人意。另一方面，这样做也是有明显的限制，一些政策注定是有争议的，不可能调整他们来避免冲突。冲突通常基于价值的互不相容，不可能通过提供资源或其他的附加报酬来调解牵涉的各方。

这样一来，根据模糊性、高低程度和冲突性的高低程度进行组合，就可以得到以下这一四单元格模型：

		低	高
模糊性	低	行政执行	政治执行
	高	试验性执行	象征性执行

图1－4　模糊—冲突模型：政策执行过程

资料来源：理查德·J. 斯蒂尔曼二世：《公共行政学：概念与案例》，中国人民大学出版社2004年版，第621页。

在“较低的政策模糊性和较低的政策冲突性”的“行政执行”中，其核心特征是：目标是给定的，用以解决现有问题的技术是已知的。因此，行政执行的主要原理在于执行的结果是由资源决定的。如果充分的资源拨给了这一计划，那么想要的结果事实上是可以保证的。在执行过程中，政策以垂直的方式得到指令，每一基本环节都接受来自上一层的指示，政策在每一层级都得到明确清晰地说明，而且在每个环节链条中的政策参与者都明确他们的职责与任务。较低的模糊性则意味着可以明确哪些参与者将积极介入执行，由于参与者在一段时期里是稳定的，因此他们确定了一套标准运行程序来促进他们的工作。技术的透明度使得需要哪些资源变得非常明确，资源的调配建立在执行过程中。因此，这一体系对外界的影响是相对封闭的。由于与环境因素隔离，加上政策的程序化性质，因此在地方微观层面的不同情境下，产生了相对统一的结果。

在“较低的政策模糊性和较高的政策冲突性”的“政治执行”中，其核心特征是：政策参与者有明确界定的目标，但由于这些明确界定的目标互不相容，因而引发冲突。同样地，在政策手段的采纳方面也可能引发冲突性的竞争。冲突通常在制定执行政策的过程中就已确立，激烈的竞争也随之爆发。政治执行的主要原理是执行结果是由权力决定的。在有些情况下，一个政策参与者或者一个政策参与者联盟有足够的权力将其意志强加于其他参与者身上，在其他情况下，参与者则要求讨价还价来达成一致。

在“较高的政策模糊性和较低的政策冲突性”的“试验性执行”中，政策执行的结果在很大的程度上取决于哪些参与者是积极并牵涉最深。由于试验性政策执行的基本特点是：偏好是含糊的，技术是不确定的，因此这一类型政策执行情境的主要原理是：情境境况支配着执行过程，政策执行结果主要取决于地方微观执行环境中的资源与参与者。这些资源与参与者因地而异，因而结果也大不相同。这种类型的执行情况与“垃圾桶模式”的过程极为相似：一连串的参与者、问题、解决方法和选择机会等结合起来的因素产生了难以预测的结果。作为政策模糊性的一个结果，所执行计划因地而异。参与者群体、参与者受到的压力、对于政策是什么的理解、可用的资源以及可能的规划性行为等在不同的政策环境中变化很大。缺乏冲突有可能为大量闲置资源的人提供一个显著影响政策的机会。

在“较高的政策模糊性和较高的政策冲突性”的象征性的政策执行情境中，一方面构建了解决问题的方法，与此同时也存在着高度的冲突，而高度的模糊性则导致了因地而异，其主要原理就是地方层面的联盟力量决定了结果。这种政策过程是由地方层面掌握的可用资源的解决问题联盟参与者决定的。参与者将他们的利益与一个特定的政策定义联系在一起，因此类似的竞争性联盟很可能在不同的执行点形成。这些参与者的力量因可能的政策执行点而异。地方层面的情境状况通过它们对地方联盟的组成在不同的地区、不同计划中得到了证明。

在处理象征性政策执行时，指出地方性的竞争集团，同时指出影响这些竞争集团力量的地方情境因素，是准确解释政策结果的关键。

四、当代中国政策执行的相关研究

本书关注的是教育政策执行现象。对教育政策执行的理论探讨，显然离不开对其所处的宏观的中国政策执行研究或理论的梳理。因此，笔者想在此对目前国内政治学界或行政学界的相关研究进行大致的梳理，以期有大致的把握。

目前关于中国政策执行的研究，大致可能分为两类：第一类是关于影响政策执行因素的逻辑梳理，公共行政学、公共管理学中的很多论述就更接近这一类型。如在陈振明的《政策科学》中，就从政策问题的因素、政策本身的因素和政策以外的因素来探讨研究政策有效执行的诸多因素：政策问题的特性、政策对象行为的多样性、政策对象的人数及其行为需要调适量；政策的正确性、政策的具体明确性、政策资源的充足性、畅通和足够的信息、必要的政策权威等；目标团体对政策的态度、执行人员的素质和工作态度、执行机构组织间的沟通与协调、政策环境等等，这些因素都可能对政策执行造成因素（陈振明，2003）。而在宁骚主编的《公共政策学》中，则从公共政策执行主体、公共政策对象和公共政策环境三个方面来分析影响政策执行的因素，具体包括执行组织结构的合理性、执行组织权责的明确性；政策执行人员的利益、心理、知识、能力因素等；政策对象的利益取向、文化心理因素、文化教育程度；政策执行所处的自然环境、政治环境、经济环境、文化环境等等（宁骚，2003）。

这类研究，大多是关于政策执行的逻辑演绎，或者是在一定经验总结的基础上所做的理论概况，普遍缺乏理论模型所应有的明确性和严谨性，因此，也就相对缺乏对政策现象的解释力。

第二类是对中国当代政策执行过程或政策过程的理论研究。这类研究相对而言，更加注重对真实的政策过程的深入考察，在此基础上提出相应的解释性的分析框架或解释模型，对本书的研究有一定的参考价值，因此，对这些研究梳理如下：

一是朱光磊的“转型期政策多轨运行理论”。在对中国政府过程的总体分析过程中，朱光磊指出由于在经济体制改革推动下的温和的政治体制改革需要相对较长的时间，导致了政府在制定政策的过程中出现了一些过渡性的特点，其中之一就是“政策的多轨运行”。他认为，由于中国各地方、各部门的自然、历史条件具有天然的或后天造成的各种差别，于是中国只能在政策上采取“分类指导”的办法，以便使可能发展或改变得快一些的地方先行一步，从而导致政策在诸多方面呈现双轨甚至是多轨运行的状态（朱光磊，2002）。

二是胡伟的“权力精英执行模式”。胡伟在对中国政府执行过程的研究后认为，当代中国政府执行深受人格化权力的影响，基本属于权力精英主导的人治的执行方式。权力精英执行模式有两个显著特征：一是权力精英在行政过程中具有决定性的作用；二是人格化结构在政策执行中有特殊的重要作用。具体而言，权力精英的人格魅力和精神力量是政府执行的最积极的因素，政府的行政效率主要依赖权力精英的工作态度和精神力量而不是行政法规和行政体制，政治动员、抓典型和“微服私访”是主要的执行方式。与此同时，人格化结构和人格化张力程度也是影响精英执行模式能否正常运作的重要因素，人格化的制约和开展批评与自我批评，是促进权力精英勤政廉政的重要途径（胡伟，1998）。

三是宁骚的“上下来去”政策过程模式。宁骚从中国共产党领导中国新民主主义和社会主义建设的实践出发，试图构建一个适合于解释中国经验的有中国特色的政策过程模式，他认为，政策制定过程在认识论上是一个从“形而下”到“形而上”的过程，政策执行过程在认识论上是一个从“形而上”到“形而下”的过程，与此同时整个政策过程在政策主体与政策客体的关系上则是“从群众中来，到群众中去”的过程，因此可以称之为“上下来去”的政策过程模型，模型图见图1－5：

政策的元认识过程		
政策制定过程	政策执行过程	政策过程的循环
实事求是，一切从实际出发： 从客观到主观 从物质到精神 从实践到认识 从感性认识到理性认识 从个别到一般	实事求是，一切从实际出发： 从主观到客观 从精神到物质 从认识到实践 从理性认识到感性认识 从一般到个别	从相对真理到绝对真理 物质—精神—物质 实践—认识—实践 一般—个别—一般 循环往复，以至无穷

↓ ↑

政策的社会认识过程		
政策制定过程	政策执行过程	政策过程的循环
从群众中来： 从群众到领导 从民主到集中 从个别到一般	到群众中去： 从领导到群众 从集中到民主 从一般到个别	领导—群众—群众 民主—集中—民主 个别——般—个别 循环往复，以至无穷

↓ ↑

政策的社会认识过程		
政策制定过程	政策执行过程	政策过程的循环
调查研究： 调查—研究—决策 蹲点调查、“解剖麻雀”—引出一般	调查—试验—推广： 追踪调查、反馈执行情况 一切经过试验 一般号召与个别指导相结合	调查—研究—决策 个别——般—个别 循环往复，以至无穷

图1－5　“上下来去”政策执行过程

资源来源：宁骚：《公共政策学》，高等教育出版社2003年版，第289页。

宁骚关于中国政策过程的“上下来去”模型，虽然从模型具备的要素来看主要是一个对政策过程进行描述的模型，并没有提出相对明确的变量及其关系，但其对解释中国的政策过程还是具有一定的解释力的（宁骚，2003）。

四是徐湘林的“摸着石头过河”理论框架。徐湘林在关于中国政治改革的政策选择的分析中，对“摸着石头过河”的政策路径进行了分析。他尝试将“摸着石头过河”的理论内涵概括为，“在有限的已知条件下，对改革后果缺乏了解时，根据其现实目标所做出有限度的、稳妥的决策，并保持随时调整既定决策的余地。这种决策是连续性的，即当前一个决策的结果基本明了时，后一个决策对前一决策的内容进行修正和补充，以求避免盲目决策所带来的高额的改革成本和风险”，并运用在对中国政治体制改革的政策过程中，“回顾我国20年来政治体制改革的历程，改革的实际运行首先是一个不断进行政策选择的过程。由于中国的政治体制改革的复杂性和不确定性，在改革的每一个阶段或针对每一个具体问题都会面临着如何进行改革政策选择的难题。从政治体制转型的角度来看，政治体制改革的顺利进行在很大程度上取决于两种能力：第一种是改革中的制度创新能力，第二种是处理改革过程中不确定因素的能力。”其中，制度创新必须能够应对不确定因素，如果不能应对不确定因素，就可能使改革面临更大的困难并导致改革失败。因不确定因素而墨守成规，或者以意识形态主导政策选择，又会阻碍制度创新，使改革停步不前。“摸着石头过河”的方法论实际上为解决改革政策选择的困境提供了一个切实可行的认识论工具。正是“摸着石头过河”的工具理性方法在改革政策选择过程中的成功运用，保证了中国渐进政治体制改革的不断进展（徐湘林，2002）。

徐湘林对政治体制改革政策现象的研究，事实上展现了中国政策执行过程的某种一般模式，蕴含着中国政策执行过程的许多共同特征。当然，这些特征可能在不同的政策案例中有着不同的表现。

在选择和梳理中国政策执行现象时，笔者力图发掘那些真正致力于解释中国特殊的政策执行现象的研究文献，从中去把握更加富有解释力的理论模型。以上的这四种理论模型，显然无法囊括所有重要的研究，但从中我们至少可以大致地把握住中国政策执行过程的基本特点。这些理论模型或许还处于相对原始的阶段，但毕竟代表了国内学术界对理论提升的努力，同时也为更加成熟的理论构建奠定了必要的基础。

五、我国有关政策执行与偏差问题的研究

公共政策的运行包括一系列环节，其中公共政策的执行是最重要的环节。一项政策只有通过顺利的执行，才能体现它的价值，时间政策制定的初衷。政策执行偏差是政府执行时效与政策预期目标的背离。当前，我国的政策执行偏差现象比较突出，主要表现为对政策的曲解、截留、照搬及上有政策下有对策等。众多学者们对政策执行变差问题进行过研究，对政策执行偏差的内涵及其表现、产生的原因、治理的对策等几个方面展开。

（一）政策执行偏差的内涵和表现

1. 政策执行偏差的内涵

在对此问题不同的论者有不同的提法和解释，在何东平的《关于近年来执行偏差问题研究述要》里面提到“如执行偏差、执行障碍、执行阻滞、执行助力、执行变形、执行变异、执行走样、执行失真、执行失灵和执行失控等。大多数论者都是从政策执行偏差的具体表现来揭示其内涵的。”在谢庆奎的《中国地方政府体制概论》中提到我们所指的偏差和变形是指人、体制利益因素导致的政策执行的变形；在宁骚的《公共政策学》中提到，所谓的政策执行偏差是指执行者在实施政策过程中，由于主客观因素的作用，其行为效果偏离政策目标并产生了不良后果的政策现象。有论者将其称为政策失真；在张才兴的《政策失真执行者因素探讨》中提到政策实施过程中，由于种种原因，常常会出现具体政策执行及其结果与原政策目标、政策内容不符，发生偏离，并使政策实施达不到政策目标的客观社会现象，这即为政策失真；有论者也将其称之为执行变异，比如在李青玉的《论我国公共政策执行变异及防治对策——以公共政策执行主体为视角》是指同一政策由于受不同执行主题和其他各种消极因素的影响而使政策变形走样，导致政策执行的结果与政策目标、政策内容不相一致，进而造成政策失真、效应流失和政策失败的客观社会现象。各种界定，各不相同，虽然提法不同，但是它们的共同内涵都是政策的执行与政策预期目标的背离。

2. 政策执行偏差的典型形式

在杨菊先《公共政策执行障碍分析》、岳子成的《我国公共政策执行偏差的主体因素分析及对策研究》、张秀芳的《我国公共政策执行偏差的表现及原因探析》等诸多文章中都有提到以下的政策执行偏差的典型形式。

（1）附加式政策执行，又称扩大范围执行政策或政策扩大化。主要是在执行过程中被政策执行者附加了不恰当的内容，使政策的调整对象、范围、力度、目标超越了原来政策的要求。政策附加的主要特点是执行者在原政策的基础上自行设置“土政策”，打折结合地方实际的旗号另搞一套，自行其是，谋取个人或局部私利，从而导致政策执行扩大化。

（2）照搬式政策执行，又称机械执行或者政策复制。主要是执行主体对上级政策的照搬照抄，只是机械简单地照章办事。表现有三个方面：一是不考虑自身当地的实际情况，就照搬照抄上级的政策内容；二是无视新情况，新的问题出现以后，仍然照搬过时的、陈旧的政策，更有甚者，完全无所作为，坐等上级新政策的颁布；三是缺乏行政立案的能力，不主动发现问题、提供信息。

（3）象征式政策执行，又称政策虚化、政策敷衍或政策表面化。主要是指政策实施过程中，执行主体只做表面文章，只做一定的政策宣传而不做实际的工作，不采取可操作性的政策执行措施，或执行起来的时候虎头蛇尾，敷衍了事，使严肃的政令在形形色色的花架子下变成一纸空文。

（4）选择式政策执行，又称政策缺失或政策截留。主要是指一个完整的政策在执行时只有部分被贯彻落实，其余则被遗弃，使政策内容残缺不全，不能有效地、完全地实现远大的政策目标。这是因为当政策所涉及的全局利益与有关执行部门的局部利益相冲突时，导致执行部门只执行符合自己利益的政策部分，不符合自己利益的部分就不执行。

（5）替代式政策执行，指执行主体在执行政策时，基于维护自身利益而采取与上级政策不相一致的政策方案，采取完全性替代和部分性替代方式，使原有的政策方案难以得到贯彻实施。替代执行根据替代的程度不同又可分为完全性替代和部分性替代，其突出表现是“上有政策，下有对策”。政策执行主体这种貌合神离、偷梁换柱的行为致使上级政策名存实亡，政策目标不能顺利实现。

（6）抵制性政策执行，又称抗拒性执行或政策抵制。主要指公共政策的执行主体或执行对象对现有政策不认同、不接受，从而产生抵制情绪。在政策执行过程中，由于执行主体的政治觉悟和利益驱动等原因，导致执行主体对政策产生抵触情绪。同样，出于利益驱动等因素，政策执行对象即目标群体对政策也不认同、不接受，从而导致政策执行受阻。

主要的执行偏差就是以上几种形式，还有一些例如观潮式执行、规避式执行、投机式执行、走掉式执行等多种其他样式。

（二）政策执行偏差产生的原因

政策执行偏差的表现形式是多种多样的，那么这些偏差产生的原因也是复杂的。它与政策执行的政策本身、执行主体、政策对象、运行及时、管理体制以及外在环境等多种因素有关。不同的论者对其原因的分析各不相同。在吴开明的《政策执行偏差防治路径探析》中他对政策执行偏差的原因有几个方面说明：主要是由政策的控制主体，对于政策执行的动力立场方面分析以及从政策执行的保障条件方面进行分析。在呼巾杰的《对公共政策执行偏差问题的探究》一文中从执行主体职责不清、政策执行人员能力有限和缺乏有效的监督机制进行了分析。也有比较全面分析的例如李宗健的《我国公共政策执行的偏差及对策研究》中提到的原因就是制定政策的政府制度原因、公共政策制定方案不合理的原因、公共政策执行资源薄弱的原因、公共政策执行主体和公共政策执行监督机制缺乏。还有学者从人为因素、物质利益、体制因素和环境因素四个方面作出解释。每个论者的侧重点不同，他们的原因就不同，有的侧重于执行的主体层面，有的侧重于权能配置问题，有的侧重于政策执行的客观因素。综合归纳成以下五种因素对政策执行偏差的原因做一个小结。

1. 政策本身的原因

丁煌的《公共政策学》中说道：当前我国正处在新旧体制转轨时期，传统的权威基础逐渐崩溃，过去的一元价值体系正在逐步演变为多元价值体系，新的制度化权威尚未完全确立，这直接关系到政策对象对公共政策有效执行的关键因素。在李树林的《我国公共政策执行中存在的问题的成因及对策分析》中认为，政策目标群体对于政策这种权威性社会价值分配方案的接受与否在很大程度上取决于政策本身是否具有公平性。如果一项政策被目标群体认为是不公平的，人们常常也会采取各种各样的方式对其拒斥，使其发生变形、走样。张伟波和黄莉的《试论公共政策执行的阻碍因素对策》中认为政策本身存在的合理性程度不强，不科学、不配套，在实际执行过程中表现出政策行为规范与客观实际的强烈冲突；政策自身的明晰性有限，引起政策界限不清，执行主体与目标群体无所适从，使其可操作性减弱，导致政策的随意变通。乔占军的《公共政策执行障碍及其对策》中认为政策缺乏稳定性会导致政策体系结构性紊乱，影响政策客体的某种法定权利，导致其对政府不信任并产生抵触情绪，最终使政策执行无法达到预期的效果。

2. 政策执行主体方面的原因

很多论者认为执行主体的偏差行为往往是导致政策执行偏差的直接原因，例如在《政策执行偏差行为的心里透视与防治》中认为政策执行者的行为是多因素综合作用的结果，其中政策执行者的心理状况，如态度、思维模式、认知水平、情感、意志、价值信仰以及社会情境对他们的行为选择具有直接的影响。《我国公共政策执行偏差的主题因素分析及对策研究》认为在政策执行过程中，执行主体是关键因素。表现执行主体方面的具体原因有：

（1）执行者主体利益动力问题。在吴开明的《基于控制视角的政策执行偏差防治路径探析》中提到，长期以来基于我国是社会主义国家、国家工作人员是党的好干部、人民群众是党的好儿女等认识，我国对政策执行控制主体一直实行的是一种理想化的人性假设：即在任何利益的诱惑面前都毫不动心，一心为公，毫不利己地忠实地贯彻执行政策，这种偏离实际人性的假设影响，导致在政策执行的过程中，各有关方面大多忽视政策执行者的“经济人”动机，既不注意协调和整合政策执行过程中各相关方面的利益关系，也不注意建立对政策执行控制主体的利益激励和约束机制，致使政策执行控制主体既缺乏利益的激励，也缺乏利益的约束。

（2）执行主体综合素质。执行者自身可能存在知识贫乏、视野狭窄、认识水平和理解能力有限等认知缺陷；为人民服务的公仆意识不强等情感缺陷；易受到金钱、权力的诱惑；行动能力欠缺，对专业性、技术性很强的政策难以有效贯彻。在李宗健的《我国公共政策执行偏差及对策研究》中提到，因政策水平有限，不能有效地计划和组织公共政策执行活动，导致目标群体的不信任和不支持，失去群体威望；因心理素质差，不能经受挫折和外来环境的“糖衣炮弹”，从而导致公共政策执行的半途而废或权利异化、贪污受贿等。从目标群体来看，因素质低劣，不能正确理解公共政策的预期好处和最终目标，容易产生短视行为，不能有效地配合执行主体的政策执行活动，导致公共政策执行中政治资源的流失。

(3) 执行组织的选择、配合、协调沟通。朱玉直和杜雷的《政策失真与政策主题优化机制的建构》中提到，执行组织的选择与否影响政策的执行，执行组织能否有效地配合亦影响政策的执行，执行人员与机构之间的沟通不畅更依赖于组织的协调与沟通。

3. 运行机制方面的原因

政策执行的监督约束机制乏力是公共政策偏差的重要问题。我国现行的公共政策执行体制中缺乏责任追究制度，特别是一种“刚性”的责任制度。首先，政策执行过程缺乏正常的监督；其次，政策执行的效果缺乏明确的考核；再次，政策执行考核结果缺乏必要的赏罚措施。在戴艳君和吴菲的《我国公共政策执行中的时空及其对策》中提到一是各类行政监督体系缺乏应有的沟通和协调，相互推诿；二是监督缺乏规范性，对执行效果缺乏明确的考核；三是缺乏有效的风险预警机制和责任追究制度；四是分工不合理，监督职责、范围不明，相对独立性不强。在李树林的《我国公共政策执行中存在问题的成因及对策分析》提到信息沟通机制不健全是导致政策执行出现问题的重要原因。一是政策制定与执行缺乏公众参与机制，致使政策对象、对策内容与目标知之甚少，甚至一无所知，不利于政策的接受和认同；二是政策缺乏信息反馈机制，使政策的评估缺少依据，政策效果难以认定。

4. 管理体制方面的原因

戴艳军、吴菲《我国公共政策执行中的时空及对策探析》认为，行政管理体制对政策执行有很大的制约作用。它能够整合各种政治资源，协调政策执行机构内部与其他组织机构之间的各种关系，为政策执行提供制度保障。匡婷婷的《论政策执行中主体的偏差行为及其对策》中认为当前的干部管理体制不完善。“一票否决制”的干部目标管理责任制的实施，容易导致执行行为中的粗暴执行和机械执行。干部交流制度容易干扰地方官员的责任心，导致官员在政策执行的短期行为。

5. 外在环境方面的问题

在张秀芳《我国公共政策执行偏差的表现及原因探析》中指出公共政策总是在一定的政策环境下执行的，政策环境对政策执行效果有着重大影响，其主要的影响因素有：第一，市场经济的负面影响。市场经济在促进社会发展的同时，还存在诸多负面影响。第二，传统文化的负面影响。第三，干部绩效考核的误导，科学合理的干部绩效考核对政策执行具有重要意义，但是，如果干部的绩效考核出现了偏差，就会挫伤干部全面执行政策的积极性，误导干部执行公共政策的行为选择，造成公共政策的执行偏差。第四，政策执行监督的缺失，在政策执行过程中，必须建立行之有效的监督机制，对政策执行情况及时地跟踪评估，强化监督控制，但是，监督机制不健全、监督方法不科学、监督机构无权威、监督渠道不畅通，都会导致对政策执行监督的缺位和乏力。张为波的《试论公共政策执行的阻碍因素及对策》认为从经济环境考察，市场经济条件下的政策往往会呈现出浓厚的“实用主义”“功利主义”和“本位主义”的色彩，因而导致政策执行变形。胡爱敏的《当前政策执行出现偏差的表现和根源》中认为政策执行过程中的人力、物力和财力的投入情况、信息渠道等也直接影响政策的落实。唐旭斌和余二亮的《公共政策执行阻力分析及对策》认为目标团体对政策执行的态度、执行机构之间的整合程度是影响政策有效执行的关键性因素。

6. 保障条件方面，在吴开明的《政策执行偏差防治路径探析——基于政策执行控制的视角》中指出第一，信息流通不畅。第二控制主体的能力差距，主要表现在两个方面：一是意识控制主体的“技术型能力”低；二是控制主体的“物质型能力”跟不上控制工作的实际需要。《我国公共政策执行偏差的主体因素分析及对策研究》中提到公共政策的有效执行离不开一定政策资源的支持，信息无疑是重要的政策资源之一，一方面，公共政策决策主体与执行主体往往不是同一主体，决策主体和执行主体的良好沟通是公共政策得到正确有效执行的关键环节。另一方面，公共政策的执行也是一个信息在各级执行主体之间上传下达的互动过程，畅通的信息渠道和充足的信息，对政策信息的垄断优势，他们会根据自身的利益，随意进行信息截留，从而导致信息在传递过程中层层损耗、层层变味，最终导致政策执行偏差。

（三）政策执行偏差的治理与防治

政策执行偏差的危害显而易见，它阻碍了公共政策目标的顺利实现。公共政策的制定以大多数人的利益为出发点，是为了有效地处理社会发展中所出现的问题，政策只有得到有效的执行，才能保护大多数人的利益，保证社会安定、经济发展。所以，很多学者都对此提出了治理对策和防治措施。

1. 提高公共政策的质量

在杨昆的《我国公共政策执行偏差问题探讨》中，首先是公共政策的合法化，合法化是政策制定过程的重要阶段，也是政策执行的前提，在民主、法治的社会，政策合法化是政策过程必经的一个重要阶段，政策方案只有经过合法化过程，才能成为合法有效的政策；其次是政策的科学化，政策制定者必须科学理性地，符合客观规律进行决策，政策的科学性能保证政策的一致性、客观性和全面性；最后是公共政策的民主化，鼓励公众参与政策制定，广泛集中民智。彭明春《论公共政策执行变异的成因与对策》认为政策制定要有科学理论和正确的指导思想，要建立在客观的现实基础之上，建立完善社会公众参与公共政策制定的制度。唐礼武的《我国公共政策执行中的失控表现、原因及对策分析》认为，要提高政策决策的科学化水平，不断完善决策机制，提高政策决策者的理论水平和素质，采用现代科学技术和方法进行决策。

2. 提高执行主体素质

《政策执行偏差防治路径探析基于政策执行控制的视角》一文提出，一是要提高控制主体的“技术型能力”：一方面，要通过深入开展政策执行控制理论研究和实践探索，大力加强教育和培训，提高各控制主体的政策执行控制理论、科学方法、程序路径等知识水平；另一方面，要通过改革和完善人才制度、加强人才市场建设等办法，把真正具备较高政治素质和业务能力的人才充实到政策执行部门中来，从源头保障控制主体“技术型能力”。二是要妥善协调政策产出数量过多与控制主体“物质型能力”不足的矛盾。要合理界定政府职能，加快政府机构改革和“大部门制”改革步伐，理顺各部门关系，统筹协调政策的制定与实施，合理调控政策产出的数量与速度。

李宗建的《我国公共政策执行的偏差及对策研究》认为，强化执行政策主题政治化功能是提高政策执行主体素质的必经途径之一。成功的政治社会化有助于政策执行主体形成正确的政策执行态度，从而有助于公共政策的有效执行。认为改进公务员的态度，提高其政策理解水平和执行能力是解决公共政策失控等对策之一。

3. 健全政策执行机制

在陈标、夏道明的《试论政策执行失灵》中政策控制是政策运行中不可缺少的环节和手段，只有实行有效的政策监控，才能防止政策失控。第一，要建立和健全监督体系，充分发挥各种监督机关的作用，而且要建立政策执行的专门监督机构，并保证其独立性。政策制定者要制定规章，合理授权，让监督机构代表政策制定者履行监督职责；第二，要进一步提高和强化社会监督的地位和作用，通过各种大众传播媒介，揭露和批评执行机构及其工作人员在执行政策过程中的种种背离政策目标和违反政策标准的行为，以引起有关部门的注意和重视，促成问题的解决；第三，要及时制定可行的控制标准，并对照标准检查政策执行行为，发现偏差时及时采取得力补救措施和办法；第四，同时要加强监督反馈系统的功能，使监督反馈经常化、制度化，建立并完善多层次、多功能、内外沟通、上下结合的监督控制网络，实现对政策执行过程的有效监督。陆小成《试论公共政策执行障碍及对策》中重视利益整合机制。一是纵向的利益整合。主要是中央与地方之间、上级与下级之间、政策制定者和执行者之间的利益整合。时间纵向利益整合关键在于克服狭隘的地方主义、部门主义和极端个人主义的思想和行为；二是横向的利益整合，主要是地方政治体系之间、政策执行机关之间、政府与人民之间的利益整合，通过这种整合，使个人利益、局部利益和国家利益三者得到合理配置，从而避免因利益冲突而导致的公共政策规避。有论者强调加强公共政策执行主体的激励机制。公共政策执行是一种政府行为，为了提高政策执行效率，降低执行成本，必须加强政策执行主体的激励，这有利于增强政策执行主体的积极性和主动性，有利于提高政策客体的支持度，有利于营造良好政策执行环境，从而提高政策执行效率。

4. 完善相关管理体制

在杨昆的《我国公共政策执行偏差问题探讨》中提到的继续深化行政管控力体制改革，经过二十多年的改革，政府职能得到转变，机构和人员得到精简，干部队伍结构得到优化。但是，政府部门职责不清、层级过多、权力分配不合理等现象依然存在，这些影响着政策的执行。继续深化行政管理体制改革，就是要本着职能明确、职责清晰、高效合理、科学有序的原则改革现有体制。要着力优化政府组织结构，减少行政层级，优化政策执行流程，从组织层面防止执行偏差。在霍海燕的《当前我国政策执行中的问题与对策》中认为，要在政策执行中引入竞争机制，打破政府制定政策由政府人员执行的一体化模式，允许非政府公共组织或其他组织参与政策执行。某些政策执行甚至可以面向社会招标，以竞标的方式运作。这样既可以解决执行人员一身兼二任的问题，也可以为政策执行注入动力和活力，激励执行人员的责任心，节省政策执行成本，提高执行效率。

也有论者认为，健全行政责任制，这里的“行政责任”，是指行政主体违背某种角色义务所应承担的后果，这种后果往往与谴责、惩罚联系在一起，他尤其强调对责任的追究。因此，行政责任制度本质上就是要求国家政策机关及其公务员对国家和人民所赋予的职权必须合法合理地履行，否则必须承担相应的行政责任和法律责任。作为防止政策执行偏差的对策，健全行政责任制就是要进一步完善和认真执行各级干部的离任责任审计制度和决策失误责任追究制度。就前者而言，其重点是要在干部正式离任之前审查清楚其在现任职务上有无违反政策的失范行为以及有无因违反政策而造成的遗留问题，特别是经济问题。对查出有问题的干部在问题尚未妥善解决之前不得轻易离任，特别是升迁或易地继续为官。决策失误责任追究制度，则主要是就干部离任某一职务后而言，这是一种倒查追究以往决策失误责任的制度，其目的主要在于增强干部在任期内的工作责任心，尽可能减少决策的主观随意性。这两种责任制度都有助于从根本上改变过去干部交流中存在的“出了问题、一走了之”的不负责状况，防治对干部岗位目标管理责任制和干部交流制度的错误理解以及由此带来的对政策的不良影响。

崔容安、卢锦的《对我国公共政策执行的思考》认为应该建立健全政策监控体系。首先，要建立健全政策执行的监督制度，进行职责分解，清晰准确描述职责，并以公开明示，增加政策执行透明度，通过党政监督、权力部门监督、媒体监督、网络监督、群众舆论监督，形成多层次、多功能、上下监督结合的网络式监督结构。其次，建立严格的政策执行责任追究制度。执行政策一旦偏差，及时界定执行者所要承担的责任，相关部门及时问责。最后，加大对监控部门的资金、技术设备、人员编制方面的政策倾斜。资金、技术设备、人员是监控行动得以开展的前提条件，必须改变现在的监控部门资源不足的情况，使政策执行得到充分的资源支持。

5. 优化政策执行环境

张为波《试论公共政策执行的阻碍因素及对策》认为，必须注意通过资源投入，尤其是通过无形资源投入来创造政策的文化社会环境，为公共政策制定的科学性与执行的有效性提供保障。

周建国、张俊风的《公共政策执行偏差与对策》中提到，一项政策的执行要受到所处社会环境的影响和制约，适宜的环境有助于政策的有效执行。为此就必须优化政策的执行环境。首先，优化政治经济环境。国家的政局稳定，人民安居乐业，这样一种安定、和谐的政治社会环境，既能保证经济持续、稳定的发展，又能培养良好健康的社会政治心理，有助于政府各项政策的顺利推行。其次，社会心理环境的优化。政策执行者和民众对政策的心理承受力对政策的执行有着十分密切的关系，当执行者和民众的心理承受不了某项政策时，即使政策本身设计得再好也是难以实施的。为此，必须通过宣传政策，明确政策的目标和意义，使执行者和民众充分认识政策执行将会带来的利益和好处，激发执行者和民众的心理承受力。同时培养执行者的竞争意识、开拓精神，使其消除惰性心理和求稳怕乱的习惯心理。

六、国内关于教育政策执行过程的研究

国内目前关于教育政策执行过程的研究并不多见，主要有周佳的《教育政策执行——以进城就业农民工子女义务教育政策执行为例》和张强等人合著的《农村义务教育——税费改革下的政策执行》等。此外，关于教育政策过程的一些研究成果，也可以大致归入关于政策执行的研究范畴。以下对相关的研究成果进行简述。

周佳的《教育政策执行——以进城就业农民工子女义务教育政策执行为例》一书，是另一份目前国内教育学术界不为多见的对教育政策执行过程的研究成果，该研究不仅对与进城就业农民工子女义务教育相关的政策文本进行了较为系统的归整，同时也对这些政策在执行过程中所遭遇的困境进行了

较为深入的考察。该研究的侧重点在于对政策本身的分析，研究的目的也主要在于提供改进政策的建议（周佳，2007）。

由张强等人合著的《农村义务教育——税费改革下的政策执行》一书，该书对税费改革后农村义务教育经费投入状况的分析发现：税费改革后，一方面，县级政府不但没有加大对义务教育经费投入的努力程度，相反，他们通过调整教育经费支出结构降低对义务教育经费的投入；另一方面，部分地方政府在得到转移支付的资金投入的同时，减少了地方财政对义务教育经费的投入，从而导致转移支付产生"挤出效应"，这两方面都导致了"保证地方义务教育经费投入水平"的政策目标在一定程度上是落空的。研究者认为导致政策目标落空的主要原因在于：一是在自上而下的政府体系中，改革的政策措施缺乏配套的激励机制；二是由于教育绩效难以观测且在短时间内很难取得客观成效，因此，县级政府更愿意将资源投入到发展经济等更容易带来政绩的项目上去。该书的主要特点体现在：在收集大量的一手资料的基础上对相关理论假设进行了实证分析，得出了一些较具启发性的发现（张强，2004）。

北京大学教育学院林小英的博士论文《民办高等教育政策变迁中的策略空间》，该论文把政策预期目标与政策执行的实际结果的偏离看作民办高等教育政策过程的正常状态，从政策体系要素及其内在规定性探索出现这种现象的原因，进而分析它们是如何影响政策变迁的轨迹的。研究发现，民办高校在采取策略行为与地方和中央政策部门进行互动的过程中，利用各级政策部门拥有的行政自由裁量权、政策规范的可变通性和政策资源的可交换性，使政策预期目标与政策实际结果发生偏离。该研究的主要贡献之一在于提出了政策执行过程中政策体系存在的策略空间，即作为行动者的政策对象（政策标的团体）为了获得与社会合法性相一致的行政合法性，或者说为了满足自身的政策需求，通过采取策略行为而发现和利用了由政策系统结构性制约所决定的合法性条件。这些结构性条件包括各级政策部门拥有的行政自由裁量权、政策规范的可变通性和政策资源的可交换性。策略空间概念的提出，对我国教育政策研究而言是一个极大的贡献（林小英，2004）。

茶世俊的博士论文《中国研究生教育制度渐进变迁（1978—2003）》，以我国1978年以来关于研究生教育制度建设方面的政策变迁为研究对象，研究发现，公地困境及其引发公地悲剧的不确定性，是政府采取渐进政策变迁的关键约束条件，而为了避免政策变迁引发公地悲剧，政府采取了以秩序为导向的有限行为模式，具体包括四个策略：通过渐进决策压缩机会主义行为空间；自治规则的建立由中央政府从外部输入；通过精英扩散的方式，对较小规模的试点单位给予独立的“选择性激励”，从而形成了政府与大学之间信任关系的差序格局；对政策变迁的实施过程加强监督和控制（茶世俊，2006）。

张国兵的博士论文《中国高等教育重点建设政策过程研究——支持联盟理论的视角》，运用支持联盟框架这一政策过程理论对我国的高等教育重点建设政策在20世纪80年代到21世纪初这二十年中不断得到强化、重点建设项目呈浪潮式发展的现象进行解释，研究发现，第一，在高等教育投资政策子系统中，主要由政治精英和学术精英组成了重点建设政策的支持联盟，这个支持联盟为重点建设政策提供论证性的政策理念，并在重点建设政策项目中分享利益，这个支持联盟的长期存在和稳定发展，成为政策子系统中的主导性的联盟，这是重点建设政策的现实的推动力。第二，重点建设政策基于政治精英和学术精英对现实问题的觉察和界定，有其特定的现实针对性和紧迫性；其对问题的解决方案符合我国现行政治体制的政策偏好，并且得到了来自各方的相关技术信息的支持，形成了系统的政策理念。第三，重点建设政策理念扎根于我国的传统政治文化氛围下的教育历史，符合教育政策领域的先在深层次规则。第四，联盟内的利益冲突与平衡的政治过程导致了政策理念的软化，从而造成对政策理念的耗蚀，为了重建政策理念，联盟的领导者寻求设立新的政策项目，因而导致重点建设政策的浪潮式发展（张国兵，2006）。

此外，还有不少研究文献主要就某一教育政策执行过程中存在的问题及如何完善该政策展开论述，大致可以将此归入“政策建议”的研究。这里不再一一列举。

七、已有研究的述评

本书的基本思路是从经验事实的角度来考察中国独立学院转设政策的演进过程，其基本目的在于尽可能地把握独立学院转设政策演进的真实过程，并针对相关的政策执行现象提供理论上的解释。结合本书的基本思路对前面的文献综述进行分析，我们不难发现：

在关于独立学院的研究中，目前大量的研究文献主要集中在独立学院的内部管理或具体运行问题方面，而有限的与政策相关的文献也主要是遵循着“现有政策—完善政策”的政策建议式的研究思路，而几乎还没有对独立学院转设政策的演变过程本身进行探讨的文献。当然，在关于独立学院的发展历程和关于独立学院产生和发展过程中政府行为的相关研究中，多少也涉及了独立学院政策的演变过程问题，因为从研究的目的上就有着根本性的不同，由此我们能够从中获得的信息也非常有限。

在关于政策执行的研究中，我们已经看到了理论发展的一种清晰路径，即从对政策执行过程进行理论化的描述到分析框架的构建尝试，再到相对成熟的理论构建，政策执行过程已经产生了丰硕的研究成果。需要注意的是，这些分析框架或理论模型，主要是基于以美国为代表的西方国家的政策实践提出来的，他们的政策运行逻辑与中国的政策运行逻辑事实上存在着根本性的不同。因此，很多理论也只能为我们提供研究思路上的参考和启迪，而并不能直接适用于分析中国的政策执行过程。

在关于中国政府过程或政策执行过程的研究中，我们已经看到一些本土化理论构建的尝试，不管是徐湘林的“摸着石头过河”概念框架、宁骚的“上下来去”政策过程模式，还是朱光磊的“转型期政策多轨运行理论”、胡伟的“权力精英执行模式”，我们都可以获得一种生动、鲜活、亲切的理论体验。当然，目前已有的这些理论尝试还有很大的提升空间。我们希望看到的是：那些理论陈述和经验资料之间有着很好契合的研究，这些研究既有严谨的理论陈述，又有生动的案例资料，既能解释中国独特的政策执行现象，又能与政策学主流的理论陈述进行对话。而这样的研究成果目前在中国的学术界还是较为少见的。

关于教育政策执行的研究，目前总体而言还比较少见，其中以北京大学教育学院的学者和研究生为代表的研究者们，对我国现实过程中的一系列重大政策过程进行考察，在深入掌握经验资料的基础上，要么运用已有的理论框架进行分析，要么构建出合理的解释性理论，对人们更加深入地了解和把握中国的政策过程有一些帮助。这些研究的另外一个重要贡献是对理论导向的教育政策研究方法进行了尝试。

第三节　研究设计

一、核心概念

（一）独立学院

2003 年 4 月教育部颁发的《关于规范并加强普通高校以新的机制和模式试办独立学院管理的若干建议》（以下简称《若干意见》）第一次提出了“独立学院”的概念：独立学院是专指由普通本科高校按新机制、新模式举办的本科层次的二级学院，其概念中排除了一些普通本科高校按公办机制和模式建立的二级学院。在 2008 年 4 月 1 日正式颁布实施的《独立学院设置与管理办法》第二条规定中重新对独立学院做了相关的规定，独立学院是指实施本科以上学历教育的普通高等学校与国家机构以外的社会组织或者个人合作，利用非国家财政性经费举办的实施本科学历教育的高等学校。本书主要采取的是第二种概念界定。

（二）利益相关者

利益相关者的英语翻译是“stakeholders”最初出现于 1963 年斯坦福大学一个研究小组（SRI）的内部资料中，主要是指那些没有支持，组织就没法生存的群体，后来人们将它翻译成为“利益相关者”“利害相关者”“利害关系人”等这样的词。学者真正给利益相关者作出概念界定是在 20 世纪 60 年代以后，由于斯坦福研究所的学者受到“股东”这一词的启发，运用“利益相关者”来表示和企业有密切联系的所有群体，他们将其定义为“对企业来说，存在着这样一些利益群体，如果没有他们的支持，企业就无法生存”。

本书研究的利益相关者是指能够影响独立学院转设的个人或群体，或者是受该转设行为影响的个人和群体，根据利益主体的影响力以及重要程度、利益相关者获得控制权的多少与利益相关程度以及他们参与大学治理意愿和能力几个维度划分，将利益相关者分为重要利益相关者和次要利益相关者。

（三）母体高校

母体高校是独立学院的举办方之一，独立学院一般以普通公立高校和其他政府、企业等共同合作的方式进行创办，母体高校作为合作方之一，向独立学院提供教育教学资源以及管理上的支持，与社会民间资本共同合作，发展独立学院。

(四) 转设

根据教育部《独立学院设置与管理办法》(教育部2008年第“26号令”)的规定，独立学院符合《普通本科学校设置暂行规定》(教发〔2006〕18号)的基本标准，经教育部高等学校设置专家组评审和教育部批准，由独立学院转设为“独立设置的民办普通本科学校”。“转设”是这项工作的专用词。

二、研究方法

第一，文本分析。对与研究对象相关的所有重要政策文本、领导讲话、会议纪要、新闻评论等资料进行深入分析，能够真实地挖掘独立学院转设过程中所存在的问题。

第二，实地考察。根据研究需要，选取部分独立学院进行实地考察，从而获取对独立学院转设相关情况的生动直观的一手资料。

第三，深度访谈。对参与独立学院转设的领导及相关工作人员进行深度访谈，获取关于独立学院转设过程中的问题的一手资料。

三、理论框架

(一) 利益相关者理论分析框架

1. 利益相关者理论

利益相关者是指股东、债权人等可能对公司的现金流量有要求权的人以及环境中直接或间接受组织决策和政策影响的任何人，包括顾客、供应商、政府、雇员、特殊利益团体等。管理学意义上的利益相关者是指组织外部环境中受组织决策和行动影响的任何相关者。由此可见，利益相关者可能是客户内部的（如雇员），也可能是客户外部的（如供应商或压力群体）。

利益相关者理论是与“股东至上”理论相对立的，主要是关于企业治理的理论。利益相关者理论主张：所有的受企业影响的利益相关者都有参加企业决策的权利，管理者负有服务于所有利益相关者利益的信托责任，企业的目标应该是促进所有相关者的利益而不仅仅是股东的利益。该理论认为：企业是其利益相关者相互关系的联结，它通过各种显性契约和隐性契约来规范其利益相关者的责任和义务，并将剩余索取权和剩余控制权在企业物质资本所有者和非物质资本所有者之间进行非均衡的分散对称分布，进而为其利益相关者和社会有效地创造价值。①

利益相关者通常扮演着能够影响组织的角色，他们的意见一定要作为决策时需要考虑的因素。但是，所有利益相关者不可能对所有问题保持一致意见，其中一些群体要比另一些群体的影响力更大，这是如何平衡各方利益成为战略制定考虑的关键问题。

20 世纪 60 年代以来，企业理论价值取向的研究领域逐渐分化出两大理论："股东至上理论"和"利益相关者理论"，两者主要分歧在企业剩余索取权和剩余控制权归谁所有问题上。现代契约理论认为：由于企业物质资本相对于人力资本更具有专用性，并承担企业经营的财务风险，所以，企业出资者（股东或资本家）应该成为企业所有者，享有企业的剩余控制权和剩余索取权。后者则认为：人力资本所有者有权分享剩余权，其中以布莱尔（Blair，1995）为代表的学者提出不只有股东是剩余风险的承担者，雇员、债权人、供应商都可能是风险的承担者。

2. 国内关于利益相关者的研究

在国内，利益相关者的研究始于 20 世纪 90 年代，主要产生于企业理论和公司治理研究，国内学者贾生华、陈宏辉（2002）对利益相关者界定的研究有一定代表性，他们认为"利益相关者是指那些在企业中进行了一定的专用性投资，并承担了一定风险的个体和群体，其活动能够影响该企业目标的实现，或者受到该企业实现其目标过程的影响"。这一概念既强调专用性投资，又强调利益相关者与企业的关联性。

杨瑞龙在 2001 年提出了共享所有权及利益相关者"共同治理"的优越性，这为利益相关者的参与治理提供了一定的基础。李维安提出企业的治理应该从行政型治理转型为经济型治理，其中利益相关者是极为重要的一方面。

① 彭华安、彭满阳：《利益相关者理论与独立学院治理结构的建构》，《现代教育管理》2010 年第 2 期。

李福华在《大学治理的理论基础和组织架构》一书中的分类，根据利益相关者与独立学院的密切程度不同，将独立学院的利益相关者分为：（1）核心利益相关者：教师、学生和管理人员；（2）重要利益相关者：独立学院的资产投资人，包括合作者、申办高校、校友和捐赠者；（3）间接利益相关者：与学校有契约关系的当事人，如科研经费提供者、产学研合作者和贷款提供者；（4）边缘利益相关者：当地社区、社会公众、媒体和社会中介机构等。本研究着重偏于根据与独立学院的密切程度及重要性，研究重要利益相关者和次要利益相关者。

3. 利益相关者的分类

（1）多锥细分法

企业的生存和繁荣离不开利益相关者的支持，但利益相关者可以从多个角度进行细分，不同类型的利益相关者对于企业管理决策的影响以及被企业活动影响的程度是不一样的（陈宏辉，2002）。20 世纪 90 年代中期，国内外很多专家和学者采用多锥细分法对利益相关者从不同角度对利益相关者进行了划分。

Freeman（1984）认为，利益相关者由于所拥有的资源不同，对企业产生不同的影响。他从三个方面对利益相关者进行了细分：（1）持有公司股票的一类人，如董事会成员、经理人员等，称为所有权利益相关者；（2）与公司有经济往来的相关群体，如员工、债权人、内部服务机构、雇员、消费者、供应商、竞争者、地方社区、管理结构等称为经济依赖性利益相关者；（3）与公司在社会利益上有关系的利益相关者，如政府机关、媒体以及特殊群体，称为社会利益相关者。Frederick（1988）从利益相关者对企业产生影响的方式来划分，将其分为直接的和间接的利益相关者。直接的利益相关者就是直接与企业发生市场交易关系的利益相关者，主要包括：股东、企业员工、债权人、供应商、零售商、消费商、竞争者等；间接的利益相关者是与企业发生非市场关系的利益相关者，如中央政府、地方政府、外国政府、社会活动团体、媒体、一般公众等。查克汉姆（Charkham，1992）按照利益群体与企业是否有交易性合同关系，将其分为契约型利益相关者和公众型利益相关者。克拉克森（Clarkson，1995）根据与企业联系的紧密程度，将利益相关者分为主要的利益相关者和次要的利益相关者。卡罗（Carroll，1996）提出了两种分类方法，第一种是与公司关系分为直接利益相关者和间接利益相关者，第二种是将利益相关者分为核心利益相关者、战略利益相关者和环境利益相关者。Wheeler（1998）从相关群体是否具备社会性以及与企业的关系是否直接由真实的人来建立两个角度，比较全面的将利益相关者分为四类：（1）主要的社会性利益相关者，他们具备社会性和直接参与性两个特征；（2）次要的社会利益相关者，他们通过社会性的活动与企业形成间接关系，如政府、社会团体、竞争对手等；（3）主要的非社会利益相关者，他们对企业有直接的影响，但却不作用于具体的人，如自然环境等；（4）次要的非社会利益相关者，他们不与企业有直接的联系，也不作用于具体的人，如环境压力集团、动物利益集团，等等。

（2）米切尔评分法

在众多的分类方法中，最具有突出贡献的是米切尔在归纳出27种利益相关者概念的基础上对其进行了分类，提出了评分法以界定利益相关者，主要是以影响力、合法性以及紧迫性三个维度区分利益相关者关系。他认为企业的相关者类型可以分为确定型利益相关者、预期型利益相关者和潜在型利益相关者。它将利益相关者的界定与分类结合起来。首先认为，企业所有的利益相关者必须具备以下三个属性中至少一种：合法性、权利性以及紧迫性。依据他们从这三个方面对利益相关者进行评分，根据分值来将企业的利益相关者分为三种类型：一是确定型利益相关者，同时拥有合法性、权力性和紧迫性。他是企业首要关注和密切联系的对象，包括：股东、雇员和顾客。二是预期型利益相关者，三种属性中任意两种。同时拥有合法性和权力性，如投资者、雇员和政府部门等；有合法性和紧急性的群体，如媒体、社会组织等；同时拥有紧急性和权力性的，却没有合法性的群体，比如，一些政治和宗教的极端主义者、激进的社会分子，他们往往会通过一些比较暴力的手段来达到目的。三是潜在型利益相关者，他们只具备三种属性中的其中一种。米切尔平分法，能够用于判断和界定企业的利益相关者，操作起来比较简单，是利益相关者理论的一大进步。

万建华（1998）、李心合（2001）从利益相关者的合作性与威胁性两个方面入手，将利益相关者分为支持型利益相关者、混合型利益相关者、不支持型利益相关者以及边缘的利益相关者。陈宏辉（2003）则从利益相关者的主动性、重要性和紧急性三个方面，将利用相关者分为核心利益相关者、蛰伏利益相关者和边缘利益相关者三种类型。

4. 利益相关者理论的应用研究

梳理国内对利益相关者理论在企业管理中的应用研究，主要表现在公司治理、企业财务管理、企业绩效评估、企业伦理管理、企业价值链经营战略五个方面。

在分公司治理方面，陈昆玉（2006）分析认为日德治理模式较大程度上体现了利益相关者理论的管理思想；孙涛（2005）等以知识型公司为对象，研究了知识型公司“利益相关者”共同治理的机制和模式，得出结论认为：在知识企业，由于人力资源与物质资料对于企业的重要程度的对比发生了巨大变化，利益相关者共同治理企业是最优选择。在企业财务管理方面，韩东平（2006）等进行了利益相关者理论条件下对经营者财务监控指标体系的设计研究，王运转（2005）等进行了利益相关者理论下的会计政策选择研究，将利益相关者理论应用于企业财务管理实践。在企业绩效评估方面，吕常影（2006）进行了利益相关者理论对我国企业绩效评价的影响研究，结论认为，利益相关者管理理念指导下的评估体系更具有活力和创新性。在企业伦理方面，众多学者都从利益相关角度探讨了企业伦理道德建设的重要性，其中陈宏辉（2003）提出了相对具体的实施办法。另外，崔迅、刘广程（2005）利用利益相关者理论，从价值链的角度提出企业价值经营战略体系基本框架，是利益相关者理论在企业战略管理中的应用性研究成果。

（1）利益相关者理论在公司治理模式方面的应用研究

陈昆玉（2002）研究了利益相关者理论在现代公司治理中的实践形式，通过对欧、美、日的公司治理模式比较，认为德国和日本的公司治理模式是典型的“利益相关者”公司治理模式。在德国，按就业法本身的规定，在解雇工人方面比美国和英国更为困难一些。在人员过剩较多的情况下，公司必须实施“社会计划”以缓解这种冲击，并要同工会进行协商。有时候是否解雇还要考虑他们的年龄和家庭状况，而不是决定于竞争能力；并且雇佣者也直接参与公司的管理。在日本，终身雇佣制比德国更为正统，经过严格的选拔程序，工薪人员保证有终身工作。陈昆玉（2002）总结认为，德国和日本的“利益相关者”公司治理模式有一系列的优点，主要表现在：其一，保证终身就业能给雇佣者一种强烈的激励。其二，供货方和购货方交叉持股的做法有利于投资，他们能使合作计划比只代表股东利益的公司更容易实现。其三，股东的承诺，尤其是银行的承诺，可给公司陷入困境时以强有力的支持。长期性的合作使银行成为中小企业有力的融资来源，这有助于中小企业长期的生存发展。南京航空大学经济与管理学院的孙涛（2005）根据新经济时代知识型企业的特点，设计了知识型企业进行利益相关者共同治理的模式。孙涛（2005）认为：在传统的公司治理中，治理目标追求是股东价值的最大化，其他利益相关者的报酬都是事先在合约中约定的。因此，股东价值的最大化同时表现为公司价值的最大化。但在知识型公司中，由于合约的不完全性，事先无法对人力资本价值进行准确的估计，再加上人力资本重要性的日益提升，人力资本的所有者要求产权权益的体现，合同中股东已不再是唯一的剩余索取者，股东价值最大化不一定是公司价值的最大化。所以，不能只允许物质资本所有者参与公司剩余分配，人力资本所有者也应参与进来。由此可以看出，公司治理已由股东为核心的治理向股东—经营者—员工的共同治理迈出了重要的一步，并逐步向利益相关者共同治理转化。

（2）利益相关者理论在企业财务管理方面的应用研究

利益相关者理论在财务管理中的应用研究，主要体现在财务监控指标体系的构建。哈尔滨工业大学管理学院的韩东平等（2006）将利益相关者定义为在企业中进行了一定的专用性投资并承担了一定风险的个体或群体，其活动能够影响该企业目标的实现，或者受到该企业实现其目标过程的影响，包括股东、经营者、员工、顾客、债权人、政府、供应商、社区这 8 个群体。严格来讲，社区这类群体一般没有对某一企业进行专用性投资，但是在强调保护环境、绿色生产的今天，社区往往易受企业经营行为的影响，从而承担了一定的企业经营风险，因此可以将社区列为企业的利益相关者。在以上分类的基础上，韩东平等（2006）建立了基于利益相关者的财务监控基本框架，认为，企业本质上是由各种正式和非正式契约构成的一个复杂网络，网络中不同利益主体有不同的利益目标和矛盾冲突，但总能通过契约达成各方利益的动态平衡。基于利益相关者理论财务监控就是股东、债权人等利益相关者运用财务手段和方法，对企业的财务组织及其财务行为实施的监督和控制，以实现利益相关者价值最大化。在构建利益相关者财务监控整体框架的基础上，韩东平（2006）还设计了利益相关者监控指标分析体系，认为建立利益相关者财务监控指标体系的目的就是在企业经营的过程中，通过分析指标所反映的信息，找出企业存在的问题，继而优化企业运作过程，实现利益相关者价值最大化。

另外，北京大学光华学院的王运转（2005）研究了利益相关者理论下财务报告对会计准则制定的影响，他认为，利益相关者下的财务报告将由传统的历史性的、定量化的财务信息向定性化信息、前瞻性信息、非财务信息扩展。正如索特（Sort，1969）指出，财务信息的使用者众多，而且其信息需求大相径庭，使用者决策过程中使用的决策模式也难以确定，这样就无法提供一套能符合所有使用者决策需要的信息。为此，应将企业经济活动完整过程的数据提供给所有信息使用者，由信息使用者根据自己的需求、偏好、决策模式进行必要的加工，更好地满足信息使用者的需要。

（3）利益相关者理论在企业绩效评估方面的应用研究

建立利益相关者模式下的企业绩效评价首先要对绩效评价的要素进行分析研究，而这正是我国多年的绩效研究工作所忽略的地方。国内在进行企业绩效评估时，主要是对绩效评价的要素加以简单的定义和分类，较少深入探讨各要素之间的联系和企业治理结构的变动对绩效评价的影响，陷入了就指标论指标的怪圈。长安大学经济与管理学院的吕常影（2006）等，分析了利益相关者理论对企业绩效评价要素的影响，其研究成果具有代表性，他认为利益相关者理论对企业绩效评价要素的影响主要表现在以下几个方面（吕常影，2006）：（1）评价主体范围扩大；（2）评价对象更加复杂；（3）评价目标多元化、明细化；（4）评价指标多样化；（5）评价标准以竞争对手的绩效为主要标准；（6）评价报告个性化。吕常影认为，利益相关者共同治理模式下的绩效评价是更具活力和创新性的绩效评价。利益相关者共同治理有助于利益相关者之间的长期合作，各个利益相关者彼此依存，唇亡齿寒，任何以牺牲长期利益为代价的行为都会受到其他利益相关者的反对。我国在绩效评价方面的研究工作一直落后于英美国家，主要受传统观念的影响，对绩效评价的基础问题研究不足，阻碍了指标体系的创新发展。所以，应该加快对利益相关者理论的进一步研究，结合企业实际建立个性化的利益相关者档案和绩效评价体系，积极探索利益相关者参与公司治理的途径和管理方式，推动国企改革（吕常影，2006）。

（4）利益相关者理论在企业伦理管理方面的应用研究

关于利益相关者理论与企业伦理关系的论述者较多，但较少有人从利益相关者的角度，提出具体的伦理管理的方式和措施。浙江大学管理学院的陈宏辉的研究成果较为具体，他认为，企业要想真正做到关注利益相关者要求的伦理管理，必须认真开展以下工作（陈宏辉，2006）：一、将企业的合法收入及时在股东、债权人、供应商之间合理分配，不拖不欠，形成良好的企业信誉；二、尊重员工，创造人道化的工作环境；三、真正将消费者满意视作企业销售产品的最高目标，决不欺瞒消费者；四、依法经营、照章纳税，并尊重生产地、销售地社区居民的生活习惯和生活规律；五、保持与相关媒体的良好合作关系；六、在力所能及的情况下积极从事慈善事业，回报社会，树立健康的公众形象；七、维护生态环境、注重可持续发展。

（5）利益相关者理论在企业价值经营战略方面的应用研究

运用利益相关者理论，进行企业价值经营战略研究，对于企业长期目标的实现具有重要意义。这方面的研究成果不多，中国海洋大学管理学院的崔迅、刘广程的研究值得注意，他们利用利益相关者理论，设计了企业价值经营战略体系基本框架，并进一步分析了价值战略实施的基本过程。他们认为：首先，在确立价值经营管理理念的基础上，明确企业发展的愿景和整体目标；分析各利益相关者所追求的价值（需要）；结合企业现有和可能具备的条件与竞争者（争夺企业有关资源、影响企业资源效益发挥的组织或个人）分析，明确在满足各方需求上的优势与劣势，由此界定企业最可能提供给各利益相关者的目标价值（哪些组织或人群及哪些需求），通过平衡协调各价值与企业长期盈利能力之间关系，确定各价值的定位；进而分别通过创造价值、沟通价值和交换价值，实现为各利益相关者提供的价值目标，最终体现企业的整体价值，以获得相应的利润和长期健康、发展的必要条件（崔迅、刘广程，2005）。

5. 利益相关者理论存在的缺陷和不足

尽管利益相关者理论在多个方面都显示了其合理性，反映了社会和市场经济发展的趋势，但目前应用仍然有一定的困难和局限性，或者说，就目前而言，该理论模式尚存在不尽完善和科学的地方。

(1) 理论缺陷

传统的企业理论假设企业生产经营目标是一元的，即实现经济利润最大化，而利益相关者模式将企业的生产经营目标定义为多元的，其中既有社会性的、政治性的，也有经济性的。这样的企业实际上是一个政治经济目标合一的组织，带有很强的公益色彩，其结果必然引起企业经营效率的损失。这样便会导致一个两难困境：任由企业追求利润最大化，会对社会造成负外部性，从而提高社会成本、造成社会福利损失；采用各类管制手段，包括通过外部调控方式和利益相关者内嵌方式，虽能部分地解决市场失效或降低企业活动的负外部性，但会造成经济效率的损失。

传统的企业理论认为，企业的唯一目标就是"实现经济利润最大化"。利益相关者理论的出现，分散了企业的经营目标，除了经济上的目标以外，企业也必须承担社会的、政治上的责任。这很可能会导致企业陷入"企业办社会"的僵局，一旦利益相关者理论被大众所接受，企业的行为势必受到框架限制，企业无形中被套上公益色彩，结果很可能会导致企业经济利润上的损失，更有可能让企业陷入一种顾此失彼的境地，比如，企业实现了经济利润的最大化，却又照顾不到社会责任；若过多地考虑到社会责任，又会让对手有可趁之机，丧失了经济上的优势。

(2) 实践应用中的问题

如何将利益相关者理论运用于实践？国内很多学者从多方面对利益相关者可行性进行了分析和探讨，从理论上证明利益相关性理论可行。但是利益相关者模式的反对者认为，该模式涵盖的权益主体过于宽泛，利益相关者的边界到底在哪里？不搞清楚这些问题，在实际中就不便于操作。比如产品市场的利益相关者，虽与企业之间的利害有着强烈的关系，但因其数目众多，很难组织起来采取有效地行动。因此，与其通过这种"内嵌"方式，不如还是通过国家或司法干预方式来维护其合法权益、或是通过"看不见的手"的作用，那样做成本或许会更低一些。再比如，理论中所涉及的利益相关者太多太杂，仅顾客这一项，要想对他们进行集中起来采取行动也是不可能的。虽然国内外很多专家和学者都对利益相关者的界定和划分阐述了自己的看法，但大部分都只是停留在探讨和假设阶段。从涉及的十几种利益相关者来看，孰轻孰重，也不得而知。虽然弗里曼提出了支持利益相关者如何参与公司治理的“利益相关者授权法则”，理论的实施过程需要操作人对利益相关者理论以及参与基础有比较深的认识。很多学者提出的利益相关者参与公司的治理这一提法，目前为止也不具备可操作性。利益相关者模式在理论上无疑是富有新意的，但就目前而言，其有效性尚缺乏实践的检验和相应的实证研究的支持。

6. 总结

虽然利益相关者的研究还存在许多不足，但由于其深刻认识到企业作为一个“社会存在”的本质，更能够在一个日益多元化的社会寻得一种普遍的利益均衡，这也正是其生命力所在。随着知识经济和网络经济下人力资本和其他专用性资本重要性的日益提高，我们有理由相信利益相关者理论的研究将获得更大发展。

（二）独立学院转设政策执行中的利益相关者

独立学院转设政策执行中，必然会涉及利益主体。独立学院转设会涉及哪些利益相关者，他们分别扮演什么样的角色，以及他们之间是如何进行利益博弈的，这些问题都是需要我们进一步加以研究。

1. 利益相关者分类

大学与公司不同，并没有严格意义上的股东，个体没有职权单独行使控制权，独立学院的产生和发展是各利益主体共同促成的，它是多个利益共同体共同参与治理的组织，具有社会效益和经济效益双重目标，是典型的利益相关者组织。利益相关者理论反对以股东的利益至上，提倡的是以所有人的共同利益为主。在独立学院转设过程中，我们要了解所有与独立学院转设相关的利益者，比如主管方（中央政府、地方政府）、合作方（企业、事业单位、社会团体、个人）、申请方（母体高校）以及独立学院自身。利益主体的影响力以及重要程度会直接影响到利益相关者在转设中的角色，而且利益相关者获得控制权的多少是依据利益相关者与独立学院的利益相关程度以及他们参与大学治理意愿和能力进行分配的。根据这几个维度，我们将与独立学院相关的利益者以表格的形式表现如下：

表 1－1　与独立学院相关的利益者的划分

①按利益主体的影响力分：

维度一 程度	利益主体的影响力、重要性
高	政府、母体高校、独立学院管理层
中	投资者
低	教师、学生

②按与独立学院利益相关者的程度分：

维度二 程度	与独立学院的利益相关程度
高	母体高校、投资者、独立学院管理层、教师、学生
中	政府、社区人员
低	学生家长

③按参与独立学院治理的能力和意愿分：

维度三 程度	参与独立学院治理的能力和意愿
高	独立学院管理层、母体高校、投资者、政府
中	教师、社区人员
低	学生、学生家长

资料来源：此表部分参考彭华安、彭满阳：《利益相关者理论与独立学院治理结构的建构》，《现代教育管理》2010 年第 2 期。

总结归纳一下，依据利益主体的影响力、重要性以及与独立学院的利益相关的程度及参与独立学院治理的能力和意愿，主要将与独立学院相关的利益者分为重要利益相关者和次要利益相关者。重要利益相关者主要包括独立学院管理层、母体高校、政府、投资者；次要利益相关者主要包括教师、学生、学生家长、社区人员。

2. 利益相关者角色扮演

与独立学院的利益相关者主要是重要利益相关者和次要利益相关者，他们分别在独立学院转设中扮演什么样的角色，对独立学院转设有着怎样的影响，是值得我们进一步研究的。

独立学院管理层主要是以院长为代表的管理层，他们一方面必须得执行国家推行的转设政策，另一方面又迫于硬性条件的不足以及母体高校的束缚，而不能转设。使得独立学院管理层的立场颇为尴尬，只能充当“夹心饼干”。

母体高校也是独立学院的举办方，独立学院早期发展依靠母体高校的品牌、师资及管理等，要收取独立学院的管理费，弥补办学经费的不足。独立学院稳步发展，母体高校每年将会有一笔可观的收入，所以一些母体高校不愿意独立学院转设，而是希望维持现状。

政府主要担任着政策的供给者，给独立学院的发展提供政策上的支撑，中央政府主要是制定宏观上的政策，考虑的是全国整体的相关利益，而地方政府主要是依据本地的实际情况来执行政策。虽然同样都是政策的供给者，中央政府考虑的是整体利益，追求的是社会效益；而地方政府考虑的是局部利益，追求社会效益的同时也在追求着经济利益。在办学经费短缺的情况下，独立学院的发展在一定程度上解决了地方财政经费不足的问题。

投资方是独立学院举办方，投资方通过货币及实物等对独立学院进行投资，来促进独立学院的发展，而独立学院的发展反过来又会使投资方获得相应的“合理回报”，彼此依附的关系使他们的利益在一定程度上是一致的。转设后，投资方将不再给母体高校交纳管理费，其转设的愿望最强烈。但是，一些独立学院囿于品牌、生源及管理等，顾虑重重，所以暂采取观望的态度。

教师、学生、学生家长都是独立学院转设中与其相关的利益者，只是在影响力和重要性、与其相关的程度以及参与治理的能力与意愿上不及重要利益相关者。他们在转设过程中只是被动的角色，没有话语权，缺乏相应的渠道表达各自的意愿和利益。对于教师来讲，他们关心的是自身的待遇及发展，转设本身不会影响教师的利益，在一定程度上还存在增加待遇的可能。从学生及家长来讲，独立学院是民办高校也是不争的事实，逐渐被社会所认可，当然，还是有部分学生及家长仍然希望独立学院维持现状，其品牌优势更有利于就业等。

政策执行偏差的目的就是要弄清政策执行过程中为什么会出现执行过程不顺畅和出现一系列问题的原因。现在对政策执行偏差的研究思路和研究方法多种多样，每个人的出发点都不相同。从政策执行偏差的表现形式的各种类型，对政策执行偏差的原因分析开始，再从各种原因分析出相关的对策。对于这些研究，也有一定的问题，比如总体性描述成分多，个案分析的较少。定性分析多，定量分析少。静态分析多，动态分析少。随着时间的推移，有新的解决办法，可能也会有新的执行偏差的问题出现。总之，公共政策执行偏差的问题是一个需要广大理论工作者长期的探讨。

本书的切入点在于：从独立学院转设政策执行的基本事实出发，通过对独立学院政策演进过程的总体进程和关键执行环节的考察，梳理出那些具有本土特色的、与已有政策理论业已解释的现象有所不同的政策现象，并在借鉴已有关于中国政策执行研究成果和政策执行研究的基础上，发展出适合于解释这些独特的政策现象的概念框架或理论模型。从经验的目的来看，本书试图对独立学院政策的整体演进过程有较深入的了解和把握；从理论的目的来看，本书试图构建适合于解释相关利益者视角下独立学院转设政策执行中出现的偏差现象的本土概念或理论框架。

第二章　独立学院政策的演进与发展

第一节　中国私立高等教育的发展

马克思主义者曾认为：为了建立正确的教育制度，需要改变社会条件；而为了改变社会条件，又需要相应的教育制度。此话深刻地揭示了教育与社会发展的互动关系。中国私立大学的产生也不例外，大多数学者认为私立大学的产生有着深刻的社会历史原因，与当时社会的政治、经济、文化发展密不可分。熊明安认为："民国时期私立高等教育缘起于我国古代私立高等教育的演进、欧美各国私立大学的启示，以及教会在我国创办大学的影响。"田正平则指出："中国近代私立高等教育的产生，归根到底是由于民族危机的刺激，是受益于重教兴学这一中华民族的优良传统。"还有的学者认为："私立大学作为现代高等教育的一个组成部分，是伴随着中国社会政治、经济、文化方面的转型发展起来的，民主政体形式的建立为私立大学发展创造了条件，市场经济体制的初步发展为私立大学提供了生长空间，自由与民主观念促进了私立大学的发展，开放的社会加速了私立大学的发展。"可见，中国的私立大学是孕育于中国社会急遽变化的历史进程中的。

一、萌芽时期

大多数学者认为清末到民国成立前为近代私立大学的萌芽期，1901—1911 年的晚清末期，以中国公学、复旦公学、广州光华医学堂为代表的中国私立大学孕育产生。与西方国家私立大学产生的宗教渊源不同，中国私立大学产生的动因是"救亡图存"。1905 年，日本文部省颁布"清国留学生取缔规则"，留日的中国学生为了抗议该规则，全体回国并在上海组建了中国第一所现代私立大学，命名为中国公学，这是在中国由学生自行设立的教育机构，也是民立大学的先声。同年上海震旦大学的爱国学生为抗议法国天主教会操纵学校，愤而集体退学，在原震旦大学创始人马相伯先生的主持下创办了复旦公学。1907 年，在外国人经营的往来于广州与香港的轮船上，发生了外国人无故踢死中国人的命案，由于外国人拥有治外法权致使命案不了了之。为了维护民族尊严，国人在组建的广州光华医社基础上创办了广州光华医学堂。此外，中国私立大学的产生与晚清政府“新政”及新型社会群体支持也是密不可分的。晚清末期提倡的“新政”为私立大学的创办获得了更多的官方资助。如从 1906 年起，两江总督端方允每年捐银 12000 两，又拨吴淞公地百余亩为校地以资助中国公学；次年，中国公学又获得大清银行借银 10 万两建筑校舍。复旦公学创办时，南洋大臣周馥奏准拨银 1 万两作为开办费，又拨吴淞公地 70 亩为建校地址并暂借吴淞提镇行辕为临时校址。而广州光华医学堂创办时，粤督张人骏不仅为其题写校匾，而且带头捐款帮助募集资金。可见，若无官方资助，初创时期的中国私立大学确实难以生存。此外，在清末之际，出现了由具有变法革新和救亡图强新思想的开明绅士、深受西方文化影响的新式知识分子和归国留学生构成的新型社会群体，既是中国私立大学的发起人，又是支持者和参与者。在他们的努力下，秉承以“教育救国”的宗旨，开办起地方性的私人学堂，如叶成忠创办的上海澄衷学堂（光绪 27 年，1901），吴汝纶开办的桐城学堂（光绪 28 年，1902）、张謇创办的通州师范学校（光绪 29 年，1903）等都非常兴盛。

这一时期，外国教会传教的主要途径之一就是开办教会学校，因此产生了外国教会创办的大学。早在 1839 年美国基督教徒在澳门便创办了马礼逊学堂，1842 年迁至香港，是传教士在中国开办最早的教会学校。而 1844 年英国人在宁波创立教会女塾，则是第一所教会女校。1845 年，美国长老教会在宁波设立崇信義塾，1867 年迁至杭州，改名为育英书院，成为之江大学（1910）的前身。1850 年，美国长老教会在上海创办徐家汇公学（圣芳济书院）；1853 年美国公理会在福州创办格致书院；法国天主教在天津创办法汉学堂、正诚小学；1864 年美国公理会在北京创办育英学堂等。而其他外国创办的私立大学还包括东吴大学、长沙雅礼大学、圣约翰大学、北京协和医科大学、华北协和女子大学、华南女子大学等和中外合办的私立大学（如由中英合办的焦作路矿学堂，为焦作工学院前身）。

整体上来看，清末私立高等学校具有以下特点：第一，学校数量较少。由于新式教育刚刚起步，这一时期，新式高等教育很不发达。除了教会高等学校因享有治外法权而得以发展之外，现代高等教育性质的私立学校微乎其微。第二，普通学校教育不发达，高等教育不正规。因此，严格说来，此时的私立高等学校算不上私立大学，只能看作私立大学的雏形。

但是，尽管这一时期创办的私立大学寥寥无几，但还是在中国社会的发展中留下了灿烂的一页。如复旦公学的早期毕业生中，就有于佑任、陈寅恪、竺可桢等著名的政治家、教育家和科学家，他们的思想境界和科学成果至今仍被国人所铭记。

二、初步发展时期

1912—1927 年北洋政府时期，是中国历史上军阀混战的时期，却给晚生的中国私立大学带来了前所未有的生长机遇，宛如在黑暗中开放的一朵莲花。这一时期，中国先后出现两次兴办私立大学的热潮：第一次出现于 1912—1913 年，新设私立大学 9 所；第二次于 1917—1924 年达到高潮，新设私立大学 32 所。在这两次兴学热潮中，涌现出一批后来国内外知名的私立大学，如张伯苓创办的南开大学（它是在 1904 年严氏家塾的基础上发展起来的）、张謇创办的南通大学、陈嘉庚兴办的集美专科学校群和厦门大学以及大同大学、复旦大学（原复旦公学）、河南福州矿务大学（原焦作路矿学堂）、大夏大学、光华大学、武昌中华大学、广东国民大学、中法大学和外国教会创办的金陵女子大学、燕京大学、齐鲁大学等，都在此时开始了初步的发展。这一时期私立大学的兴起主要得益于两个原因，一是北洋政府宽松的教育政策；二是军阀混战为私立大学创造了发展机会。辛亥革命给封建专制制度以致命的一击，结束了中国两千多年的封建君主专制制度，建立起资产阶级共和国，对中国皇权体制进行了否定，对中国的外交，中国的边防形势都有重大影响。自此中国的政治结构、经济组织、教育体制以及文化价值观都发生了深刻变化，民国建立以后，国内实业集团纷纷成立，开工厂、设银行成为风气，民族资本主义的经济力量在短短的几年内就有了显著的增长，这些都为私立大学生长带来适宜的环境。除此以外，北洋政府具有鲜明的自治教育观念：民国初年，北洋政府教育部即出台整理教育方案，第一条就提出“要变通从前官治的教育，注重自治的教育”“教育本为地方人民应尽之天职，国家不过督率或助长之地位……今后方针注重自治的教育者，国家根本在于人民，唤起人民的责任心，而后学能有起色也。”正是在这具有西方民治思想色彩的教育观念指导下，北洋政府对私立学校采取了极为宽松的政策，并推行公私并重的教育政策，为中国私立大学的生长提供了政策保障，推动了私立高校的迅速发展。民国成立后，政权很快被北洋军阀控制，随之而来的军阀混战使军费耗尽了国家的财政收入，自然而然就使公立大学全部陷入财政困难，经常出现频繁更换校长、混乱停滞等现象，而这一举动反而为私立大学的发展腾出了空间，刺激了当时私立大学的发展。根据中国高等教育发展统计数据，1922 年，中国高等院校的主要分布情况是：公立（含国立、省立）大学 7 所，私立大学 13 所，教会大学 17 所。当然，这一时期也会同样因为军阀混战而使政府对私立大学的办学质量疏于管理，继而出现了相当一部分人借办学敛财，严重影响了教育质量，成为这一时期私立大学迅速发展中极不和谐的一幕。

三、整顿发展时期

1927—1937 年是中国私立大学的整顿发展期，该时期，根据主要经费来源的不同，可以把私立大学划分为三种类型：一是以国省库款为主要来源的学校，以南开大学为代表，基本上是一种以官助学的发展模式（1929—1937 年，南开大学的办学经费中来自中央与地方政府的资助占三分之一，同期的厦门大学，有的年度高达 40%），该类私立大学在 20 世纪上半叶的中国较为稀少。二是以学费为主要来源的私立大学，大夏大学、光华大学、复旦大学、广东国民大学、广州大学以及朝阳学院都属于这种类型，基本上是一种以学养学的运行模式。此类私立大学在近代中国占绝大多数。三是以捐助款、租息和企业拨款为主要类型的私立大学，这些学校基本上属于以产养学的办学模式（中国私人资本主义的较快发展，给予私立大学的发展提供了经济上的资助，同时也扩大了对私立大学的人才需求），这类私立大学在近代中国也有一定的代表性。

从私立大学的办学主体来看，除了绝大多数国人自办学校之外，还有中外合办、外资独办的学校。中法大学、焦作工学院都属于中外合办的私立大学，雷士德工学院是该时期最为典型的外资独办私立大学。

本阶段，私立大学具有以下两个特点：一是数量继续稳步发展；二是私立大学的整体质量得到提高。由于南京国民政府对教育的高度重视，因此对私立大学实施严格整顿控制与奖助激励并行政策，如：专款补助。从 1934 年起，国民政府设立专款用于补助办学成绩优良但经费困难的私立大学，专款专用、重金奖助。中央政府与地方政府对重点私立大学给予大力资助，再加上法规的日趋严密，私立大学逐渐步入了规范化的发展轨道。且在抗日战争前的十年（1927—1937 年）中，全国还新增了 9 所私立大学。

四、持续发展时期

1937—1949 年是中国私立大学持续发展的时期。尽管期间经历了抗日战争的磨难，但由于当时政府的扶持，私立大学并未停止发展的脚步：抗战八年（1937—1945 年）期间，私立大学不仅没有减少，反而增加了 13 所；而在战后（1945—1949 年），尽管通货膨胀严重，全国高校普遍陷入财政危机，但私立大学又新增了 26 所；到 1948 年，私立大学已由原来只存在少数省市扩展到全国的 17 个省市，并在办学规模上与公立大学平分秋色。这一时期，私立大学表现出两个方面的特征：一是持续发展的趋势。由于抗战中政府采取了积极扶助的政策，如战时补助。抗日战争期间，国民政府教育部一方面帮助私立大学与公立大学一起迁往内地，同时给予的经费支持远超战前。对内迁高校的学生享受贷学金补助或免收学费，对教师则发放福利金与奖助金。加上许多历史较长的学校经过一定的积累有所壮大，以及个别地区私人资本主义经济的持续发展，使得该时期的私立大学仍有很大增长。二是在办学质量上有了明显的提高。追其原因，从外部办学环境看，1927 年北伐战争取得胜利，南京国民政府从形式上统一了中国并大力发展政治、经济、文化各项事业，以巩固自己的统治。政府高度重视教育并依重私人办学资源，对私立大学采取大力扶持并重的政策，如担保贷款。1948 年国民政府教育部以官方身份，为京沪两地的私立大学向银行贷款，以帮助解决办学经费不足的问题。这些举动都推动着中国私立大学进入规范化的持续发展时期。而从内部运行机制看，当时中国私立大学合理的办学体制，也有效地保证了其无论在平时还是在战时都能处于良好的运行状态。如：第一，学校具有自主办学权，且与公立大学享有同等权利；第二，治理结构上实行大学自治，按照校董事会，以校长为首的校行政部门以及教授委员会三权分治，各负其责；第三，经费上通过学费、公助、企业捐赠、国外募捐、经营收入等多渠道筹资；第四，在教育管理上，认真组织教学活动，严把考试关，实行淘汰制以确保学业水平。

五、夭折阶段

1949 年 10 月新中国成立后，在新的体制下中国私立大学在生源、经费等方面遇到了困难，发展逐渐不景气，呈现出一片萎缩之势。加之从 1951 年起，全国范围内开展了有计划、有重点的院系调整，造成曾在中国历经四十多年发展的私立大学被迫停办，原有的大学或不在了或被转为公立大学，活跃了近五十年的私立大学销声匿迹于中国教育的舞台。之后私立大学更是经历了 30 年的真空期，到 20 世纪 80 年代初才开始创办民办大学。

六、重新起步

1978 年开始的改革开放，使中国的高等教育开始了重建过程。在恢复高考后的 20 世纪 80 年代初期，中国高等教育的有限规模与巨大的市场需求成为突出矛盾，据统计，1981 年中国高等教育毛入学率仅为 1.8%。而据联合国教科文组织统计，1980 年各国高等教育毛入学率的世界平均水平为 11%，其中发达国家为 30.3%，发展中国家为 5.1%，最不发达国家为 1.9%。正是在这种背景下，通过重建私立大学以缓解入学矛盾被提上中国政府的议事日程。此后国家陆续出台了一系列有关民办教育的政策和法规：1985 年 5 月，中共中央发表的《关于教育体制改革的决定》指出："地方要鼓励和引导国家企业、社会团体和个人办学"，为中国民办大学兴办打开了一条门缝；1993 年 2 月，中共中央、国务院颁布的《中国教育改革和发展纲要》提出，"国家对社会团体和公民个人依法办学，采取积极鼓励、大力支持、正确引导、加强管理的方针"。十六字方针自此成为引领民办教育发展的旗帜；1995 年颁布的《中华人民共和国教育法》第 25 条规定："国家鼓励企事业组织、社会团体、其他社会组织及公民个人依法举办学校及其他教育机构"，从而使民办教育正式得到国家教育最高法规的认可和支持；1997 年，国务院颁布《社会力量办学条例》，这是新中国第一个规范民办教育的行政法规，标志着中国民办教育进入了依法办学、依法管理、依法行政的新阶段；2002 年，全国人大常委会通过《中华人民共和国民办教育促进法》，标志着我国民办教育法律体系的基本建立，其中规定："民办学校与公办学校具有同等的法律地位"，从而明确了民办教育的法律地位；2004 年 4 月，《民办教育促进法实施条例》正式实施，民办教育进入快速发展期；2010 年 7 月，中共中央、国务院颁布的《国家中长期教育改革和发展规划纲要（2010—2020 年）》指出："民办教育是教育事业发展的重要增长点和促进教育改革的重要力量，各级政府要把发展民办教育作为重要工作职责"，则进一步指明了民办教育的意义和发展方向；2012 年，教育部出台《关于鼓励和引导民间资金进入教育领域促进民办教育健康发展的实施意见》，在教育内部落实民办学校与公办学校的同等待遇；2013 年，党的十八届三中全会通过的《中共中央关于全面深化改革若干重大问题的决定》指出，"健全政府补贴、政府购买服务、助学贷款、基金奖励、捐资激励制度，鼓励社会力量兴办教育"。正是在以上政策和法规的支持下，中国民办大学重新起步，从无到有，从小到大，不断发展壮大。

第二节　独立学院产生与发展

一、独立学院的雏形——二级学院的兴起与发展

（一）二级学院产生的历史背景

1999 年国务院颁布了《关于深化教育改革全面推进素质教育的决定》，提出了我国高等教育的总体发展目标：通过多种形式积极发展高等教育，2010 年适龄人口的高等教育毛入学率达到 15%。按照马丁·特罗提出并得到国际广泛认可的标准，毛入学率达到 15% 是进入高等教育大众化阶段的标志。这意味着我国开始向高等教育大众化的目标迈进。据 1999 年年末统计，按教育部发展规划司 1996 年制定的办学条件、招生标准，1071 所普通高校中，超过 2/3 的学校办学条件有缺口，其中教学行政用房缺 2377 万平方米，学生宿

舍缺 558 万平方米，教学仪器设备等缺 38.3 亿元，图书缺 1.7 亿册。我国 510 所教学型高校中，有 305 所生均教学行政用房面积在标准要求的 80% 以下，有 193 所生均教学实验仪器资产值在标准要求的 80% 以下，有 307 所生均拥有图书数在标准要求的 80% 以下。①

通过上面的数据，不难发现我国现有的高等教育资源的供给远远无法满足高等教育大众化的需求，落后于我国教育事业发展的步伐，在体系外寻求新的高等教育发展空间的问题亟待解决。

（二）二级学院应运而生

1992 年，天津师范大学创办了国际女子学院；1994 年，郑州大学与台北广兴文教基金会合作举办了郑州大学升达经贸管理学院；1995 年，四川师范大学与四川电影电视艺术进修学院合作举办了四川师范大学电影电视学院。此后，这一星星之火随即以燎原之势掀起全国二级学院推广的热潮。这一新式的办学形式和特殊的办学机制，以其多方面的优势占领着各地的高等教育阵地。主要表现在普通高校二级学院是由普通高等学校与社会力量联合举办的，它找到了一种引导民间富裕资金投入高等教育的有效机制，使制约高等教育扩容的关键问题——办学经费得以缓解；它充分利用了普通高等学校现有的办学资源，为高等教育扩容提供了质量保证；它为普通高等学校注入了活力，成为推动普通高等学校改革和发展的辅助力量。② 据不完全统计，到 2003 年，全国已有二十多个省、自治区、直辖市举办了三百多所二级学院，在校生达到 40 万人左右。这表明，二级学院已成为我国高等教育的新生力量。

追溯这种办学形式的历史，早在 20 世纪 90 年代就已经出现。据潘懋元教授介绍，天津师范大学是国有民办二级学院的“始作俑者”，该校在 1992 年就成立了民办性质的国际女子学院。③ 该学院依托天津师范大学的资源，实行自主招生、自主办学、自主分配，收费比一般的非师范专业要高一点，学

① 孙远雷：《关于“高校扩招”后教育质量问题的思考》，《现代大学教育》2002 年第 3 期。

② 来茂德：《独立学院：中国高等教育发展的新探索——以浙江大学的两个独立学院为案例》，浙江大学出版社 2005 年版，第 46—48 页。

③ 张兴：《国有民办二级学院的起源于类型》，《当代教育论坛》2003 年第 9 期。

费不用上交学校，但天津市财政人均经费给女子学院的拨款全部归天津师范大学所有。但真正符合独立学院独立办学的二级学院应是1995年成立的四川师范大学电影电视学院，基本上按照教育部8个独立的要求办学，培养了一大批高质量的人才。随后，上海又相继出现了上海工程技术大学航空运输学院、上海交通大学中欧国际工商学院、上海理工大学四所国际合作学院（斯隆商学院、上海—纽约雪城商学院、上海—纽约联合语言学院、上海—汉堡国际工程技术学院）、中国纺织大学拉萨尔国际设计学院五所由本科院校与国内外机构合作举办的二级学院，开创了普通高校与外界机构、组织合作举办新型二级学院的先例。但是他们成立的特殊背景，使得它们在全国也没有产生多大影响。二级学院真正得到发展是上面提到的在1999年高校大扩招背景下，江浙等沿海发达省市二级学院的兴起和发展。

二、独立学院的产生——二级学院的规范化

（一）二级学院存在的问题

1. 办学的合法性遭质疑

《中华人民共和国高等教育法》第二十九条规定：“设立高等学校由国务院教育行政部门审批，其中设立实施专科教育的高等学校，经国务院授权，也可以由省、自治区、直辖市人民政府审批”，“高等学校和其他高等教育机构分立、合并、终止、变更名称、类别和其他重要事项，由原审批机关审批；章程的修改，应当报原审批机关核准”。但是，事实上我国二级学院的设立多数是由省级人民政府审批，甚至根本就没有经过政府部门审批。这为二级学院取得合法地位造成了天然的障碍，当然也难以得到社会的认可。

2. 威胁教育公平

二级学院招生时，录取分数通常低于高考的录取分数线，采取降分录取的招生原则，而这些学生却在其毕业时颁发母体高校的文凭，这显然不符合国家的有关规定，且对其他经过努力以较高分数考上大学的学生形成了不公平的对待。

3. 办学条件和教学质量得不到保证

国务院颁布的《普通高等学校设置暂行条例》中对高等学校的师资力量、

硬件设备、图书资料等方面的条件进行了硬性的规定，但是我国二级学院几乎都没有达到要求，有些学院没有独立的办学场地和校舍，学生入学后跟母体高校同级同专业的学生一起上课；教师以兼任教师为主；图书资料与母体学院师生共用；等等。这些情况反映了我国二级学院在硬件及软件设备上的严重不足，以致教学质量难以得到保证。特别是一些二级学院，属于典型的校中校，没有任何社会资金的投入，只是在校内租一个地方，实行高收费，社会影响很差，还有就是由于没有区分毕业证书与学位证书，导致一些学校发生不稳定的事件。因此，规范二级学院势在必行。

（二）从二级学院向独立学院的规范

针对二级学院急需进一步加以引导和规范的情况下，2002 年下半年，李岚清同志、陈至立同志和教育部党组再次讨论后作出一个判断，认为经过四年的实践，民办二级学院的办学模式已显露出相当多的优越之处，如果引导得好，很可能会成为较快较好地发展我国高等教育，特别是本科教育的一种新途径。周济同志任教育部长后，教育部党组进一步讨论了独立学院的问题，并经过认真研究，决定在总结经验的基础上，为防止一哄而起和“刮风”现象，确保独立学院稳妥、健康地发展，制订了一系列的规范引导政策。

1. 统一政策

2003 年 4 月颁布了第一个专门针对独立学院的政策性文件——《关于规范并加强普通高校以新的机制和模式试办独立学院管理的若干意见》（以下简称《若干意见》），对独立学院的概念进行了界定；对民办二级学院的办学标准、办学行为及基本要求与条件加以规范，确定了“积极支持，规范管理”的原则，明确了“民、独、优”的办学方针；对独立学院的专业设置也提出了指导性意见，其专业设置“应主要面向地方和区域社会、经济发展的需要，特别是要努力创造条件加快发展社会和人力资源市场急需的短线专业”。同时，为与公办的二级学院相区别，将这种学院一律改称为独立学院。其政策目标是使独立学院更像一所真正独立的高等教育机构。

2. 审核登记

2003 年下半年，按照《若干意见》的要求，教育部组织力量对各地、各高校举办的这类学院进行了初步清理和整顿，对已办的三百六十多所独立学院逐个审查和重新备案，结果是取消了一百多所，最终确认了249所。

3. 检查评估

2004年12月—2005年2月，教育部分期分批对目前试办的独立学院办学条件、招生情况和教学工作进行了专项检查。

4. 招生治理

针对教学检查评估中，尤其是招生工作中出现的问题，2005年2月，教育部下发了《关于加强独立学院招生工作管理的通知》，对省级教育行政部门、申办学校和独立学院的领导和职责、招生计划、招生宣传、录取工作以及责任追究制度提出了更为规范的指导性意见。其中，规范力度最大的是被称为“杀手锏”的“独立文凭”。随后对湖北省7所违规招生独立学院进行了通报批评，并给予减少招生、暂停跨省招生等处罚。①

三、独立学院的涵义、性质及特征

（一）独立学院的涵义

2003年4月教育部颁发的《关于规范并加强普通高校以新的机制和模式试办独立学院管理的若干建议》首次提出了“独立学院”的概念：独立学院是指由普通本科高校按照新机制、新模式建立的二级学院。所谓新机制，即采用民办机制，学院所需经费投入及其他相关支出，均由社会力量承担或以民办机制共同筹措，学生收费标准按照国家有关民办高校招生收费政策制定。新模式坚持一个“独”字，即具有独立的校园和基本办学设施，实施相对独立的教学组织和管理，独立进行财务核算，独立进行招生，独立办法学历证书，具有独立法人资格、能够独立承担民事责任，独立填报《高等教育基层统计报表》等。一些普通本科高校按公办机制和模式建立的二级学院、“分校”或其他类似的二级办学机构不属此范畴。从而将独立学院作为一个比较规范、统一的名称确定下来。2008年2月，教育部部务会议审议通过了《独立学院设置与管理办法》对独立学院重新做了定义：独立学院是指实施本科以上学历教育的普通高等学校与国家机构以外的社会组织或者个人合作，利

① 尹伟：《独立学院的发展历程与特征探悉》，《高等农业教育》2007年第8期。

用非国家财政性经费举办的实施本科学历教育的高等学校（中华人民共和国教育部令第26号《独立学院设置与管理办法》）。独立学院是民办高等教育的重要组成部分，属于公益事业。设立独立学院，应当符合国家和地方高校高等教育的发展规划。

高校独立学院的建设与发展在教育部《关于规范并加强普通高校以新的机制和模式试办独立学院管理的若干意见》的指导和规范下，结合各地的社会经济发展水平和办学实践经验，在投资主体的多元性、办学主体的社会性、运行机制的民营性和办学模式的独立性等方面因地制宜，探索出了多种发展模式：

1. “公办高校+民营企业”的典型模式

这种模式是公办普通高校与民营企业合作创办的独立学院。目前，全国大多数独立学院均采用这种办学模式。由公办普通高校作为申请者（也称母校）负责向教育行政管理部门申办，并具体负责教学和管理；民营企业（即投资者）负责投资建设，双方共同运作，共同按比例分享运营收益。目前，在中西部经济欠发达、政府财政力量较弱的地区的高校独立学院普遍采用这种建设和运营模式，这种模式也完全符合中央教育行政部门关于利用公立高等教育资源吸引社会资金发展高等教育的宗旨和精神。例如华中科技大学武昌分校、华中科技大学文华学院、武汉大学东湖分校、中南财经政法大学武汉学院、四川大学锦城学院、四川大学锦江学院、四川师范大学成都学院、四川外语学院成都学院等。这种模式的优势在于能够较充分地利用公立高校的无形资产和优质的高等教育资源，吸引社会资本投入高等教育领域进行联合办学，有利于充分发挥民营机制的办学活力。其劣势在于中西部地区市场经济发展还不够完善，政府的参与和扶植力度相对较弱，民营资本的投资总量和规模相对有限，投资力度和投资能力相对不足。绝大部分资金都是以独立学院的名义向银行贷款，使作为独立法人的独立学院负债很大。

2. “公办高校+政府+企业”的混合模式

这种模式是普通公办高校在地方政府的经费和政策扶持下或直接参与中，联合民营企业或其他性质的企业组建混合所有制模式的高校独立学院。典型例子就是被称为独立学院“典范”的浙江大学城市学院。它由浙江大学投入优质品牌、教学和管理力量以及资本金6000万元，杭州市人民政府投入的

6000 万元资本金和相关扶持政策，加上浙江电信实业集团公司投入的 5000 万元资本金组建而成。这种模式的优越性显而易见，既有地方政府的大力支持和直接投入，也有母体高校和企业的直接投入，几方面力量形成合力，总体投入较大，启动快，发展势头迅猛。而且浙江大学和杭州市人民政府在两届董事会上明确表示不要投资回报，浙江大学还不收取管理费。因此，这种高校独立学院办学经费充足，容易迅速做大做强。而且，东部地区市场经济发育相对成熟，居民可支配收入优势明显，学生及家长有能力支付较高学费。这种独立学院在滚动发展中投资总量较大，且投资回报压力低，投资风险较小，独立学院可持续发展的后劲也相对更加充足。尽管目前有人质疑这种“官—产—学”的办学模式，认为这种模式既有公立学校投入的品牌、师资、教学管理和资金，又有政府投入财政经费，还有国有企业的资金投入，实质上是一种公办模式的二级学院，不符合独立学院的办学原则。但是，由于地方政府并不提供学校经常性办学经费，学校又采用民营机制运行，具有独立法人地位，拥有独立校园、独立招生、颁证的资格，这种模式从本质上看仍是符合独立学院办学要求的，应该属于高校独立学院的一种模式。

3. “公办高校 + 异地政府”的国有民营模式

这种模式是普通公办高校在非学校所在地与异地地方政府合作举办的独立学院或分校。例如北京师范大学珠海分校，该校由珠海市政府行政划拨 5000 亩土地，北京师范大学投入无形资产、师资力量、教学管理并负责学校的全部运营管理，学校建设所用的 10 多亿元资金也是珠海市政府允许学校用国有划拨土地做抵押向银行贷款所取得的。珠海市政府不参与学校的管理、运营等一切办学行为，甚至不要求任何直接的投资回报，而且还发给该学校教学与管理人员每人每年 1.2 万元的特区财政补贴。这种办学模式显然具有特殊性，主要是珠海市政府将教育产业作为立市兴市的根本产业，从长远发展战略出发作出的特殊投资行为。也有人怀疑这种办学模式是否属于“独立学院”范畴。但在办学实践中，珠海市不投入经常性教育经费，由北师大珠海分校以民营机制自筹运行经费，独立办学。因此从办学资本来源、合作办学性质、民办机制和独立性上分析，仍具有独立学院的基本特性，是一种国有民营的高校独立学院。

4. 其他模式

除了以上几种规模较大，影响较广的独立学院办学模式外，还有其他一些根据各种不同学校、不同地区和不同运营方式组建的独立学院。例如：地方政府通过政府行为，将自己所属的、无办学特色且质量相对较差的公立学校，剥去不良资本和债务，然后移交或转让给其他普通公立高等学校按照独立学院的要求办学和管理，电子科技大学中山学院是这方面的典型代表。浙江工业大学之江学院也是属此类型，学院前身是原杭州船舶工业大学挂靠到浙江工业大学而成的，学院占地面积230亩。还有地方政府为了发展地方高等教育，为地方社会经济发展培养人才，采取政府投资建校，然后委托给其他普通公立高等学校按照独立学院的方式经营管理，如浙江大学宁波理工学院。由于受国家政策的限制，境外法人和个人尚无权利在我国独资举办实施学历教育的高等学校，一些有投资愿望和投资实力的港澳同胞和海外侨胞通过创办二级学院来实现投资教育的愿望，如郑州大学升达经贸管理学院是由台湾著名教育家王广亚投资兴办的，学校共占地110亩，在校生6100人，毕业生累计3500人。[①] 还有一种属于明显违背教育部相关文件精神的模式，即公办高校与自己所属的具有独立法人资格的校产公司或企业合作创办的独立学院，这种模式要么没有出资方，要么出资方就是母校的二级公司，有的租校园，有的就在母校内办学，实为“校中校”，但实行高收费，这种一个校园内的“双轨制”收费，引起很多家长的不满。随着高校独立学院办学模式的多样化发展，今后还可能产生更多模式的独立学院。比如按照《中外合作办学条例》和教育部8号文件精神进行中外合作办学等都应是独立学院未来发展可以探索的方向。

（二）独立学院的性质

《独立学院设置与管理办法》明确提出，独立学院是举办者利用非国家财政性经费举办的，实施本科高等学历教育的民办高校。很明显，教育行政主管部门主要是从办学经费渠道和机制上来认识和界定独立学院性质的。我们也注意到，国家教育行政主管部门对独立学院在政策上和做法上存在有别于

① 张兴：《高等教育办学主体多元化研究》，上海教育出版社2003年版，第122—123页。

一般民办高校的地方，一是独立学院的举办者包括了普通高校和社会组织或个人两个方面，这不同于一般民办高校往往只有社会组织或个人一个方面，独立学院与一般民办高校在举办主体上存在差异；二是独立学院在统计口径上被归为既不同于普通公办高校，也不同于一般民办高校的其他类型学校。显然，国家教育行政主管部门也注意到独立学院的一些特殊性。教育部没有明确说明它究竟是公办还是民办，只是说它“应该是一个民办机制的学校，由普通高校和社会力量合作举办，不是原来意义上的公办学校”。[①] 但要注意的是，该表述强调了“民办机制”和“原来意义”，也就是说既没有断然否定它不是公办学校，也没有轻易肯定它就是民办学校。若说独立学院是公办学校，但它的收费标准是按照国家有关民办高校招生收费政策制定的，发展资金的投入、运行的机制都是按民办学校进行的，统计上也是按民办学校归类的；若对独立学院定性为民办学校，但部分独立学院的合作者是地方政府或是公立中专学校。由此来看，独立学院的性质比较模糊。

因此，关于独立学院的性质究竟是属于公办还是民办，在当前实践中，教育行政领导、高校负责人、高教理论界并没有形成统一的认识。“国有民办”“公有民办”“公办民助”“民办公助”等各种说法均有，归纳起来大致有以下观点：(1) 独立学院的性质定为既不姓“公”，也不姓“私”，而是姓“社”：“社会资本”的“社”，服务社会的“社”，体现社会主义性质的“社”。[②] (2) 独立学院式公办性质。独立学院作为公办学校申请创办的二级学院，可以视为公立高等学校的“国有企业车间”，它们不会因为某些用人体制，融资体制、营销体制创新而改变性质，因此，独立学院也是公办学校。[③] (3) 如果把公立高等学校看作“国有企业”，把民办学校看作“私营企业”，那么，独立学院就是“中外合资企业或公私合营企业”。独立学院兼有公立高校与私立高校的双重性质。独立学院改变了公办高校资产的单一国有性质，使之向资产性质国有为主、多种所有制并存，即一校多制方向发展，从而增加了公办高校的办学活力。经济可以多种所有制成分共存，国家可以一国两

---

① 周济：《促进高校独立学院持续健康快速发展》，《教育发展研究》2003 年第 8 期。

② 甘德安：《独立学院“热”发展的“冷思考”》，《光明日报》2005 年 8 月 3 日。

③ 朱军文：《新制独立学院概念及本质特征：基于产权分析》，《复旦教育论坛》2004 年第 4 期。

制，一校多制应该也是可以的。[①]（4）“独立学院”和“名校办民校”的性质基本上是相同的，其性质是民办。

以上列举了对独立学院性质比较典型的四种观点。2008 年 4 月 1 日起实施的《独立学院设置与管理办法》明确了独立学院属民办高校范畴，结束了各方面的争论，但很多人还是认为，独立学院既不是传统意义上的公办高校，也不是真正意义上的民办高校，而是介于两者之间的一种全新类型，它是通过集成公办高校性质教育资源和社会资金资源而形成的相对独立于举办者的合作者、并按民营机制运作的本科教育形式。

（三）独立学院的特征

1. 独立学院的五个特征

虽然独立学院的举办形式不一，但各种形式的独立学院都具有按比母体高校低的录取分数线招生，按办学的全成本收费，按热门专业培养的共同特征。主要体现在五个字：“新”“独”“优”“竞”“民”。

（1）“新”——机制

具体体现在：一是实行新的办学机制，即一律采用民办机制。独立学院建设和发展所需经费投入及其他相关支出，均由合作方承担或以民办机制共同筹措；学生收费标准也按国家有关民办高校招生收费政策制定。二是实行新的管理体制。独立学院的管理制度和办法由申请者和合作者共同商定。双方的责、权、利关系，通过签署具有法律效力的协议来规范、体现；独立学院可以成立校董会。校董会的组成及人选由双方商定。院长由申请者推荐、校董会选任。[②]

（2）“独”——模式

独立学院体现为“六个独立”要求，即“独立的法人资格”“独立的校园和基本办学设施”“独立进行财务核算”“独立进行招生”“独立办法文凭”和“相对独立的教学组织和管理”。独立学院和母体学校之间，在办学和管理

---

① 汪军洪、赵降英：《浙江公办高校创办新制二年级学院若干问题探悉》，《现代大学教育》2001 年第 2 期。

② 《积极发展规范管理 促进独立学院稳步健康发展——教育部有关负责人就独立学院试办工作答记者问》，《中国教育报》2003 年 5 月 15 日。

上要经历一个从依赖到依托，从相对独立走向完全独立的发展阶段，这也是独立学院成为一种完全意义上的高等教育形式的必经之路。独立学院，要独立的法人资格、独立的校园、独立的招生计划、独立的教学体系；要独立颁发学历和学位证书；要实行独立的财务核算。强调一个“独”字，既有利于明确独立学院办学的基本条件，规范独立学院办学的根本，还从法律和制度上保证了独立学院的独立地位和相应权力，避免母体高校对其过分干涉，有利于独立学院在办学机制和模式方面进行大胆的、独立的改革和探索。为了独立学院的健康发展，需要规范管理，希望独立学院真正独立于母体学校。①

（3）“优”——定位

“优”即优资优质。“优”字有两重含义，一是优质的资源组合，二是优秀的人才培养。优质的资源组合主要来自两个方面，一个是现有公办母体高校，他们有好的教学传统和教育资源，也有好的管理模式，师资队伍略有余力；另一个就是社会力量，他们有资金、资源和办学热情，更重要的是他们会带来民营的机制与活力。独立学院之所以能在短期内，办学上档次、招生成规模，主要是将优质高等教育资源与社会资源有机结合起来，从而具备了公办高校的“信誉”和“品牌”，又有高等教育灵活办学机制的特点。

（4）“竞”——体制

民办教育最大的体制优势在于竞争性。“一个众所周知的自由市场学派的政治经济理论家们反复论述过的基本原理是：关于资源有效配置的信息在人群中的分布越是离散，有效的资源配置方式就越是要求自由竞争。换句话说，竞争是“少花钱，多办事”的最佳途径。一个不太为人知的自由市场学派的看法是：自由竞争可以最大限度地激发每个人的主动精神，从而实现每个人的健康发展。这是诺贝尔经济学奖得主贝克尔的看法，令人惊讶地是，这也是康德的看法。”②

---

① 李功林、邓淑华：《试分析独立学院的整体特征》，《西华师范大学学报（哲学社会科学版）》2009 年第 3 期。

② 汪丁丁：《探索面向 21 世纪的教育哲学与教育经济学》，《高等教育研究》2001 年第 1 期。

（5）“民”——机制

独立学院是民办机制的学校，由普通本科院校和社会力量合作创办，不是原来意义上的公办学校，在经费筹措、人员管理和管理机制上，都体现出“民”的特征。独立学院建设和发展的经费投入，不是靠增加国家和地方财政性的教育经费支出来实现，而是由合作方承担或者以民办机制共同筹措。独立学院教职工队伍的管理，突破过去公办学校在人事管理上的樊篱，实施全员聘任、外部引智、优教高酬等创新管理思路，这就保证了独立学院在用人上包袱轻、起点高、动力足。独立学院的管理机制能够借鉴企业特点，发挥合作单位的优势，灵活地适应办学规模的变化，其管理效果最终体现在以人为本的服务体系建构上。

四、独立学院与其他主要高等教育办学机构的根本区别

根据独立学院的概念和特征可知，产权是区分独立学院与其他教育组织的核心标准。

（一）与独立设置的民办高校的根本区别

独立学院的产权主体是多元的，其主体中包括公立高校以及其他有合作能力的机构。其他机构可以是企业、事业单位、社会团体或者个人，它们的所有制性质可以与公立高等学校相同，属于公有性质；也可以不同，属于私有性质，其他主体的所有制性质对独立学院的运行效率会产生影响。一般来说，私有产权能够使个人的努力与其报酬更加紧密地成正相关关系，因此能够产生更积极的激励与监督作用。

独立设置的民办高等学校产权主体可能是唯一的，也可能是多元的，其主体可能是企业、社会团体或者个人，但其产权主体中缺少公立高等学校这一传统的专业教育组织。公立高等学校对独立设置民办高校的办学不具有任何权利和义务。

（二）与公立高校及其传统学院和新校区的根本区别

1. 产权不同

公立高等学校产权是高度统一的，其所有权主体是全体人民或公立高校所属地方的人民，国家和地方政府以及相应的教育行政部门作为人民的代理

人实际履行公立高校的狭义所有权，并作为实际的所有人挑选、监督下一级代理人履行具体的办学权利。公立高等学校传统院系或新校区，其直接的所有人就是其所属公立高校，因而其产权主体也是唯一的。公立高校和它的传统院系、新校区的产权主体是单一的，产权结构是高度统一的，是公立性质，其监督约束机制是纵向的。显然这一点与独立学院完全不同。前面已经提到，独立学院的产权主体是多元的，其他主体的属性可能是公有性质，也可能是私有性质，各主体间的合作以及监督约束机制是横向的。另外，独立学院是纯粹的教学型组织，往往开设一些作为合约一方的公立高等学校有优势和特色、符合未来科技发展趋势、适应经济和社会发展需要、学生和家长欢迎的热门专业。这些专业教育的私人收益率高，外部性小。而且独立学院入学门槛低，学费高。这些与公立高校的传统院系和新校区都明显不同。但他们只是因为产权结构不同而引起的外在办学形式的差别，不是根本差别。如果把独立学院比作“中外合资企业或公司合营企业”，则民办学校就是“私营企业”，公立高等学校就是“国有企业”，公立高等学校新校区或传统院系就是“国有企业车间”。它们不会因为某些用人体制、融资体制、营销体制创新而改变性质。

2. 筹资体制不同

公立高校的经费几乎全部依靠国家的财政拨款，而独立学院的办学经费主要是由合作方承担或者以民办机制筹措，学生按照成本交纳比公办学校高的学费。

3. 管理体制不同

公立高校的书记、校长或者主要的行政机构的设置由政府任命或者审批，而独立学院实行董事会领导下的校长负责制，学院的院长、董事长、主要机构由董事会决定。

4. 自主权不同

独立学院有较大的自主权，它可以根据市场需求的情况变化自主设置专业和学科，在人事方面可以自主聘用或解聘教师。[①]

---

① 徐辉、季诚钧：《独立学院人才培养的理论与实践》，浙江大学出版社2007年版。

五、独立学院产生的背景及过程

独立学院是我国高等教育大众化和教育投资多元条件下应运而生的新事物，它源于20世纪90年代浙江、江苏等省率先探索和试办的二级学院。2003年4月，教育部发布了《关于规范并加强普通高校以新的机制和模式试办独立学院管理的若干意见》之后，“独立学院”作为一个比较规范、统一的名称确定下来。

（一）独立学院的发展现状

从2003年开始，民办二级学院纷纷按照教育部的要求改制为新的独立学院，主要体现在七个方面，一是具有独立的法人资格，独立承担民事责任；二是建设独立的校园和基本的办学设施；三是独立进行招生；四是实施独立的教学组织和管理；五是独立颁发学历证书；六是独立进行财务核算；七是独立填报《高等教育基层统计报表》。同时，随着体制的日益规范，全国各地独立学院的规模迅速得到扩展，截至2008年9月，教育部公布的独立学院名单中，全国独立学院总数达到322所之多（见表2－1）。

表2－1　我国各地经教育部批准的独立学院数量（截至2008年9月）

地区	学校数	地区	学校数	地区	学校数
北京市	5	浙江省	22	海南省	1
天津市	10	安徽省	11	重庆市	7
河北省	18	福建省	9	四川省	12
山西省	8	江西省	13	贵州省	8
内蒙古自治区	2	山东省	12	云南省	7
辽宁省	21	河南省	10	陕西省	12
吉林省	10	湖北省	31	甘肃省	5
黑龙江省	8	湖南省	15	宁夏回族自治区	2
上海市	5	广东省	17	青海省	1
江苏省	26	广西壮族自治区	9	新疆维吾尔自治区	5

资料来源：教育部网站—公报公告—名单公布—批准学校（学院）名单—独立学院名单。

同时，独立学院也逐渐成为具有自己独特人才培养目标和模式的新型高等教育机构，并正在由起初作为公立高校高等教育补充力量的角色，转变为与公立高校并肩，形成差异化发展的高等教育新格局，并正在成为高等教育大众化的生力军。

第三节　印度附属学院对我国独立学院的启示

印度附属学院与我国独立学院都是为了适应高等教育大众化而依附大学发展起来的，都与母体学校有着千丝万缕的联系，二者存在一定的相似性。印度附属学院经过一个半世纪的发展，在治理方面还是有许多的经验和教训值得学习和借鉴，我们应认真研究，以便更好地为我国独立学院的发展提供理论和现实指导。

一、印度附属学院简介

印度附属学院是印度大学附属制度的产物。印度大学的附属制度是仿效英国伦敦大学而逐渐形成的。1857 年，印度最先成立的三所大学其本身并不进行教学，而是接纳本地组织或者临近地区的高等教育机构作为自己的附属学院。大学本身只是管理机构，而不是办学实体；大学负责制定并审核其附属学院的教学计划与大纲，组织附属学院的学生考试，制定学位标准并颁发学位。这一制度在其发展中，逐渐形成了单一型大学与附属型大学两种类型。单一型大学不吸收具有附属学院性质的学院；而纳附型大学除了接受附属学院之外，后来也设立了直属学院进行教学活动，这类直属学院被称为大学学院。大学学院通常以从事研究生教育为主，本科生教育则主要由附属学院承担。纳附大学对附属学院具有相当大的权威与领导地位，因为它控制着学位授予这一命脉。附属学院的学生只有参加母体大学组织的考试，考试通过者才能获得大学颁发的学位。附纳大学对附属学院的教学和各项工作具有监督、指导、协助等职能，规定附属学院在办学条件和资金方面要达到的标准，规定教师与其他职员的最低聘用条件，规定教学计划与教学大纲的最低标准。附属学院分为公立和私立两类。其中，约四分之三的附属学院是私立的。私立学院由慈善机构、私人企业及其他私营组织创办并为其提供经费，另有部分维持与发展费用由大学提供。私立附属学院有自己的管理机构，有权任命自己的院长、招聘教职员工，有权管理与使用本学院的自由资金，但要按照大学的有关规定执行。公立附属学院一般由邦一级政府创建并提供全部经费，由邦政府与大学协商后组成管理机构进行管理。附属学院实行辖区制管理，纳附大学职能在政府为它划定的行政区内认可其附属学院，并主要从划定的行政区内招生。[①]

印度大学的附属学院推进了高等教育大众化的过程，节省了大量的高等教育经费，使国家把资金集中投向了一批重点大学的建设。但由于大学对附属学院的管理缺位，使大学与附属学院存在管理上的冲突。同时，外部的考试制度也存在一定的诟病。由于教考分离，附属学院存在着押题、集体作弊、“应试教育”等现象。另外因为一些附属学院的生源差、教育质量低、学生众多等原因导致文凭的含金量下降，印度大学附属学院的声誉也愈差。

二、印度附属学院的启示

1. 扩大办学自主权

在独立学院发展的过程中，暂时的附属是为了以后的独立，附属是一个发展的过程，独立才是发展的最终目标。目前我国的独立学院与印度附属学院一样，都是附属于某所大学，其学位授予权还是由母体大学掌控，虽然，独立学院的学生不像附属学院的学生一样要参加母体大学的考试，但由于学位是由母体大学颁发，母体大学对独立学院的教学质量、学业成绩和学位授予标准都会有一些具体的规定和要求。在管理和教学方面，独立学院与母体大学的关系还是比较紧密，还不能完全脱离母体大学的支持和监督；在招生和财务方面，独立学院也不能脱离母体大学取得完全独立的资格。印度附属学院由于自治权太小，导致发展水平普遍较低，没有出现一所著名的、优秀的附属学院，而仅仅是从数量上急剧膨胀，质量普遍偏低。为了解决这个问题，印度曾一度进行过改革，希望把一些相对优秀的附属学院建成自治学院。这些给我们的启示就是，扩大办学自主权是一所独立学院发展壮大的必要前

---

① 安双宏：《印度高等教育：问题与动态》，黑龙江教育出版社 2001 年版，第 55—56 页。

提，对母体大学的附属只能是暂时的，最终还是要朝着高度自治和独立的方向发展。独立学院在内部治理上也要下放一些权力，比如财政权、招生权、人事权等，以增加独立学院的发展动力和活力，强调管理特色、办学特色。

2. 严格执行“一校一院”的基本原则

印度大学拨款委员会对印度附属学院的认定虽然也制定了一系列的标准，但由于受到种种力量的影响，拨款委员会出现有法不依、执法不严的情况，加之一些地方学院通过一些政治手腕和经济力量迫使大学接受其为临时附属学院，采取先斩后奏的手法，印度附属学院的数量在短短的几十年里，特别是近几年，急剧膨胀，成倍数增长，达到了 18000 多所，而质量却没有任何提高。可以说，印度附属学院过于泛滥，对高等教育的发展，特别是高等教育的质量是一个严重的威胁，同时，数量的泛滥使得印度大学难以对数量众多的附属学院进行有效的监控，导致教育质量的下滑。因此，在我国独立学院高速发展的过程中，一定要贯彻“一校一院”的基本原则，对独立学院的审批程序严格把关，控制独立学院的数量，提高其质量和办学水平。

3. 独立学院实现学术自治

印度附属学院不但没有权力改变课程设置和教学内容，连任课教师也没有考核学生成绩的权利，完全沦落成一个简单的教学机构，从而使得一所纳附大学的所有附属学院都是一个模样，毫无特色可言。在学术和管理上也遵守一个标准，没有自己发挥的空间和创造的余地。因此，独立学院要努力实现学术自治，并使独立学院拥有自主设置专业和开设特色课程的权利，鼓励独立学院与市场紧密结合，培养与母体大学有区别的应用型、综合型人才。

4. 明确独立学院的管理主体和性质

印度附属学院一个值得借鉴的经验就是管理主体多元化，分工明确，管理民主化、制度化。目前我国的独立学院普遍存在性质模糊、管理主体混乱、分工不明确、管理民主化程度不高等问题。独立学院需要进一步完善各种机构的规章制度，根据实际情况成立一些具有特定职能的治理机构，广泛吸收著名学者和教授参与学院治理，聘请一些相关的校外专家加入学院治理机构，扩大民主范围，增强管理的制度化。另外，将学术和行政权力分开也是一个很好的借鉴。

5. 加强对独立学院的教学管理

印度附属学院之所以发展水平较低，规模较小，其中一个重要原因就是学院的教学管理不严格，学术标准太低。大学对其附属学院的学生考试通过的标准要求普遍较低，除了极个别的大学要求考试及格标准是40%之外，绝大多数大学要求的及格标准是35%左右，所以，附属学院的毕业生的知识水平一般较低，不太受用人单位的欢迎，造成印度大量的大学毕业生无法就业。可见，独立学院要持续发展和提高办学效率，就必须提高学术标准，严格控制好教学质量，增加毕业生的就业竞争力，这样才不会被社会所淘汰。

第四节　独立学院管理制度的发展与创新

2003年，在总结各地发展独立学院有益经验的基础上，教育部对全国独立学院进行了清理与规范，印发了《关于规范并加强普通高校以新的机制和模式试办独立学院管理的若干意见》（以下简称《若干意见》），下发了《关于对各地批准试办的独立学院进行检查清理和重新报批工作的通知》。《若干意见》对独立学院应具备必要的办学条件等做了相关规定，如校园面积不少于150亩（艺术院校和国家另有规定除外），校园规划面积不少于300亩，教学行政用房建筑面积不少于4万平方米，教学仪器总值不少于1000万元，图书不少于4万册。

《若干意见》还设置了申办独立学院的程序，根据教育部的相关文件，截至2004年3月1日，教育部共批准第一批独立学院173所。独立学院在法律政策上得到政府积极扶持，取得了合理的法律定位、规范的办学程序、明确的法律关系、积极的扶持政策，又能够多渠道、多形式、有效地吸引企业流动资金的流入，从而能够很快拥有很好的硬件。因此，正是这种“软件”与“硬件”的有机结合，集中地体现了公立大学与民办大学的双重优点，独立学院在随后几年内得到迅速发展。截至2007年，共有独立学院318所，在校生为186.6万人，占民办高等学历教育在校生的53.4%，本科生的比例占民办本科教育的88.7%

经过五年的探索实践，独立学院的发展取得了很大的成绩，但在试办的过程中遇到了不少的新情况、新问题，有些问题甚至直接影响到独立学院的办学质量和社会稳定。一是部分独立学院办学不规范，违规招生，违规宣传，学位证书的发放不统一；二是部分高校专职教师人数没有达到《若干意见》的要求；三是产权等不明确，不利于学院的可持续发展；四是部分独立学院只顾扩大招生规模，不注重办学质量，管理混乱等。因此，加强制度建设已成为独立学院今后健康发展的必然要求，也是促进独立学院可持续发展的重要前提。

正是在这样的背景下，《独立学院设置与管理办法》（以下简称《办法》）应运而生，并于2008年4月1日起正式实施，它对独立学院的设立，组织与活动，管理与监督，变更与终止，法律责任等都有了明确的规范，对以前一些模糊的问题进行了明确，这对于独立学院的规范发展将具有重大的意义。《办法》延续了《若干意见》的基本精神，坚持了对独立学院“积极支持，规范管理，改革创新”的指导思想，《办法》充分体现了“优”“独”“民”三大原则。“优”即更加强调优质教育资源参与独立学院的办学，更加强调独立学院的规范管理，不断提高办学水平和办学质量；“独”即更加强调了独立学院在法律和制度上的独立地位；“民”即明确了独立学院是民办高等教育的重要组成部分，属于公益性事业，促进了独立学院在运行机制和管理体制上的改革创新。

一、独立学院政策的渐近式完善

《办法》对独立学院的管理从政策上进行了进一步的完善，对原有政策中存在的一些问题进行了正面的回答，主要体现在以下几个方面：

1. 明确了独立学院的性质

随着独立学院的发展与壮大，对独立学院性质的争论从未停止，这种融合公办的资源与民办的资金的新模式受到了社会的批评，认为不利于教育公平，不利于民办教育的整体发展。《办法》从法律上明确了独立学院的性质，这是当前独立学院必须解决的核心问题，也是社会上普遍关注的重点。《办法》第二条规定，独立学院是指实施本科以上学历教育的普通高等学校与国家机构以外的社会组织或者个人合作，利用非国家财政性经费举办的实施本科学历教育的高等学校。资金来源的社会性，决定独立学院必然属于民办教育范畴，这进一步从法律地位上进行了明确，有利于明确举办各方对独立学院的责任，有利于促进独立学院健康发展。

2. 明确了独立学院的设置标准和办学条件

办学条件是独立学院健康持续发展的前提，是开展教育教学活动和保障教育质量的基础。《若干意见》的办学条件已经远远滞后于独立学院的快速发展，原有的基本条件已经无法满足学院开展教育教学活动的需要。一些独立学院在 2004 年被批准后就没有进行大规模的基础建设，《办法》明确了独立学院的设置标准参照普通本科高等学校的设置标准执行，国家将通过合格验收的方式，进一步促进独立学院的办学条件的改善，根据核定的办学规模来充实办学条件，符合普通高等学校基本办学条件指标的要求。《办法》充分体现了“优”字的具体要求，一是更加强调优质教育资源参与举办独立学院，明确了参与举办独立学院的普通高校一般应具有博士学位授予权，一些不具有博士学位授予权的单位基本被排除在申办独立学院之外。二是对社会力量的要求更优，对参与举办独立学院的社会组织与个人明确提出总资产不少于 3 亿元，净资产不少于 1.2 个亿，资产负债率低于 60%。

3. 明确了普通高校参与办学的无形资产必须计入独立学院办学总投入

《办法》第十三条规定，普通高等学校投入办学的无形资产，应当依法作价。无形资产占办学总投入的比例，由合作办学双方按照国家法律，行政法规的有关规定予以约定，并依法办理有关手续。从独立学院的办学实践来看，不少独立学院办学协议中，普通高校参与办学的有关无形资产，并未计入独立学院的总投入中，也没有明确作价，初始产权的不明确为以后的发展带来了诸多的隐患。这将促使双方就无形资产的价值进行谈判，从而达成新的协议，进一步明确双方的初始投入与各自产权。

4. 明确落实了独立学院法人财产权的具体要求

《办法》明确了独立学院将资产过户到学院名下，这也是具体落实学校法人财产权的基本要求，规定了独立学院必须依法验资。对新设立的独立学院，在筹设期内必须将资产过户到学院名下；对已设的独立学院，规定自《办法》下发起 1 年内完成过户工作，即截止时间为 2009 年 4 月 1 日。《办法》还规定独立学院在办学期间，任何单位和个人都不能抽逃，挪用独立学院的资产，从而保证了独立学院的资产由学院依法管理和使用，避免单位和个人违规运作学校资产。《办法》还依法保护了社会组织和个人办学条件的合法权益，第一次明确提出了社会组织和个人与普通高等学校一样，都是独立学院的举办者之一，明确双方都是参与办学的举办者，都是办学的主体，进一步提高了社会组织和个人的地位。同时，明确了独立学院出资人依法可以从办学结余中取得合理回报。

5. 明确了独立学院学生的有关权益

《办法》从很多方面进一步保障了学生的权益，明确了独立学院的学院学历，学位制度。《办法》第三十八条规定，独立学院对学习期满且成绩合格的学生，颁发毕业证书，并以独立学院名称具印。独立学院按照国家有关规定申请取得学士学位资格，对符合条件的学生颁发独立学院的学士学位证书，这有助于独立学院真正发展成为独立建制的高等学校，这有利于保护学生依据教育法享有获得学历，学位证书的权利。《办法》还明确了独立学院终止时应当首先妥善安置在校学生，进行财务清算和财产清偿，对独立学院终止时仍未毕业的在校学生由参与举办的普通高等学校托管，毕业达到一定要求仍可以获得相应的学历和学位证书。

此外，《办法》还明确了独立学院内部管理体制和机构设置，明确了独立学院加强党团组织建设和维护安全稳定的职责，明确了独立学院规范办学行为，明确了参与举办独立学院的普通高等学校的有关权益等。这将从制度上进一步明确了独立学院的发展方向和工作思路。《办法》充分体现了坚持以人为本，充分考虑各个方面的利益，有效维护和保障独立学院的各方的利益，将维护学生的受教育权和相关合法权益保障作为出发点，同时兼顾平衡各方的合法权益。

二、独立学院制度的渐近式完善

1. 无形资产的作价与管理费的问题

独立学院是多种性质的投资主体进行的资本投入，具体的讲，有三种合作方式：一是货币资产投资。它包括现金、银行贷款和其他货币资产。二是实物资产投资。它包括建筑、设备、土地以及各种原材料等有形物质。三是无形资产投资。按照《高等学校财务制度》规定：无形资产是指不具有实物形态而能为使用者提供某种权利的资产，包括专利权、商标权、著作权、土地使用权、非专利技术、商誉及其他财产权利。

在实际的操作中，合作方主要采用货币及实物资产投资，母体学校则主要以无形资产投入，双方以契约的形式明确责、权、利，这就将资金优势与办学优势得到了充分发挥，这也是独立学院能够迅速发展的源泉。但对大部分的独立学院来讲，由于初始契约的不完善，现在的无形资产评估及相应所占比例将是一个长期而艰巨的博弈过程。

2.《办法》规定对独立学院无形资产进行作价，并确定占办学总投入的比例

《办法》明确提出了无形资产要占办学总投入的比例，由合作办学双方按照国家法律，行政法规的有关规定予以约定，并依法办理有关手续。因此，双方必然就无形资产的作价进行谈判，但在现实中，对母体高校的品牌价值衡量是比较困难的，而且事先并没有约定，从理论上讲，无形资产评估运用的方法与有形资产评估的方法相似，主要有三大类，即收益法、成本法和现行市价法，不同的计算方法会导致评估的差异很大。另一方面，合作方初使投入并不明确，没有依法进行验资，这也为双方增加了谈判的难度。

由于独立学院的快速发展，从 2004 年到现在，独立学院的土地等增值，其总资产已达到很高的水平。国家在规定中没有明确起止时间与具体的算法，不同的计算将会出现很大的差距。比如将无形资产算出后作价，如果按 2004 年成立独立学院时进行总资产构建比例，由于增值及办学累积，那就会达到一个很高的水平，由于国家当年没有对合作方的初使投入进行验资，所以无法来明确合作方当年实际的投入。如果将现在的无形资产作价，然后和独立学院的总资产来构建比例，显然普通高校占的资产总额就相应降低。这其中一个关键的因素是如何计算独立学院的增值部分。2004 年审批独立学院的资质后，一部分独立学院基本停止了大的基本建设，没有大的投入，而部分独立学院则完全将办学收入用于再投入，学院发展很快，其固定资产已达到很高的水平，因此，计算无形资产占办学总投入的比例要慎重，要根据各自学院发展的实际情况进行处理。如果搞一刀切，这将伤害一些不图回报，热爱教育事业的合作方。

3. 如何解决管理费与无形资产的关系

《办法》中没有明确交纳管理费的问题，合作方主要是通过交纳一定比例

管理费作为对普通高校的回报。这种计算方法简单，易于操作，大部分高校均采用这种方式。从全国的独立学院的协议看，多数独立学院是采取收取管理费的方式，管理费所占比例为学费的10%—30%之间。这种分配方式在早期独立学院的发展中起到了较好的制度约束作用，并对双方形成了有效的激励。仅有少数独立学院采用了股份制形式的合作方式。独立学院双方签订的契约是当时政策环境下的产物，双方按照国家的有关政策法规，规定一个大致的约束框架，就双方责任与义务、收益等做了粗略的规定。正因为如此，契约显然存在着漏洞与缺陷，要么缺少激励，要么疏于约束，必然会产生效率较低的问题，甚至是严重的问题，这就需要双方根据独立学院发展的实际及现行有关政策的规定，进行谈判与补充契约，以形成有效的激励与约束。

4. 政策导向上有偏差

国家明确了独立学院的未来发展道路之一是，转设成为民办本科院校，个别省份已经开始试点。如果学院的固定资产比例越大，按照文件规定的股份制形式，那么无形资产的价值就会水涨船高，也就是说如果未来独立学院脱离公办高校而成为独立设置的民办本科院校，这时候就涉及资产清算的问题。如独立学院的合作方支付给母体学校的费用过高，这种制度设计会促使合作方进行相反的选择。要么是在未来减少投入，要么是干脆不投入，这都不利于独立学院的发展。因此，国家一方面要求将无形资产计入办学总投入比例，又要独立学院加大投入，达到国家的标准。另一方面要求独立学院达到标准后走向独立，政策的制定应考虑各方利益诉求的平衡，要有利于促进独立学院的发展，特别是鼓励那些热爱教育事业的群体。

总之，无形资产作价涉及各方的利益，如果处理不好，势必产生矛盾或引发新的不稳定，这将不利于独立学院的长远发展。

三、合格验收相关问题

《办法》第五十八条规定，自办法实施5年内，基本符合本办法要求的，由独立学院提出考察验收申请，经省级教育行政部门审核后报国务院教育行政部门组织考察验收，考察验收合格的，核发办学许可证。教育部提高办学质量的用心可以理解，对于西部地区的一些独立学院达到普通本科院校的标准十分困难。由于全国独立学院在规模、合规程度、办学条件达标、培养质量及环境条件上都存在着极大的不平衡，东部和西部差异很大，解决不平衡就应该用不平衡的办法，不应该一刀切。因此，教育部明确了未来10年内，三步走的发展战略目标。独立学院在今后三年发展的基本考虑，到2014年独立学院条件建设要取得明显的新进展，教学质量得到有效的保障，有特色，服务地方发展的优势显著增强。处于发达地区，有重点高等学校参与的，条件较好的独立学院，要率先达到较高水平。教育行政部门的重点任务是明确标准，开展检查，推动独立学院的准确定位，平稳过渡，规范管理。到下一个五年（2016—2020），根据教育部领导的讲话精神，主要是采取以下的工作思路：

以验收促建设，以规范促发展，验收工作重点关注基本办学条件，办学体制机制，同时引导加强内涵建设，规范办学行为，探索有利于独立学院健康发展的多种运行模式和现代大学管理制度，全面提升办学水平和教育质量，教育部加大了对合格验收的工作力度，通过合格验收促独立学院的条件建设。

四、过户的相关问题

《办法》明确提出了独立学院的资产过户，但有诸多问题，一年内完成存在相当的困难，甚至是不可能。根据教育部教发厅〔2006〕2号《教育部办公厅关于对普通高校、独立学院办学条件等有关问题核查情况的通报》文件精神，通报了对完全靠租赁土地和教学行政用房办学的6所独立学院，原则上2006年度不安排其招生；对自有土地、教学行政用房均不达标的5所独立学院，及自有土地或教学行政用房不达标的33所独立学院减少招生；对资产未过户到独立学院名下的189所独立学院，予以通报批评。可以看出全国独立学院没有过户的占很高的比例，当然，没过户的原因也各有不同。

当初许多高校是利用闲置的土地资源和教学资源来办独立学院，在这种情况下资产过户涉及方方面面，属于国有资产转移，要通过国资委，要征得这些部门的同意，并不是简单的一个土地使用证上的更名。公立高校与地方政府或国有企业单位合作也存在资产过户的问题。不是高校不想过户，而是手续将会很复杂，会牵涉到很多的部门。如广西大学行健学院当初是母校以土地入资办起来的，已经投入了3亿多元，能满足1万学生就学。但根据《办法》第八条，普通学校主要利用学校名称、知识产权、管理资源、教育教学资源等参与办学。社会组织或者个人主要利用资金、实物、土地使用权等参与办学。国家的资助、向学生收取的学费和独立学院的借款、接受的捐赠财产，不属于独立学院举办者的出资。母体学院不能以土地出资，这种情况下，学校怎么办，如何将国有资产过户到独立学院，因此，国家政策的制定要因地制宜，根据不同的情况作不同的处理。

其次是要求最基本的不少于500亩的国有土地证或国有土地建设用地规划许可证。当年国家审批独立学院时，要求占地150亩，规划面积300亩。很多独立学院严格按照300亩的标准进行修建，现在有些独立学院面临的问题是合作方愿意投入再征地，但限于城市的快速发展，其周边已无地可圈，这也是一个现实的问题。要么合作方重新选址，但原有的校区将形成新的浪费，要么办分校，凑足500亩地，但又不符合教育部的相关规定，即独立学院不能办分校，这对合作方来说形成新的两难选择。

独立学院多是按非营利性教育用地的规定而获得政府的“划拨用地”，即主要是获得土地的使用权。而出让土地使用权则必须交纳高额的土地出让金，一些独立学院通过“招、拍、挂”或协议的方式出让土地使用权，其土地价格接近商业用地，其办学成本将成为学院的一笔巨大的办学成本。一些独立学院主要是靠租用土地来办学，如果土地不过户，那么过户就没有什么实质意义了。同时，独立学院资产过户的过程中还存在着相关税费、土地性质变更、土地和校产抵押贷款等现实问题。这些问题的解决需要教育外部力量的支持配合。如果按4%的资产过户费计算，一般独立学院就要付出上千万的费用。教育部应该协助呼吁一下有关部门，出台过户费减免政策。目前，已有部分省市出台了相关优惠政策。黑龙江省由省人大常委会通过地方立法，统一了财政、税务、建设、国土、教育等部门意见，省政府依法办事。《黑龙江省民办教育促进条例》第四十一条规定：社会组织或者公民个人以不动产用于办学，原有不动产过户到民办学校名下，并且不属于买卖、赠与或者交换行为的，在办理过户手续时，只收取证照工本费。此举免除了独立学院资产过户费用，调动了投资方的积极性，大大减轻了学校负担，促进了独立学院转设，该省9所独立学院已有8所成功转设为独立设置的民办普通本科高校。重庆市政府2008年6月发布了《关于促进民办教育发展的意见》，对民办学校完善法人财产权过程中的资产过户等相关费用作出了明确规定：“民办学校资产（企业、公民个人和社会组织以房地产投资兴办民办学校，或者民办学校受让企业、公民个人和社会组织的房地产用于教育的资产）过户免收资产过户税费。减免资产过户时的服务性收费。”2010年，上海市人民政府办公厅转发市教委等七部门制订的《上海市推进民办高等学校落实法人财产权的实施办法》，该文件规定，“为鼓励民办高校积极稳妥完成资产过户，对民办高校资产过户过程中涉及的契税等，按照国家相关规定，享受有关税收优惠；在规定期限内办理房地产转移登记的，享受免收交易手续费优惠。”

总之，独立学院的顺利开展仍需相关的配套政策来进一步规范和保障。制度的建立与完善赋予了独立学院崭新的内容和意义，这些内容和意义将随着独立学院今后渐趋规范的发展而得到更为清晰的凸现。因此，独立学院的政策应该在追求教育公平与公益的价值追求中，寻找新体制生成中的政策选择。今后，作为民办高等教育的一种办学模式，独立学院应严格执行民办高等教育的有关法律，法规和政策，将发展重点转移到稳定规模，提高质量，规范管理上来。

第三章 独立学院转设政策的执行与偏差分析

第一节 独立学院转设政策执行现状

一、全国独立学院转设的总体情况

根据教育部发展规划司统计数据，截至2014年6月18日，全国共有独立学院283所，占全国2491所普通高等学校的11.36%，占全国718所民办高校的39.42%，占全国390所民办本科院校的72.56%，独立学院在校生占全国民办高校的50%以上。

独立学院分布在我国大陆行政区域23个省、4个直辖市、4个自治区（西藏自治区没有独立学院）。截至2015年3月，教育部先后审批了52所独立学院转设为51所民办本科院校（2013年沈阳理工大学应用技术学院与沈阳农业大学科学技术学院2所独立学院联合转设为沈阳工学院），其中，2008年4所、2009年1所、2011年14所、2012年6所、2013年11所、2014年8所、2015年8所。根据教育部2015年公布的全国高等学校名单，截至2015年3月，全国共有独立学院275所，52所已转设独立学院占全国独立学院总数（含已转设独立学院）的15.9%，相较于庞大的独立学院群体，这一比重明显偏少，从中可见更多独立学院还处于维持现状或观望徘徊阶段。

根据对全国已转设独立学院省域分布格局梳理，结合独立学院设置情况，可以发现独立学院转设区域分布不均，地区之间差异很大，东北独立学院转设最多，中部地区次之，东部和南部沿海地区紧随其后，西部地区独立学院转设偏少。

（一）各地区独立学院转设的详细情况

1. 东北地区独立学院转设时间和比例领先

东北地区是我国独立学院转设最早和最为集中的区域，走在全国前列。虽然国家教育主管部门从2008年才开始审批独立学院转设，但是早在之前就已经有独立学院开始酝酿和筹备转设。2006年，辽宁省人民政府向教育部提交《关于申请将沈阳师范大学渤海学院转设为辽宁财贸学院的函》（辽政〔2006〕231号），这是全国独立学院向转设迈出的第一步。随后，2007年，黑龙江省、吉林省、辽宁省又有4所独立学院申请转设。2008年4月，教育部高校设置评议委员会专家组对首批5所申请转设的独立学院进行现场考察，同年9月教育部下发文件同意哈尔滨商业大学德强商务学院、沈阳师范大学渤海学院、东北大学东软信息学院、吉林艺术学院动画学院4所独立学院转设。东北大学大连艺术学院因土地和建筑面积不达标而未通过，在经过充实办学条件后，2009年4月，教育部发文同意其转设为大连艺术学院。从2008—2015年，东北地区独立学院纷纷转设，黑龙江省9所独立学院中有8所转设，转设比例高达88.89%，只有黑龙江工程学院昆仑旅游学院一所尚未转设；辽宁省22所独立学院有11所转设，比例达50%，其他学院也在创造条件申请转设；吉林省11所独立学院有5所转设，比例为45.45%，剩余独立学院在筹备转设，例如吉林建筑大学城建学院、吉林师范大学博达学院、长春理工大学光电信息学院等都专门成立转设迎评领导小组，征地建设新校区。

2. 湖北独立学院总数及转设数量位居第一

湖北省是全国独立学院数量最多的省份，该省2008年时共有独立学院31所，占全国独立学院总数的9%，在校生24万人，占全省普通高校本专科在校生总数的五分之一。湖北独立学院规模庞大，主要是因为该省是教育大省，高考生源人数众多，高教资源丰富，政府鼓励独立学院发展，华中科技大学、武汉大学、武汉科技大学、湖北工业大学、长江大学均创办两所独立学院。从2008年“26号令”出台后起，湖北省表示支持一批具备条件的独立学院3—5年内转设为民办高校。2011年，湖北独立学院出现第一轮“独立潮”，武汉科技大学中南分校、武汉大学东湖分校、华中师范大学汉口分校、中南民族大学工商学院4所独立学院首批转设。随后，2012年有1所转设，2014

年有 2 所转设，2015 年有 4 所转设。到 2015 年 3 月，湖北省共有 11 所独立学院转设，数量居全国第一，转设比例达 35.43%，在全国名列前茅。目前，湖北还有一批独立学院正在积极申请转设，与母体高校签订终止合作办学协议，如武汉科技大学城市学院、武汉大学珞珈学院、华中师范大学武汉传媒学院等。

3. 苏川豫鲁粤沪冀等地转设步伐缓慢推进

在国家政策导向和东北地区示范引领下，全国部分省份独立学院转设逐步有了进展。江苏 26 所独立学院中仅有 1 所转设，即江南大学太湖学院 2011 年转设为无锡太湖学院，剩余 25 所独立学院暂无转设意向。四川省 13 所独立学院中有 4 所转设，在西部地区领先，分别是成都理工大学广播影视学院、四川师范大学文理学院、四川音乐学院绵阳艺术学院、四川师范大学成都学院，转设比例达 30.77%。另外，还有四川外国语大学重庆南方翻译学院等将近一半独立学院在积极筹备转设。河南省 11 所独立学院中有 3 所转设，比例为 27.27%，分别是郑州大学升达经贸管理学院、河南农业大学华豫学院、河南财经政法大学成功学院；山东省 13 所独立学院有 2 所转设，比例为 15.38%，分别是中国海洋大学青岛学院、曲阜师范大学杏坛学院；广东省 17 所独立学院中有 1 所转设，即华南师范大学增城学院转设为广州商学院，还有 16 所独立学院维持原状；河北省 18 所独立学院中只有 1 所北京化工大学北方学院转设为燕京理工学院；重庆 7 所独立学院有 1 所转设，西南大学育才学院转设为重庆人文科技学院；上海 3 所独立学院中有 1 所转设，复旦大学上海视觉艺术学院转设为上海视觉艺术学院。另外，海南省人口总量少，只有 1 所独立学院即海南大学三亚学院，已于 2012 年转设为三亚学院。

4. 浙湘赣陕皖晋等一半省份转设暂无进展

值得关注的是，虽然已有 15 个省、市、自治区独立学院出现转设，但目前全国仍有 16 个在转设上毫无任何突破和进展，这一比例占设立独立学院省份的 51.6%，这意味着超过一半的省份在落实教育部“26 号令”方面还存在很大问题。调查发现，一些独立学院较为集中、规模可观的省份，仍然按兵不动，转设工作尚未取得成效。作为我国民办二级学院的发源地和独立学院大省，浙江省 22 所独立学院中无一转设，这与浙江地区发达的民营经济和独立学院办学规模极不相称。同时，湖南 15 所、江西 13 所、陕西 12 所、安徽 11 所、天津10所、广西9所、山西8所、贵州8所、云南7所独立学院，在当地高等教育事业布局中占据重要位置，也均没有迈开转设的步伐。除了这些独立学院数量众多的省份，还有一些设有少数独立学院的西部或北方省份，也均无独立学院转设。例如，北京5所、新疆5所、宁夏2所、内蒙古2所、青海1所独立学院，均维持原状，不过这里面并非所有学校都不想转设，例如北京工业大学耿丹学院正在准备转设，但是由于办学条件不达标，目前还在筹备之中。

表3-1　全国已转设独立学院设置进程一览表

时间	数量	新转设民办本科院校名称	
		转设后名称	转设前名称
2008	4	大连东软信息学院	东北大学东软信息学院
		辽宁财贸学院	沈阳师范大学渤海学院
		吉林动画学院	吉林艺术学院动画学院
		哈尔滨德强商务学院	哈尔滨商业大学德强商务学院
2009	1	大连艺术学院	东北大学大连艺术学院
2011	14	大连科技学院	大连交通大学信息工程学院
		长春建筑学院	吉林建筑工程学院建筑装饰学院
		哈尔滨华德学院	哈尔滨工业大学华德应用技术学院
		黑龙江外国语学院	哈尔滨师范大学恒星学院
		哈尔滨剑桥学院	黑龙江大学剑桥学院
		无锡太湖学院	江南大学太湖学院
		青岛工学院	中国海洋大学青岛学院
		郑州升达经贸管理学院	郑州大学升达经贸管理学院
		商丘学院	河南农业大学华豫学院
		武汉东湖学院	武汉大学东湖分校
		武汉长江工商学院（2014年更名为武汉工商学院）	中南民族大学工商学院
		汉口学院	华中师范大学汉口分校
		武昌理工学院	武汉科技大学中南分校
		沈阳视觉医学院	沈阳医学院何氏视觉科学学院
2012	6	哈尔滨石油学院	东北石油大学华瑞学院
		哈尔滨远东理工学院	哈尔滨理工大学远东学院
		哈尔滨广厦学院	哈尔滨商业大学广厦学院
		郑州成功财经学院	河南财经政法大学成功学院
		武昌工学院	武汉工业学院工商学院
		三亚学院	海南大学三亚学院

续表

时间	数量	新转设民办本科院校名称	
		转设后名称	转设前名称
2013	10	燕京理工学院	北京化工大学北方学院
		沈阳工学院	沈阳理工大学应用技术学院 沈阳农业大学科学技术学院
		大连财经学院	东北财经大学津桥商学院
		沈阳城市学院	沈阳大学科技工程学院
		沈阳城市建设学院	沈阳建筑大学城市建设学院
		长春科技学院	吉林农业大学发展学院
		长春光华学院	长春大学光华学院
		上海视觉艺术学院	复旦大学上海视觉艺术学院
		重庆人文科技学院	西南大学育才学院
		四川传媒学院	成都理工大学广播影视学院
2014	8	辽宁理工学院	渤海大学文理学院
		长春财经学院	吉林财经大学信息经济学院
		齐鲁理工学院	曲阜师范大学杏坛学院
		武汉文华学院	华中科技大学文华学院
		武昌科技学院	中国地质大学江城学院
		广州商学院	华南师范大学增城学院
		成都文理学院	四川师范大学文理学院
		四川文化艺术学院	四川音乐学院绵阳艺术学院
2015	8	武汉设计工程学院	华中农业大学楚天学院
		厦门工学院	华侨大学厦门工学院
		阳光学院	福州大学阳光学院
		武汉财经科技学院	中南财经政法大学武汉学院
		黑龙江工商学院	东北农业大学成栋学院
		湖北商贸学院	湖北工业大学商贸学院
		武昌首义学院	华中科技大学武昌分校
		四川工商学院	四川师范大学成都学院

表 3－2　全国已转设独立学院区域分布表

省份	转设学校数	独立学院总数（含已转设独立学院）	已转设学校占该省（市）独立学院比例（%）
吉林	5	11	45.45
辽宁	10	22	45.45
黑龙江	8	9	88.89
湖北	11	31	35.43
江苏	1	26	3.85
上海	1	3	33.33
四川	4	13	30.77
重庆	1	7	14.29
海南	1	1	100
河南	3	11	27.27
山东	2	13	15.38
河北	1	18	5.56
福建	2	9	22.22
广东	1	17	5.88

（二）独立学院转设的发展态势

独立学院褪掉公办高校的光环后，进入“断奶期”，招生就业和教学质量能否得到保证，是一个巨大的挑战。从对已转设独立学院的调查来看，其整体发展态势良好，并没有出现舆论想象中的“断崖式”下滑或倒退。

1. 办学规模明显扩大

通过转设，学校办学实力及核心竞争力显著增强。根据中国民办教育协会对黑龙江省独立学院转设情况的调研，截至 2012 年年底，9 所原独立学院共有在校生 72848 人，专任教师 3913 人，分别比 2008 年增加 29.8% 和 46.3%；校园占地面积 419 万平方米，校舍建筑面积 160.8 万平方米，分别比 2008 年增加 51.9% 和 120%；图书 665.6 万册，比 2008 年增加 88.6%；固定资产总值 34.1 亿元，其中教学仪器设备值 3.4 亿元，分别比 2008 年增加 90.5% 和 54.6%。从统计情况看，截至 2015 年 3 月，有燕京理工学院等 3 所新转设独立学院在校生人数超过 2 万人，规模超过许多拥有数十年办学历史的新建地方本科院校，占转设学校的 5.88%；有商丘学院等 7 所学校人数在 15000—20000 人之间，占 13.73%；有 34 所学校在 8000—15000 人之间，这一比例最高，达66.67%；另外有上海视觉艺术学院等7所在8000人规模以下，主要是医学类、艺术类、语言类院校。

2. 招生形势良好

独立学院转设后招生情况一直深受世人关注，这也是许多独立学院不敢选择脱离母体高校的顾虑所在。从媒体披露情况看，除中国海洋大学青岛学院转设后遭遇招生滑铁卢，齐鲁理工学院文科投档人数仅为该校文科计划数的40%以外，其他新转设独立学院招生形势平稳，没有出现大幅波动或生源危机。部分独立学院转设后招生层次提高，进入二本批次招生，生源质量更高。辽宁省独立学院转设后身份由“三本”升级为“二本”；湖北省武汉东湖学院、汉口学院主动申请调整到二本招生，生源情况良好。

3. 内涵建设增强

独立学院转设后不必每年向主办高校交纳学费收入的15%左右作为管理费，办学经费更加充裕，可以用于改善办学条件和日常开支。有的独立学院转设后，母体高校继续给予大力支持。同时，转设后学校办学自主权扩大，以前设置专业需举办高校批准或与其保持一致，现在可以紧跟市场需求及时调整，着力打造特色专业。黑龙江财经学院的工商管理、黑龙江外国语学院的英语、哈尔滨华德学院的通信工程、哈尔滨剑桥学院的学前教育学、哈尔滨石油学院的机械电子工程，在转设后被确定为黑龙江省“十二五”省重点建设学科。在办学方向上，独立学院转设后定位更加明确。统计显示，51所由独立学院转设的民办本科院校，均定位培养应用性人才，哈尔滨华德学院等院校已加入全国应用技术大学联盟，有11所明确提出建设应用技术大学的办学目标，占21.6%。例如，四川师范大学成都学院转设为四川工商学院后，提出“建设与区域经济建设和社会发展相适应，人才培养符合社会需求，办学条件优良、管理规范、特色鲜明的高水平应用技术大学”办学目标；武汉大学东湖分校转设为武汉东湖学院后，提出“办让党放心、让人民满意的特色鲜明的高水平应用技术型普通本科高校”，这一定位与《国务院关于加快发展现代职业教育的决定》提出的“独立学院转设为独立设置高等学校时，鼓励其定位为应用技术类型高等学校”不谋而合。

表 3-3 全国已转设独立学院校园占地面积一览表

校园占地面积	频率	占全部新转设民办本科院校百分比（%）	累计百分比（%）
500—999 亩	19	37.25	37.25
1000—1999 亩	27	52.94	90.19
2000—2999 亩	4	7.84	98.03
3000 亩及以上	1	1.96	99.99

表 3-4 全国已转设独立学院在校生规模状况表

在校生人数	频率	百分比（%）	累计百分比（%）
8000 人以下	7	13.73	13.73
8000—14999 人	34	66.67	80.4
15000—19999 人	7	13.73	94.13
20000 人及以上	3	5.88	100.01

自从国家颁布 2008 年《独立学院设置与管理办法》和 2009 年《关于编报省级〈独立学院五年过渡期工作方案〉的通知》（教发厅函〔2009〕15 号）以来，全国独立学院逐渐走向多元化发展道路。部分由“母体高校”投资创办、无法完成评估验收的独立学院将选择“回归”母体。苏州大学文正学院、江苏技术师范学院东方学院等独立学院目前已基本确定回归母体，成为母体高校中的一部分；也有少数独立学院将终止办学，退出独立学院的历史舞台。2012 年，沈阳工业大学工程学院、中国医科大学临床医药学院、辽宁科技大学信息技术学院 3 所独立学院已经停止了招生。一些不具备办学实力的投资方也通过各种方式退出独立学院，“26 号令”对独立学院产生了相当大的冲击。仅以上海为例，继 2007 年复旦大学太平洋金融学院由于大股东撤资导致学院倒闭关门以后，2008 年仅仅办学不到 2 年的同济大学同科学院也停止了在沪招生，其原因是学校硬件太差，师资力量跟不上，教学质量无法保证，不符合教育部“26 号令”，借此，现沪上招生的独立学院已从原先的 5 所减少至现在的 3 所，分别是上海师范大学天华学院、上海外国语大学贤达经济人文学院、复旦大学上海视觉艺术学院。

由于 2008 年 4 月 1 日独立学院新规定的正式执行，独立学院将独立颁发毕业证书和学位证书，这样一来，独立学院将真正意义上脱离母体高校成为

"独立"，戴在众多独立学院头上的"公字号"招牌将被摘掉。那么，独立学院的招生和社会认可程度是否将面临新的考验呢？上海5所独立学院已有两所停止招生：1. 复旦大学太平洋金融学院（2004年创办，已停止招生2年，由于大股东撤资，导致学校倒闭关门，原有3届学生并入复旦大学学习，由复旦大学颁发复旦大学太平洋金融学院盖章的毕业证书，无学位证）。2. 同济大学同科学院（2006年创办，已停止招生，由于硬件设施太差，师资跟不上，不符合教育部新颁布的"独立学院办学条件"，现有2届学生情况未定）。3. 上海外国语大学贤达经济人文学院（2004年创办，现正常运作）。4. 上海师范大学天华学院（2005年创办，现正常运作）。5. 复旦大学上海视觉艺术学院（2005年创办，现正常运作）。

目前已成功转设为民办本科高校的独立学院，在招生人数和规模上都有所增加和扩大，独立学院改变了收容母体高校超编教师的局面，学校拥有了更多的自主权，师资力量也有一定的增强，例如吉林动画学院有专任教师400余人，汇聚了一批在国内外艺术领域有影响的专家、教授。在专任教师中，副教授以上职称占教师总数的31%，博士硕士学位的教师占近30%。[①] 哈尔滨德强商务学院拥有专任教师近500人，其中具有硕士以上学历的教师占专任教师总数的51.7%；具有副高级职称以上的教师占专任教师总数的50.7%。[②] 转设成功后的民办高校并没有因为脱离母体学校的光环，导致生源的下降，相反地有些民办高校的生源都有所增加。在录取分数线方面，转设后的民办高校也并没有降低自己的高考录取分数来获得更多的生源，在有些地区每年的录取分数线反而呈现上升的趋势。

总的来说，2008年成功转设为民办高校的独立学院，总体的实力大增，各项成绩实力名列前茅。据资料显示，中国校友会网2010中国民办大学排行榜100强中，2008年成功转设的民办高校实力非凡，其中，哈尔滨德强商务学院名列第八，大连东软信息学院名列第十三，辽宁财贸学院名列第十五，吉林动画学院名列第三十六。[③]

---

① http：//new. jldh. com. cn/zhaoshengban/xiangxi2. php？ ui =120。

② http：//www. hrbtc. com/html/xiaoqingzonglan/xueyuangaikuang/。

③ http：//edu. sina. com. cn/gaokao/2010 -01 -06/1311232415. shtml。

在转设的过程中，也有许多的问题令我们不解，在东部和中部是最早实行独立学院的地区，也是独立学院实力较强的地区，湖北的独立学院是最多的地区，但是在转设过程中，最早进行转设成功的却是东北三省，这与东北地区独立学院的民营成分是分不开的。再者并不是所有有实力的独立学院都成功转设为民办高校，在未成功转设的独立学院名单里，相对来说，云南大学滇池学院等一批独立学院的实力不容小觑，但是到目前为止，一直没有成功转设。

究其原因，主要是目前国家没有出台一些辅助性的政策，对在规定期限内没有转设为民办普通高校的独立学院采取强制性的措施，这使得更多的独立学院处于一种隔岸观火的心态，既然转或不转，国家都没有相应的措施来对付我，再说我转设的条件又不够，那就这样维持现状，既能继续招生，又不会受到政策的强制执行，这种想法导致独立学院转设在思想上更加困难。利益的博弈者究竟以一种什么样的心态面对这次转设，问题出在哪里，真正的原因究竟在哪里，是值得我们一直探讨的。

湖北地区独立学院截至 2012 年共有 31 所，其中 16 所校中校，4 所已经转设成功（见表 3-5）。

表 3-5　湖北地区独立学院转设情况

名称	创办时间	转设时间	学生人数（本专预）	专业数量	占地（亩）	校舍面积（平方米）	校外实习实训基地	图书
武汉东湖学院（武汉大学东湖分校）	2000	2011.4	14200	60	1507	40 余万	54	128 万
武汉长江工商学院（中南民族大学工商学院）	2002	2011.4	12783	41	1000 余	35 万	156	114 万
华中科大武昌分校	2002		14000	30 本科 9 专科	1000 余	48 万		120 万
华中科大文华学院	2003		14500	32 本科 13 专科	1280	40 万		
武汉工程大学邮电与信息工程学院	2002		9300		校中校	校中校		

资料来源：2012 年 3 月 27 日湖北五所独立学院考察汇报内容。

二、独立学院转设政策执行分析

独立学院自成立以来，就得到了一些专家、学者以及社会人士的广泛议论，其中对独立学院的“独立性”问题提出了质疑，认为其并没有真正独立，而是借用公办大学的牌子这一无形资产，为民办高校带来了很大的办学压力，也在一定程度上造成了教育的不公平。对于这一表面独立实质并没有真正独立的问题，以后的政策将逐步进行规范和完善，其中一个显著的导向就是把独立学院转设为真正意义上的民办高校，与公办大学脱离关系，这一点从东北一些独立学院的摘牌转变可以看出发展的趋势，有待于进一步关注和思考。

（一）独立学院转设是必然趋势

（1）独立学院转设的前提是外部发展条件的变化

独立学院是在我国高等教育跨越式发展的背景下应运而生的，是满足我国高等教育大众化所带来的高等教育规模急剧扩张的一种方式，是我国高教办学体制与模式上的重大探索和创新。独立学院产生的外部条件是采取多种形式调动社会力量参与高等教育办学，是实现高等教育投资多元化的一种尝试。从我国高等教育的长远规划来看，独立学院只是一种在特定时期的过渡机制。我国的入学高峰期即将过去，公立高校也一直在不断扩招，独立学院的招生空间将会受到很大的挤压，其生存和发展的外部空间将会大大缩小。独立学院在竞争中意识到外部条件的变化及现存制度不利于学院的可持续发展，从而促使独立学院加快转设，这是独立学院发展的主导性趋势，独立学院只有自觉面向社会，面向市场办学，自主设置社会和市场所需要的学科专业，增强为社会服务的能力，提高自身的竞争力，才可能进一步发展。

（2）独立学院转设是内在发展的必然要求

独立学院从无到有，只有短短的几年，为中国高等教育事业作出了巨大的贡献。国家兴办独立学院的初衷在于探索一条民办本科教育优质快速发展之路。独立学院在快速发展的同时，也暴露了诸多问题，比如办学产权不明晰、师资结构不合理等，这些内在的矛盾根源在于没有实现真正的办学自主权。因此，独立学院发展的内在要求就是要解决独立学院办学的“独立性”与母体院校的“依附性”的矛盾，本质在于解决办学权属的冲突与模糊，只有转设才能实现真正的独立。独立学院转设是新形势下的一种理性的制度选择，转设的目的在于从依附母体高校的发展走向独立办学。独立学院如果能从依托公办高校的半独立状态走向脱离公办高校的完全独立，最后到逐步转设为民办普通本科高校，这是一种理性的选择。独立学院只有实现真正意义上的转设后，才能实现真正的办学自主权。转设是独立学院发展的必然趋势和最终归宿，是独立学院新一轮发展的战略选择。

（3）独立学院转设是国家政策导向与规范的必然趋势

国家对独立学院的规范和引导充分体现了制度变迁渐进性的特点，对独立学院具体的制度安排充分体现了自下而上的特点，通过不断的经验积累与试点，充分考虑独立学院制度的需求，形成相应的决策，通过渐近式地制度变迁，避免产生巨大的震荡，从而促使独立学院发展成为普通民办本科高校。

2006年，教育部出台《教育部关于“十一五”期间普通高等学校设置工作的意见》（教发〔2006〕17号），首次提出“转设”概念，明确规定，“独立学院视需要和条件按普通高等学校设置程序可以逐步转设为独立建制的民办普通高等学校。”

2008年，教育部出台《独立学院设置与管理办法》，（即教育部令第26号，以下简称《办法》），促进独立学院健康发展。《办法》要求：“积极做好现有独立学院的规范和办学许可证的发放工作。考虑到独立学院的复杂性和实际情况，国家对已设独立学院给予了五年的过渡期，并明确了相关政策”。

2009年2月1日，教育部办公厅发出《关于编报省级〈独立学院五年过渡期工作方案〉的通知》，要求各省市区“区分不同情况，逐校、分类明确工作意见和《办法》施行之日起五年内的进度”。这也标志着独立学院五年过渡期，开始进入倒计时阶段。

2011年，《教育部关于“十二五”期间普通高等学校设置工作的意见》专门对独立学院转设时间制定了优惠政策，“2014年以前每年均可按照高等学校设置工作要求开展独立学院转设的审批工作”。从国家出台的相关政策导向不难看出，政府主管部门积极支持符合条件的独立学院转设。

（二）独立学院“转设”的标准

根据国务院《普通高等学校设置暂行条例》和教育部《民办高等学校设

置暂行条例》的要求，独立学院转设的标准和条件主要是要达到两个方面的要求，一是达到国家规定的普通本科高等学校设置标准和基本办学条件；二是具备转设的基本要求。《普通本科学校设置暂行规定》（教发〔2006〕18号，以下简称《规定》）对本科院校各项设置标准有明确要求。

1. 资产过户是转设前提

独立学院资产必须过户到学院名下，这是落实学校法人财产权的基本要求。独立学院必须按照相关规定将土地、房屋等资产全部过户到独立学院名下。学院资产在过户前必须依法验资。独立学院转设的一个前提条件就是资产必须过户到学院的名下，资产不过户就不能转设，这从根本上明晰了产权，落实了法人财产权，保证了独立学院的资产由学院依法管理和使用，避免其他组织和个人违规运作学校资产，防范办学风险。

2. 办学条件是转设保障

一是土地。《规定》要求，普通本科学校生均占地面积应达到60平方米以上。学校建校初期的校园占地面积应达到500亩以上。

二是建筑面积。《规定》要求，普通本科学校的生均校舍建筑面积应达到30平方米以上。生均教学科研行政用房面积，理、工、农、医类应不低于20平方米，文、史、哲、经、法、教、管类应不低于15平方米，体、艺类应不低于30平方米。

三是仪器设备。《规定》要求，普通本科学校生均教学科研仪器设备值，理、工、农、医类和师范院校应不低于5000元，人文、社科类院校应不低于3000元，体、艺类院校应不低于3000元。

四是图书资料。《规定》要求，普通本科学校生均适用图书，理、工、农、医、体、艺类应不低于80册，人文、社科类和师范院校应不低于100册。而且各校都应建有现代电子图书系统和计算机网络服务体系。

五是办学经费。《规定》要求，普通本科学校所需基本建设投资和教育事业费，须有稳定、可靠的来源和切实的保证。《意见》规定，需进行高等学校设置的省（区、市）近三年高等学校生均预算内教育事业费年均须达到5000元。年均在5000元以下3500元以上且占财政支出比例达到18%以上的，从严控制；低于上述水平且当年高等教育生均事业费没有显著增加的，原则上不考虑。2013年，教育部下发了文件（教发司［2013］18号，对独立学院合格验收提出了相关要求，主要内容如下：

为督促独立学院规范工作，推进落实“26号令”工作进程，现将有关事项通知如下：

省级教育行政部门进一步梳理独立学院规范工作进展情况，结合当地经济社会发展水平、高等教育发展状况、地方财政对高等教育支撑能力，考虑本地区高等教育结构布局、“十二五”期间高等学校设置规划，特别是本科学校设置规划以及应用科技大学建设、现代职业教育体系建设等因素，认真筹划本地独立学院规范工作。

省级教育行政部门要把独立学院规范工作作为优化高等教育资源、促进区域经济社会发展、推进新型城市化进程的重要契机和推动力，积极争取地方政府及相关职能部门对独立学院规范工作的领导和支持，制定并完善有利于促进独立学院规范工作的政策措施，在平稳推进独立学院规范工作的同时，研究分析可能出现的问题，制定工作预案，防止出现不稳定事件，保障师生权益，维护社会稳定。

省级教育行政部门要高度重视，积极推动工作，带领独立学院合理地、实事求是地确立规范工作目标，对照目标标准寻找差距，制定有针对性的改善措施和时间表，做到一校一策，一问题一措施，要求问题客观，措施得当，有操作性。独立学院达标要求见表3-6。

表3-6　独立学院达标要求

办学条件	办学规模	
	≤5000人	>5000人
校园占地	执行设置标准①：学院名下土地合计500亩、生均占地60平方米/生	执行合格指标②（平方米/生）：综合、师范、民族、语文、财经、政法54，理工、农、林、医学59，体育、艺术88
校舍及教学行政用房	执行设置标准：学校名下的校舍15万平方米。生均校舍30平方米。生均教学行政用房（平方米/生）：理、工、农、林、医20，人文、社科、管理15，艺术、体育30	执行合格指标：其中，生均教学行政用房（平方米/生）：综合、师范、民族14，理工、农、林、医学16，语文、财经、政法9，体育22，艺术18

① 设置标准指《普通本科学校设置暂行规定》。

② 合格指标指《普通高等学校基本办学条件指标（试行）》。

续表

办学条件	办学规模	
	≤5000 人	>5000 人
教师	执行设置标准：专任教师总数不少于 280 人，其中，具有研究生学历的比例 30%，具有副高以上职称的比例 30%，正教授至少 10 人。各门公共必修课、专业基础必修课至少 2 名副高以上职称的教师，各门专业必修课至少 1 名副高以上职称的教师，每个专业至少 1 名正高职称的专业教师。生师比 18。兼任教师比例小于 1/4	执行合格指标：具有研究生学历的比例 30%，生师比：综合、师范、民族、理工、农、林、语文、财经、政法 18，医学 16，体育、艺术 11；按不低于 1:200 的师生比配备辅导员，每个班级配备 1 名班主任
教学仪器设备	执行设置标准（元/生）：理、工、农、医、师范 5000，人文、社科 3000，体育、艺术 4000	执行合格指标（元/生）：综合、师范、民族、理工、农、林、医学 5000，语文、财经、政法 3000，体育、艺术 4000
图书	执行设置标准（册/生）：理、工、农、医 80，人文、社科、师范 100，体育、艺术 80	执行合格指标（册/生）：综合、师范、民族、语文、财经、政法 100，理工、农、林、医学、艺术 80，体育 70

3. 办学质量是转设关键

办学质量是独立学院的生命线，独立学院只有不断加强内涵建设，不断提高办学质量，学院才能够适应市场对人才的需求，才能够生存下去，反之就会被淘汰。因此，独立学院一定要找准办学定位，彰显办学特色，创新人才培养模式，提高人才培养质量，培养具有独立思考能力、创新能力、适应能力的应用型、实践型学生，独立学院才能真正走上独立办学之路。因此，独立学院要不断加大办学投入，加强办学基本条件及师资队伍建设步伐，不断完善内部管理体制和运行机制，坚持独立办学，独立学院才能够自觉地以社会、市场和就业的需要为导向，合理定位，走应用型本科教育的路子，才可能得到社会的认同。

2013 年 6 月，教育部专门组织召开独立学院规范发展工作会，会上，鲁部长做了专题讲话，教育部下发了《教育部办公厅关于做好独立学院规范验收工作的通知》（征求意见稿），目前，各个省份都已将意见反馈，《通知》的主要精神如下：

独立学院验收工作是贯彻“26 号令”、推进独立学院健康发展的重要工作，是促进独立学规范体制机制、改善办学条件、保障师生权益、防范办学风险的重要措施。做好独立学院验收工作，对于优化经济结构高等教育资源、提升独立学院为区域经济社会发展的服务水平具有重要作用。

（三）独立学院“转设”的申报程序及经历阶段

根据《教育部关于“十一五”期间普通高等学校设置工作的意见》及《独立学院设置与管理办法》（以下简称《办法》），国家对申报普通高校有明确的要求和规定。

（1）《办法》规定：凡独立学院基本符合要求的，由省级教育行政部门向教育部提出考察验收申请，教育部组织考察验收，并对考察验收合格的独立学院核发办学许可证；符合普通本科高等学校设置标准的，可申请转设民办高等学校，颁发民办教育办学许可证；既不申请考察验收，也不申请转设民办高等学校的，可继续教育教学活动，但必须按照《办法》的要求，规范体制机制，充实办学条件，在保证教育质量的前提下，有序地做好报请验收或申请转设工作，过渡期结束后，严格按照《办法》的要求办理。

（2）教育部每年第4季度办理设置普通本科学校的审批手续。设置普通本科学校的主管部门，应当在每年第3季度提出申请，逾期则延至下次审批时间办理。设置普通本科学校的审批，一般分为审批筹建和审批正式建校招生两个阶段。完全具备建校招生条件的，也可直接申请建校招生。

（3）转设普通本科学校，应当由学校的主管部门委托其教育行政部门邀请规划、人才、劳动人事、财政、基本建设等有关部门和专家共同进行考察、论证，并提出论证报告。论证报告应包括下列内容：①拟建学校的名称、校址、类型、办学定位、学科和专业设置、规模、领导体制、办学特色、服务面向；人才需求预测、办学效益、本地区高等教育的布局结构；③拟建学校的发展规划，特别是师资队伍建设规划、学科建设规划和校园基本建设规划；④拟建学校的经费来源和财政保障。

根据国家相关政策的规定，独立学院“转设”申报程序大致要经历以下几个阶段：

第一阶段，转设准备阶段。学院制定“转设”规划——分解“转设”任务——基本状态数据收集整理——基本状态数据统计分析；

第二阶段，转设申请阶段。学院提出申请材料——省专家组进校考察——省高评委专家评议；

第三阶段，转设申报阶段。省级教育行政部门形成申报材料——教育部专家组进校考察——全国高评委审议；

第四阶段，转设通过阶段。全国高评委审议通过——教育部批复——“转设”成功。

（四）独立学院转设中需要注意的问题

做好转设工作将是独立学院发展的重要任务，独立学院的转设需要做好以下几个方面工作。

1. 独立学院的资产清算

（1）独立学院双方需按照国家的有关规定，进行财务审计后，应根据审计报告列明举办者投入数额，现有总资产数，净资产数，固定资产数，债权数，债务数，母体高校投入的国有资产数，母体学校和举办者的投入在总资产中所占的份额。

（2）双方必须重新签订中止合作的协议，明确母体高校投入的国有资产退出方式，比例和数额。合作方须依据国家有关规定和合作协议就善后工作、责任、义务等达成一致意见，以尽量减少转设后的不利影响和麻烦。

（3）债权债务的承继。原独立学院的主要债权人名单、数额、债务人名单及数额，独立学院的债权债务承继与偿债能力、债务偿还计划。这其中包括举办者偿还债务或举办者和母体高校分比例承担债务。

2. 无形资产及管理费的问题

（1）对于以原独立学院名义招收的学生，母体高校仍可在其缴纳的学费中收取一定比例的管理费用，独立学院的学生全部毕业后，母体高校不再收取管理费用。因此，双方在终止合作办学协议中必须明确。

（2）双方要对无形资产占办学总投入的比例进行约定，目前，即使在专业的资产评估机构，对于教育类的无形资产评估也还缺乏比较成熟的办法和手段。如何确定无形资产占办学总投入的比例，目前还没有比较权威的法规依据，国家又未做出相关限定。因此，双方必须就无形资产的比例进行确认。

3. 做好转设期间的安全稳定工作

（1）过渡期间，母体高校仍应在学院行政管理机构派驻管理人员，负责过渡期协调和指导原独立学院在校生的教学与管理工作。

（2）成立有母体高校人员参加的维护安全稳定的专门机构，具备有效的协调机制和应急预案，保证各方面的稳定。

（3）应向师生说明转设情况的方案，定期收集和向教育行政部门汇报师生对转设的反映，及时向师生做好解释说明工作。

（4）母体高校对过渡期新学校招生简章有审查义务，转设后新学校招生简章应明确说明管理体制，毕业证，学位证的发放等。

（5）学生的基本类型分为二种，第一种是转设之前招收的独立学院的学生；第二种是转设之前以非独立学院名义招收的、还未毕业的学生，学生培养和管理体制总原则是“老生老办法，新生新办法”，二类学生按照转设以前的管理体制培养至毕业，母体高校和举办者应继续承担原来合作协议等规定的义务。

第二节 独立学院转设政策执行的非正式制度分析

独立学院自成立以来，一直受到社会各界的争议，2008 年 2 月，为规范独立学院办学行为，教育部颁布了《独立学院设置与管理办法》（也称教育部“26 号令”，2008 年 4 月 1 日已正式实施），计划用 5 年的“过渡”期，引导独立学院向“撤”“并”“转”3 个方向发展：“撤”，即被市场淘汰，自生自灭；“并”，即被收归到举办高校，成为其中一部分；“转”，即脱离举办高校，真正独立为民办高校。不转设的独立学院仍然可以暂时举办独立学院。根据“26 号令”的精神，目前已有多所独立学院成功转设为独立建制的民办高校。从新制度经济学的角度来看，独立学院转设政策的执行不仅受到外在正式制度的约束和控制，还受到内在非正式制度的规约，且正式制度的安排只有在与非正式制度相容时才能充分发挥作用，因此，探寻教育政策执行背后的非正式制度对独立学院转设政策的有效执行有着十分重要的意义。

一、独立学院转设政策执行中的非正式制度内容

新制度经济学家道格拉斯·C. 诺思将制度划分为正式制度和非正式制度，指出："制度是一个社会的游戏规则，或更正式地说是人类设计的、构建人们相互行为的约束条件。它们由正式规则（成文法、普通法、规章）、非正式规则（习俗、行为准则和自我约束的行为规范），以及两者执行的特征组成"。① 正式制度是人们有意识建立起来的并以正式方式加以确定的各种制度安排，包括政治规则、经济规则和契约，以及由这一系列的规则构成的一种等级结构，从宪法到成文法和不成文法，到特殊的细则，最后到个别契约等，它们共同约束着人们的行为。非正式制度是指人们在长期的社会生活中逐步形成的风俗习惯、伦理道德、文化传统、价值观念及意识形态等对人们行为产生非正式约束的规则，是那些对人的行文的不成文的限制，是与法律等正式制度相对的概念。② 诺思认为，在人类行为的约束体系中，非正式制度具有十分重要的地位，即使在最发达的经济体系中，正式规则也只是决定行为选择的总体约束中的一小部分，人们行为选择的大部分行动空间是由非正式制度约束的。③

制度经济学将风俗、关系、信念看作是非正式制度的核心，三者从其表现形式上，其内隐性愈来愈强，具体到独立学院转设政策执行中，其主要体现在以下几个方面：

首先，是传统风俗与习惯。习惯是指所有在正式规则无定义的场合起着规范人们行为作用的惯例或作为"标准"的行为。而"标准行为"通常只能表现为前人或多数人或年长的人的榜样式行为。于是，"习惯"又是指那些由文化过程和个人在某个时刻以前所积累的经验所决定的标准行为。在独立学院转设政策执行的过程中，不仅要受到传统风俗的规约，同时还受到执行者的"习惯"行为约束。

其次，是人际关系与潜规则。人的本质是一切社会关系的总和，人的交

① ［美］道格拉斯·C. 诺思：《制度、制度变迁与经济绩效》，上海三联书店 1994 年版，第 3 页。

② 卢现祥：《新制度经济学》，武汉大学出版社 2004 年版，第 115—118 页。

③ ［美］道格拉斯·C. 诺思：《制度、制度变迁与经济绩效》，上海三联书店 1994 年版，第 49 页。

往关系是社会存在的基本形式。教育政策是由人制定的，也是由人执行的，那么自然不能忽视人际关系的存在。独立学院转设政策的执行必然会触动不同人的利益，相应地也会触及人际关系，对人际关系的把握则是整合各方利益不容忽视的因素之一。潜规则是一种具有负面意义属性的规则，一旦制度设计存在缺陷没有成为执行者的行动指南，潜规则就很可能滋生成为教育政策执行者的实际行动指南，[①] 因此，如何防范教育政策执行进入“暗箱”操作的潜规则当中是必须正视的问题。

再次，是伦理道德观念。在给定的制度设计下，伦理精神和道德规范可看作是利益的一个自变量，不同的伦理精神和道德规范制约了不同的利益追求机制与方式。如果这种方式与经济制度相符时，它就推动它；反之，它将成为与现行制度设计相悖的力量，对其产生阻碍作用。

最后，是价值信仰。信仰是内核，是文化的核心所在，价值观是信仰的内在体现，有什么的信仰，就相应的反映出怎样的价值观。独立学院转设政策执行中的非正式制度影响不是空洞的，而是指向现实的，人们在现实生活中坚持什么样价值观、以什么样的信仰方式去从事该政策执行的实践活动，对政策执行的效果有着非常重要的影响。

二、非正式制度规约下独立学院转设政策执行的障碍分析

1. 传统社会观念滞后与执行者习惯性认知偏差

由于信“公”不信“私”的传统社会观念深入人心，既然教育部的《关于规范并加强普通高校以新的机制和模式试办独立学院管理的若干意见》规定：“申请者要对独立学院的教学和管理负责，并保证办学质量”，那么与普通的民办高校相比，显然家长和学生都更愿意选择独立学院。[②] 另外，目前独立学院仍旧颁发的是公办高校的学位证书，一旦独立学院转设为民办高校将不再具备公办“名校”光环的笼罩，其毕业证书和学位证书的含金量也将大打折扣。因此，他们不支持独立学院转设政策的执行。

《独立学院设置与管理办法》中规定：本办法施行前资产未过户到独立学

① 邓旭：《教育政策执行的制度分析框架》，《现代教育管理》2010 年第 7 期。

② 费坚：《当前我国独立学院“独立”的困境研究》，《高教探索》2008 年第 1 期。

院名下的，自本办法施行之日起1年内完成过户工作。同时其第五十六条还规定，独立学院资产不按期过户的，由省级教育行政部门责令限期改正，并视情节轻重，给予警告、1至3万元的罚款、减少招生计划或者暂停招生的处罚。但是一年期限已满，尚未见有对那些未完成资产过户的独立学院进行相应的处罚或警告。执行者们依照习惯性思维认为，既然"26号令"并没有严格执行独立学院资产过户政策，那么对其中的独立学院转设政策也应该不会严格执行，因此，执行者们对这一政策持观望态度。

2. 沟通不畅与利益投机

主要政策的制定者与其执行者之间沟通不畅。根据独立学院转设政策制定主体的不同，教育部负责制定国家宏观层面的独立学院转设政策，地方政府在此基础上结合本省本地区独立学院发展情况进一步制定具体化的独立学院转设政策。从国家层面来看，教育部是国家独立学院转设政策的制定者，地方政府、独立学院的合作方和申请方是国家独立学院转设政策的执行者，从地方层面来看，地方政府是地方独立学院转设政策的制定者，独立学院的申请方和合作方是地方独立学院转设政策的执行者。目前，政策的制定者和执行者之间尚缺乏及时互动沟通的平台，信息的传递与反馈受到阻碍，政策的执行中遇到的问题难以及时得到修正。

在独立学院转设政策执行过程中，各利益主体从自身利益角度出发，采取各种方法和措施以寻求自身利益得到最大化体现，具体而言，合作方考虑到如果失去母体高校这块"金字招牌"，其投资回报值可能会降低，本身尚不愿意转设为民办高校；申请方考虑到管理费问题自然不愿放弃继续举办独立学院这个可以增加办学经费的机会；地方政府部门考虑到减轻教育投资负担，一旦独立学院转设成为民办高校，其"合理回报"的利益将会受损。政策的执行者们均从自身利益角度出发，其利益投机倾向可见一斑。

3. 伦理失范

失范，也叫违规、越轨，是指社会群体或个体偏离或违反社会规范的行为，主要是指对社会发展和进步有负面作用的破坏性越轨行为。具体到独立学院转设政策执行过程中，主要体现为政策执行主体的道德缺失。[①] 政策执行

① 王智超：《教育政策执行的滞后问题研究》，东北师范大学博士论文，2009年，第61—62页。

者在执行政策时，会涉及各执行主体之间利益博弈的问题，一旦政策执行主体道德缺失，则会更多地从自身利益的角度出发，采取欺骗、不诚信、不信任的态度，对教育部所制定的独立学院转设政策进行曲解，以有利于自身发展的方式来执行政策，对其进行敷衍、阻碍或者是有选择的执行。

4. 价值偏离

政策执行者在执行政策时应持价值中立的观点，而不应仅从自身利益角度出发来思考问题，一旦发生价值偏离，将会使政策执行受阻。具体到独立学院转设政策执行过程中来看，其执行者价值的偏离主要体现在“义利对立观”上，儒家代表孔子说，“君子喻于义，小人喻于利。”孟子继承并发展了孔子的观点，提出“王者必曰利”，并进一步论证了如果“反义而先利”则“上下交征利而国危矣”。在义利对立观下，一旦政策执行者价值偏离，则会“重利轻义”，视社会利益于不顾，从自身利益的角度出发去曲解政策，使独立学院转设政策执行发生偏差，不利于其正确有效地执行。

三、对完善独立学院转设政策执行过程中非正式制度的建议

1. 改良教育政策执行的环境

青木昌彦（Masahiko Aoki）认为，“制度的本质特征被认为是参与人行动选择的自我实施规则，在重复博弈的状况下，它们能规制参与人持续不断的互动过程，形成‘博弈的内生规则’（endogenous rules the game），所有参与人并按此行动，均衡就会被维持”。[①] 具体到教育政策执行过程中，就是教育政策执行主体不断地适应和改变教育政策执行环境的过程，因此，需要重视教育政策执行的环境，在保持教育政策执行过程利益最大化的基础上，完成对教育政策执行环境的优化，保持一种动态的均衡。独立学院转设政策执行环境的优化主要包括三个方面，首先，获取各利益主体的广泛共识，使独立学院转设目标趋于一致，为创造良好的政策执行环境奠定基础；其次，改变传统当中不符合改革发展的思维意识和观念，特别是“信公不信私”等传统观念，为民办高校的发展创设良好的社会环境；最后，在独立学院转设政策中要兼顾各利益主体的利益，不能一味用强制性的正式制度来进行

① 青木昌彦：《什么是制度？我们如何理解制度?》，《经济社会体制比较》2000 年第 6 期。

约束，要注重“软约束”的内在作用，以维持教育政策执行环境的动态平衡系统。

2. 加强信息沟通，拓宽利益表达渠道

不同的利益主体具有不同的利益诉求，教育政策的制定与执行必须要充分考虑到这些不同利益主体的利益诉求问题，这需要加强信息沟通，拓宽利益表达的渠道，完善利益表达的机制。教育部门在教育政策的制定与执行过程中，必须重视地方各相关利益主体的参与，加强与他们之间的意见沟通和信息交流，注意倾听来自地方各利益主体的不同声音，做到“问政于民”，强化与地方各利益主体之间的合作精神。如我国中央政府部门在2010年制定的《国家中长期教育改革和发展规划纲要（2010—2020年）》就是在听取社会各界不同利益群体意见的基础上反复多次修改后形成的，这种利益表达机制的建立有必要在以后得以推广执行。另外要建立一个政策制定者和执行者之间互动交流的平台，以使执行中发现的问题得到及时的反馈与解决，可以考虑在政策制定部门的官方网站建立一个互动交流的网络平台，政策的执行者可以在该平台上进行提问留言，政策的制定者们及时查看相关留言并给予回复，也可就相关问题展开交流与讨论。

3. 规约教育政策执行主体的行为与意识

独立学院转设政策执行效果的好坏、执行水平的高低，与政策执行者的素质密切相关。在执行者“伦理失范”的前提下是难以推进独立学院转设政策的正常有序进行，也会影响执行的效果与水平。因此，必须构建一种以伦理道德为主导的价值体系，以职业道德规范政策执行者的行为和意识，减少由于利益驱动而导致的政策执行偏差，让独立学院转设政策执行变成阳光行为。[①] 另外要加强对政策执行主体的诚信制度建设，可以根据需要对各利益主体的政策执行情况建立诚信档案，对不诚信行为予以惩罚，可采取通报批评、责令改正、罚款等办法予以处理，对长期处于诚信行列的政策执行者采取激励办法，给予一定经济补偿或政策倾斜，鼓励不诚信者向诚信行列靠拢，以此来约束各利益主体不诚信行为的发生。

---

① 张宝灵：《教育政策执行偏差对目标群体影响的研究——以中小学职称评审政策执行为例》，《教育学术月刊》2010年第7期。

4. 建构合理义利观

在独立学院转设政策执行主体中，合作方具有资本寻利性的本性，而申请方和地方政府部门则更强调教育的公益性特点，三者在执行独立学院转设政策时，实际上是三方利益博弈的过程，在此博弈的过程中，难免会产生“义”与“利”的冲突，因此，要恰当处理教育公益性和资本寻利性之间的关系，构建合理的义利观。坚持教育的公益性特征的同时，允许出资者取得“合理的回报”，坚持义利相统一的原则，在重“义”的基础上可以获取合理的“利”，在义利发生冲突时，要先义后利、重义轻利，尤其要轻不义之利、一己私利和眼前小利。

第三节　“国有民营”独立学院转设的制度困境与对策

我国独立学院诞生于20世纪末中国高等教育向大众化发展的战略转折期，是满足来自政府、公办高校、社会投资者、考生家庭四个群体对于高等教育大众化的利益诉求，[①] 由母体高校利用民办机制创办的二级学院演变而来，包括民有民营、国有民营、公有民营和混合民营等多种类型的办学模式，从产权角度上看，主要有国有和民有两大类。研究发现，中国民办高等教育之路不能完全靠“民有民营”高校，还要大力发展“国有民营”高校，因为目前我国有实力办大学的民营企业与个人极少，多数停留在专科层次，大多数出资举办独立学院的投资办学者往往希望通过举办高校来获取回报和盈利，这必然导致按民办机制办学的投资者与遵循传统公办高校办学理念的实际办学者之间的矛盾。[②] 随着转设政策的出台，“国有民营”独立学院在发展中尚面临着一些困境，这部分高校的投资主体为政策或普通高校本身，不符合“26号令”的要求，不能进行资产过户，转设面临着困难，个别独立学院选择了回归母校，还有一批面临着艰难的选择。如不加以及时解决，必将影响着“国有民营”独立学院的可持续发展。

① 冯向东：《独立学院独立之辩》，《复旦教育论坛》2006年第1期。

② 杨德广：《独立学院的发展模式及未来走向》，《教育发展研究》2010年Z2期。

一、“国有民营”独立学院的制度变迁

“国有民营”独立学院是由公办本科高校自己投资，或与政府合作举办的独立学院，从全国的情况看，还存在着一定的数量。“国有民营”独立学院的制度变迁是在“响应由制度不均衡引致的获利机会所进行的自发性变迁”，是公办高校和地方政府在利益驱动下的诱致性制度变迁。① 具体而言，国有民营独立学院的产生与发展主要经历以下几个阶段：

一是初创时期（1992—1999 年）。“国有民营”独立学院前身是国有民办二级学院，最早可以追溯到 1992 年天津师范大学创办的国际女子学院，该学院依托天津师范大学的资源，实行自主招生、自主办学、自主分配，收费比一般的非师范专业要高一点，学费不用上交学校，但天津市财政人均经费给女子学院的拨款全部归天津师范大学所有。此后，上海理工大学、东华大学等高校也举办了一些形式不同的二级学院。这些学院成为民办二级学院最初的办学尝试，并且处于一种自发的、零散的状态。

二是发展壮大期（1999—2003 年年初）。1999 年前后，随着高等教育大扩招政策的出台，我国高等教育规模随即进入了一个迅速扩张的阶段。与此同时，民办二级学院的办学模式也得到了迅速推广，民办二级学院开始在部分省区得到迅猛发展。从 1999—2003 年 4 年间，民办二级学院从最初在个别省份的“星星之火”，发展到 25 个省区创办的 300 多所民办二级学院的“燎原之势”。

三是整顿规范期（2003 年年初—2008 年 2 月）。经过初创期和发展壮大期的发展，这种自发性制度变迁的内在缺陷逐步显露，包括观念上的教育公平问题和实际运行中种种缺陷，最终导致教育部不得不采取相应的政策措施对此加以规范，从而进入了诱致性制度变迁阶段。2003 年教育部制定了《教育部关于规范并加强普通高校以新的机制和模式试办独立学院管理的若干意见》（以下简称《若干意见》），试图对国有民办二级学院的办学行为进行规范。《若干意见》还设置了申办独立学院的程序，并要求这些二级学院一律采用民办机制办成本科层次的独立学院。2003 年下半年，按照《若干意见》的

① 潘泽谷、李成：《独立学院制度变迁的困境及其突破》，《教育发展研究》2010 年第 8 期。

要求，教育部组织力量对各地、各高校举办的这类学院进行了初步清理和整顿，对已办的360多所独立学院逐个审查和重新备案，结果是取消了100多所，最终确认了249所。随后的近五年时间，独立学院得到迅速发展，截止到2008年2月底，全国共有独立学院318所。①

四是严格规范期（2008年2月至今）。2008年2月教育部正式颁布《独立学院设置与管理办法》（以下简称《办法》），进一步明确了独立学院的性质，将“国有民营”独立学院纳入“民办高校”的范畴，试图厘清独立学院办学过程涉及的各相关主体之间的法律关系，进一步规范独立学院的办学行为。这一政策的出台，“国有民营”独立学院的制度环境发生了进一步变迁，使得“国有民营”独立学院不得不面临着“撤”“并”“转”等艰难选择。

二、“国有民营”独立学院发展面临的制度困境

1. 属性界定触规《办法》

“国有民营”独立学院是由国有民办二级学院转设而来的，其办学资产的属性为国有。一些学者认为，“国有民营”独立学院应属于公办性质，不能因为学校在运行机制中有民办因素而改变其公办学校的性质。② 而《独立学院设置与管理办学》第二条规定，独立学院是指实施本科以上学历教育的普通高等学校与国家机构以外的社会组织或者个人合作，利用非国家财政性经费举办的实施本科学历教育的高等学校。资金来源的社会性，决定独立学院必然属于民办高校范畴。此定义对“国有民营”独立学院有两个方面的影响，一是定义仅针对“民有民营”模式的独立学院，即由民营企业、私人投资购地建房，挂靠在一所公办本科高校名义下合作办学，举办者拿出一定比例的学费（通常在20%左右）交给母体高校作为管理费。而将“国有民营”独立学院排除在外；二是独立学院属于“民办高校”范畴，意味着“国有民营”独立学院的属性只能是“民办”而不属于“公办”。该定义的规定显然与“国

① 杨继瑞等：《高校独立学院市场化运作的经济学分析》，西南财经大学出版社2007年版，第28页。

② 徐军辉：《内生与外生：独立学院“浙江模式”与“广州模式”的比较与思考》，《教育发展研究》2010年Z2期。

有民营”独立学院属性的实际情况相违背，不利于该类型独立学院的可持续发展。

2. 资产过户政策难以贯彻执行

“国有民营”独立学院在执行资产过户政策时因产权归属问题难以落到实处。一是公立高校利用闲置的土地资源和教学资源办的独立学院，在这种情况下资产过户涉及方方面面，属于国有资产转移，要通过国资委等部门的同意履行相应的程序，并不是简单的一个土地使用证上的更名。二是公立高校与地方政府或国有企业单位合作也存在资产过户的障碍。很多独立学院是按非营利性教育用地的规定而获得政府的“划拨用地”，即主要是获得土地的使用权，而没有相应的产权。一些独立学院主要是靠租用土地来办学，就更谈不上土地过户的问题，如果土地不过户，过户就没有什么实质的意义，还有一些独立学院的投资方是国有企业或事业单位，将国有闲置土地或工厂用于办学，国有教育用地不准用于买卖、抵押、担保等交易行为，因此，这部分独立学院也无法进行过户。一部分独立学院通过公司购买土地后，进行了抵押，但已经用于抵押、查封、担保用途的土地依法不能予以转让，如果不进行置换，将不能从银行取回产权证，无法进行资产的评估工作。①

3. 法人属性归属不明确使其难以真正独立

目前关于独立学院的法人属性问题尚存在着争论，理论界主要有三种划分：事业法人和民办非企业法人、事业单位法人（或非营利性社团法人）、事业单位法人（或民办事业单位法人）。2001 年有关部门联合制定的《教育类民办非企业单位登记办法（试行）》将民办学校认定为民办非企业法人，但是这一规定并没有随着《民办教育促进法》的颁布而修改，一直沿用至今。②正是“民办非企业”这一模糊的法人定位，使得独立学院在办理法人资格过程中，有的是在人事部门办理法人资格，有的是在民政部门登记，还有一些是在教育部门注册。之所以会选择在不同的行政管理部门登记注册，原因就在于独立学院究竟属于哪一类法人并没有明确规定。如今《独立学院设置与管理办法》将本应属于“公办”的“国有民营”独立学院定性为“民办高

① 阙海宝、罗昆：《独立学院资产过户的制度设计与完善》，《现代教育管理》2010 年第 5 期。
② 吴志超：《独立学院发展中存在的法律问题探析》，《中国高教研究》2010 年第 7 期。

校”，那么其法人属性是否也应归属于“民办非企业”性质呢，还是将“国有民营”独立学院定性为公办性质的事业单位法人呢，这是需要相关配套政策进一步明确说明的问题。

4. 法律地位的不平等使其发展受阻

《民办教育促进法》规定：“民办学校与公办学校具有同等的法律地位，国家保障民办学校的办学自主权。”《独立学院设置与管理办法》中也规定：“独立学院依法享有民办教育促进法、民办教育促进法实施条例规定的各项奖励和扶持政策”。但是现实中独立学院并没有享有与公办高校同等的法律地位，比如在招生批次上，独立学院只能在“三本批次”招生，毕业生受到社会用人单位的歧视；在教师福利待遇上，因其不属于国家事业单位编制人员，其在退休、医疗、住房补贴等方面与公办高校教师福利待遇差异较大；在招生计划、专业设置上，受到政府的管制，尚没有按市场需求来自主设置专业等。“国有民营”独立学院也同样面临着这些问题，使其难以建立自己稳定的师资队伍和形成自己的办学特色，影响着“国有民营”独立学院的可持续发展。

三、完善“国有民营”独立学院制度的建议

1. 承认“国有民营”独立学院的合法性，严格界定其属性

当前，我国的经济体制结构是以公有制为主体，多种所有制结构并存的局面，在这一体制结构中，对于是否属于公有制的判断标准，关键是看所有制结构中的公有成分，只要公有成分所占的比例超过私有成分，就是以公有制为主体。这一判断思路完全可以引入到教育领域中来，用以对独立学院属性的判定。如果独立学院的资产结构是以国有资产占主体，其属性应界定为“公办”，应纳入公办院校范畴；如果资产结构是以私有资产占主体，其属性应界定为“民办”，相应地纳入民办高校范畴。“国有民营”独立学院申办的主体是公办本科高校，合作的主体是地方政府或国有企业，其资产的结构仍然是以国有资产为主体，只是其运行机制有民办因素而已，但这不应影响其国有成分占主体的地位，其性质理应界定为“公办”。如果将其界定为“民办”，大量安排招生人数，无疑是将政府公共财政经费责任转嫁给老百姓，这是有悖教育公平的。因此，相关法律法规有必要对“国有民营”独立学院的

合法性作出明确规定，并将其纳入公办高校范畴。按照教育部最新的文件，独立学院也可以转设为公办高校，具体的操作困难在于收费的问题。独立学院主要是高收费，公办高校的收费必须由物价部门核定，肯定应该降低学费，但一些地方政府不愿意其成为一个包袱，所以在实际的执行中也存在一定的困难。

2. 实施分类管理，规范办学行为

“国有民营”独立学院因其办学模式不同，对其管理不能采取整齐划一的办法，要分清办学模式和特点，实施分类管理，并严格按照教育部对独立学院“六个独立”政策的要求对其进行规范管理。一是鼓励公办本科院校与地方政府或国有企业单位合作举办“国有民营”独立学院的办学模式，这种办学模式通常可以赢得地方政府的支持，为地方经济社会的发展作出贡献，有助于独立学院尽早形成办学特色，这种办学模式大有可为，应予以鼓励和支持。二是减少公办高校与其下属校办企业合作举办“国有民营”独立学院的数量。这种办学模式实际上公办高校自行在举办独立学院，属于依附型，容易与母体高校形成同质性，成为母体高校的“浓缩版”和“袖珍版”，难以突出办学特色和提高办学质量，所以，对于现存的这种办学模式的独立学院数量要尽量减少，并逐步进行规范，督促其尽快寻找外部合作方。三是制止公办院校无合作方独立举办独立学院的办学模式。这种办学模式形成的独立学院是在打着“国有民营”独立学院旗帜，而实质上是没有合作方的“校中校”，要对其进行严肃处理，限时整顿整改，严格执行“六个独立”的政策要求，如果到期还没有找到合作方（或属于虚假合作方），则拒绝颁发办学许可证，撤销其办学资格，将其并入到母体高校当中。

3. 完善产权制度，依法进行资产过户

对独立学院法人归属问题一直是学术界争论的焦点，有必要对其法人地位进行明确。由于独立学院的构成主体不同，应将其区分为“营利性”独立学院和“非营利性”独立学院，“民有民营”独立学院属于民办高校范畴，应将其登记为民办非企业法人，而“国有民营”独立学院的性质属于公办高校范畴，应将其登记为事业法人。同时，还需要在法人登记证上明确区分出“营利性”和“非营利性”，登记为“营利性”的“民有民营”独立学院，要明确其“合理回报”，以保护投资者的财产权，登记为非营利性的“国有民营”独立学院，要注重发挥其公益性特点，履行其公益性义务，不得擅自从独立学院抽逃资金。对于资产过户的问题，其涉及的问题和环节比较多，需重点把握三个方面的内容，首先要理清独立学院内部产权关系，争取相关部门的支持与配合，如土地管理部门和地方政府部门等，降低或减少资产过户的费用；其次要建立专门的资产评估制度，重点解决对无形资产的评估问题，可参照独立学院办学协议的规定来执行，因无形资产带来的增值部分应归独立学院所有，所形成的资产归入学院资产，强调独立学院办学过程中无形资产的价值和教育的公益性；最后要考虑产权的流动性，通过产权的流动重组实现社会资本“有进有退”和“进退有序”，通过存量转让或引入新增投资实现投资主体多元化，确保独立学院的快速发展。

4. 积极大力扶持，走多元化发展道路

“国有民营”独立学院很有发展前途，应大力支持，并逐步予以规范，使其走多元化发展道路，而不是仅仅走独立设置的民办高校这一条道路。具体而言，“国有民营”独立学院的发展道路有以下几种选择：

（1）走股份合作制发展道路。因“国有民营”独立学院产权结构的特点和公益性的属性要求，可以考虑走股份合作制发展道路，母体高校以无形资产进行投资，邀请中介评估机构进行资产评估后将其折算成一定比例的股份，地方政府或国有企业单位以土地或资金所进行的投资也相应折合成一定的股份，构建股份合作制形式，并建立董事会制度，按照所占股权份额大小还决定由谁担任董事长和副董事长，各投资者均拥有表决权，凡是学校重大事项均要提交董事会讨论，由各投资者进行表决通过，从而形成“和谐共生”的良好发展局面。

（2）寻找新的“投资方”，走“民有民营”发展道路。目前，有部分“国有民营”独立学院采取的是公办高校与其所属的校办企业合作举办模式，这部分独立学院后期也可以寻找新的投资方，如民营企业，以取代现有校办企业的位置，走“民有民营”的发展道路，这也是可行的。当然在短时间内，要寻找稳定可靠的民营企业投资方，事实上面临着一定的困难，但这并不妨碍这部分独立学院往“民有民营”独立学院方向发展，这需要相关法律法规给予性质转换上的政策支持。

（3）转设为公办普通高校，教育部在新出台的政策中，对普通高校与地方政府合作的独立学院，如浙江大学宁波理工学院，本身办学条件好，办学水平高，如果严格的执行资产过户政策，牵涉到国有资产等诸多问题，作为利益者的政府，也希望大学办在属地，所以，转设成公办高校也是一条非常好的选择，既尊重了政策的权威性，又尊重了客观办学的事实。

第四章　转设政策执行与偏差

——基于相关利益者的法人财产权分析

独立学院是国家为推进高等教育大众化而作出的重大决策，是优质的社会资金与高等教育资源的强强结合，从经济学的角度来看，人的行为的基本原则是约束条件下的最大化（自己的效用或是福利等的最大化），然而不同的人有不同的行为，这就需要一定的规则来加以规范和约束。在经济的世界里，有市场就有交易，有交易就有产权，有产权就必然涉及确定交易双方各自财产以及共同财产的权利分配问题，即交易双方在一定的规则下通过谈判确定并划分相应的权、责、利的关系。独立学院转设实质涉及法人财产权的重新分割与调整，相关利益者的地位也会发生重大的改变，法人财产权的变化，也会影响到剩余控制权及剩余索取权的系列改变。一旦改变了产权的规则，就会改变整个系统，故而产权在经济体系中具有基础性的地位。[①] 因此，在独立学院涉及转设这个阶段，独立学院的法人财产权归属及调整问题成为利益相关者的焦点，也影响和决定着转设的进程。按照教育部的相关文件，独立学院转设的前提是资产必须过户，这也是很好落实独立学院法人财产权的保障。

第一节　独立学院产权的明晰

一、产权的涵义

所谓产权，简言之，就是对财产的权利，即对财产所拥有的包含了归属权、占有权、收益权、支配权和使用权等权能的广义的所有权。在其直观形

① 金彦龙等：《独立学院管理模式与运行机制》，知识产权出版社2008年版，第63—64页。

式上表现为人对物的归属、占有、支配、处置等关系，本质上却是人们（主体）围绕或通过财产（客体）而形成的经济权利关系，即是人与人之间的关系。

（一）对产权的相关解释

德姆塞茨是较早研究产权概念的人，他在《关于产权的理论》一文中指出，“所谓产权，意指使自己或他人受益或受损的权利”。“产权是社会的工具，其意义来自于这样一个事实：在一个人与他人做交易时，产权有助于他形成那些他可以合理持有的预期。”① 德姆塞茨这样概括产权，就是强调产权的本质是社会关系，是人的行为性，即强调产权是被允许通过采取什么行为获得利益的权力。诺思也指出，“产权本质上是一种排他性权利”。② 表明了产权本质是人与人之间的关系——产权主体排斥他人的关系。富鲁布顿和佩杰威齐在《产权与经济理论：近期文献概览》一文中，通过对产权理论文献进行总结，把产权经济学家的各种各样的产权定义较科学地归结为：“产权不是关于人与物之间的关系，而是指由于物的存在和使用而引起的人们之间一些被认可的行为性关系。”③

在马克思的论著中并没有专门的产权理论，并未使用过“产权”和“产权制度”这样的名词。但他的产权理论是蕴涵在其所有制理论之中的，因此有人认为把马克思的所有制理论视作一种产权经济学未尝不可。关于所有制、所有权问题的论述不仅是马克思主义经济学的出发点，而且是贯穿马克思主义经济学理论的主线之一。因此可以说，马克思关于产权的思想，就是他的与所有制分析相联系的所有权思想，马克思是以其所有制、所有权理论来解释资本主义财产权利关系及其活动的。在马克思的产权理论中，首先区分了所有制与所有权的不同。马克思认为，所有制是指人们在生产过程中对物质资料的占有关系，所有制是一个事实，是一种经济存在。由于对生产资料的占有总是在一定的社会条件下发生，因此不同的所有制形式反映的是人与人的不同的社会经济关系。而所有权则是指所有制关系在法律上的表现，是一

① 德姆塞茨：《诱致性变迁理论》，上海三联书店 1994 年版。

② ［美］道格拉斯 · C. 诺思：《制度、制度变迁与经济绩效》，上海三联书店 1994 年版，第 115 页。

③ 富鲁普顿、佩杰维奇：《产权与经济理论：近期文献概览》，《经济社会体制比较》1992 年第 1 期。

种法律范畴，作为一种权利属于上层建筑领域。因此，所有制的形式决定了所有权的性质，随着所有制形式的变化，所有权关系也必然发生变化。所有权只有在一定的所有制基础上才能得以说明，用抽象的所有权概念不能说明任何一个社会的所有权关系。马克思也进一步把所有权区分为狭义和广义两种，狭义的所有权是作为广义的所有权权能体系的一个组成部分而存在的，广义的所有权范畴除包括静态的刻画财产隶属关系的内容外，还包括其他内容。在这里，所有权概念是一个融占有权、支配权、使用权于一体，并随着生产社会化和商品经济的发展而不断发生分解和分离的科学范畴了。

马克思认为，物质资料的生产是人类生存和发展的基础，为了使生产得以进行，劳动者与生产资料相结合，形成了技术组织形式和社会组织形式，而这种劳动者与生产资料所形成的社会形式，即人们在占有生产资料的过程中形成的经济关系，就是一个社会的所有制关系或产权关系，它是一个社会经济制度的基础。“私有财产是生产力发展到一定阶段上必然的交换形式”，“财产仅仅是有意识地把生产条件看作是自己所有这样一种关系”。故而，产权就是指人与人之间通过财产而形成的人与人之间的经济关系，马克思在分析土地国家所有制时，明确地将产权分解为所有权、占有权和使用权。①

（二）产权的特点分析

从以上制度经济学家对产权的概括和定义可以看出，产权具有可分解、可转让、能排他等基本特点。首先，产权是对财产所拥有的包含了归属权、占有权、收益权、支配权和使用权等权能的广义的所有权，所以产权可以分解为占有权、支配权、使用权、收益权等多种权能。产权的可分解性意味着在同一产权结构中并存着多种权利，而每一种权利只能在规定的范围内行使，超出这个范围，就要受到其他权利的约束和限制，或者对其他权利造成损害。其次，产权可以在不同产权主体之间进行转让、让渡、交易。甚至在产权经济学家看来交易本质上并不是物品的位移，而是产权的让渡。产权让渡不仅包括产权的全部权利（即所有权能）的永久性让渡，而且还包括产权的部分权利（个别权能）在一定时期内的转让。最后，“产权本质上是一种排他性权

① 鹏林涛：《独立学院产权问题研究》，优秀硕士论文，2007 年，第 6—7 页。

利”，即产权具有排他性。在特定财产制度下产权主体只能有一个，如果产权主体以外的任何人未经许可要强行进入或干扰产权主体的权利领域，就要受到有关法律制裁。

产权经济学发现，产权不仅具有可分解、可转让、能排他等基本特点，而且还具有激励、约束、改进资源配置效率以及使外部性内部化等功能。首先，产权经济学强调了产权、激励与经济行为的内在联系，发现了产权会影响激励和行为。在市场经济活动中，商品的交易主要是产权的交易，而产权的交易归根结底体现为经济利益的交换与分配。在经济运行过程中，若当事人的利益通过明确产权得到肯定与保护，则主体行为的内在动力就会受到激发。这样，产权的激励功能就通过利益机制得以实现。产权激励作用的程度又取决于产权明晰程度，产权越明晰，激励功能就越高，反之则越低。其次，产权在具有激励作用的同时还具有一种反面的作用，即约束功能。约束与激励是相辅相成的。产权关系既是一种利益关系，又是一种责任关系。从利益关系说是一种激励，从责任关系说则是一种约束。如果只有利益而没有责任，或者只有激励而没有约束，那么产权的功能就不能发挥应有的作用。再次，产权具有资源配置功能，即产权安排或产权结构的变动会影响资源的配置。比如对于无产权或产权不明晰的状况，设置产权就是对资源的一种配置。因为通过设置产权，使产权发挥激励与约束作用就能减少资源浪费，提高经济效率。同样，产权的变动或产权权能的调整，就会改变利益关系，使产权的权益主体发生变动，同时也改变了资源的配置状况。最后，产权还能使外部性内部化。德姆塞茨指出，产权的一个主要功能是引导人们实现将外部性较大地内在化的激励。在产权经济学家看来，当内在化的受益大于内在化的成本时，产权的发展就有利于使外部性内部化。一般来说，非完全竞争的环境容易产生外部性问题。当然，外部性问题也只有在非完全竞争的条件下才会存在。现实世界并不是完全竞争，因而存在着大量的外部性问题。所以产权的一个重要功能就是在收益大于成本的前提下，尽量将外部性内部化。

二、独立学院产权的双重性质

在研究独立学院的产权过程中，难以回避的就是资本的寻利性和教育的公益性之间的矛盾以及引致学校非营利性与营利性之间的矛盾问题，解读独立学院产权，分析这些问题的实质，是研究独立学院产权结构的一个基础。

从总体上看，高等教育是准公共产品，可以通过政府和社会力量共同提供。同时，这种准公共产品又能转化为私人产品和准私人产品来向社会成员提供，这时营利性组织就会介入，它们的介入既实现了自身的利益，又满足了社会成员对教育的多元化需求，因而实现了公益性。高等学校提供的教育服务转化为私人产品或准私人产品可以通过两种途径来实现：一种是通过政府来实现，即由政府代表这种物品的所有人来向使用者收费；另一种是通过社会力量介入，由他们来经营公共产品，有偿使用，市场化管理。这些市场化力量通过介入获得了某些好处，实现了它们的私益，但同时也使社会的公共利益得到了实现。普通民办高校就是一种典型的公共产品市场化运作，一些人愿意出钱办学，一些人愿意出钱上学，通过市场化的运作方式，其结果是办学者获得了某些私益，上学者实现了读书的愿望，国家也得到了所需的人才，实现了社会的公益。[①] 因此，根据独立学院的性质与特点，我国独立学院所提供的教育服务属于准公共产品和私人产品两种性质的教育服务，独立学院的教育投资既是教育活动，又是经营活动。因此，独立学院也具有公益性（即非营利性）和营利性两重属性。在市场运作中，独立学院产权是价值和使用价值的统一。

1. 独立学院产权的公益性

教育的公益性是指教育能为受教育者（及其直系亲属）之外的其他社会成员带来的经济的和非经济的收益。教育不仅能为受教育者本人及其家庭带来经济和非经济的收益，而且还可以通过受教育者个体的受益，使其他成员和整个社会同时受益，这种影响被称为教育影响的外部性。教育的公益性即体现在教育的外部性上，主要表现在由私人收益的外部性带来的社会收益和由教育活动的社会性带来的社会收益。在现阶段，独立学院为人们提供了更多的接受高等教育的机会、增加了教育选择、减轻了政府教育财政压力，从而有利于加快中国高等教育大众化步伐，提升全民族的教育水平，提高公民的生活质量和品位，促进社会文明进步。它与公办教育在人才培养的道德目

① 劳凯声：《高教体制改革中如何理顺政府与高校的法律关系》，《中国高等教育》2001 年第 20 期。

标、政治目标及相关教育内容、教育方法方面并没有实质性的区别。这些在一定程度上都促进了社会的公共利益，体现了独立学院的公益性。

2. 独立学院产权的营利性

资本具有天然的寻利性，资本的普遍直接目的是指向于增值性的收益，这种增值是资本区别于其他物品和行为的一个重要特点。私人投资的合理预期是利润亦即营利、分红、资金的积累膨胀，使总资本不断增加。资本家将获取的剩余价值的一部分投入到生产中去，以扩大生产规模，获取更大的剩余价值，使总资本增加。对资本的所有者来说，就是通过资本获得比资本效用和价值更大的收益。资本失去了营利性和营利的机制就不成为资本。①

我国独立学院是在特定历史背景下出现的，其创办经费基本上靠社会出资，这种出资主要属于投资性质而不属于捐赠。在此情况下，独立学院可以按照营利性机构运营。同时，承认独立学院办学投资的营利性会在很大程度上提高教育运营的效率，给予办学者合理的回报（物质与精神），其实可以换取更大的教育社会效率和效益。独立学院可能获得的利润包括教育投资利润（即培养人才所获得的经济利润）和非教育投资利润（投资校办产业所得的利润及附带利润等）两部分。由此可见，独立学院的产权具有一定的营利性。

3. 独立学院双重性质的辩证统一关系

教育的公益性与营利性之间存在着密切的关系。承认教育的营利性，是为了更好地达到教育的公益性目的。要想保障、促进社会的公共利益，必须要有教育的大发展，扩大教育的受益面，使每一个人都可以通过接受教育而获得收益。② 如果没有教育大发展的前提，受教育的范围局限在一个很小的范围，就谈不上教育的公益性。当前经费短缺已严重制约了我国教育事业的发展，因此加大教育投入力度、扩大教育经费来源、探索多元化投资体制等，是进一步发展我国教育事业的重要前提。因此，只有充分调动社会资本进入教育领域，促进教育的大发展，才有可能真正保证教育的公益性。另一方面，注重教育的社会效益（公益）是产生经济效益（营利）的前提和基础。从来没有一所不注重社会效益的学校能够取得很好的经济效益。市场激烈的竞争

① 杨继瑞：《高校独立学院市场化运作的经济学分析》，西南财经大学出版社 2007 年版。

② 高卫东：《营利性民办学校及其产权界定》，《教育科学研究》2001 年第 3 期。

会迫使学校注重教育质量，提高办学声誉，有利于进一步吸引学生及家长。因此，承认教育的营利性，在某种程度上甚至有助于教育质量的提高。国家在制定政策法规时，必须要充分权衡两者的关系，做到有机的统一，互相促进。①

三、独立学院的产权制度建设

1. 现代学校产权制度的实践及启示

现代学校制度是在浙江等地的民办民营教育机构的实践中诞生的，是与教育机构市场化运作相适应的制度设计。现代学校的产权制度是现代学校制度的基石，它不仅要求学校等教育机构的成立和运营有产权意识，而且在产权安排上要求“归属清晰、权责明确、保护严格、流转顺畅”。

1997 年出台的《社会力量办学条例》是民办民营学校的第一部法规性文件，对民办学校的产权安排做了较为谨慎的处理。它规定：“教育机构在存续期间，可以依法管理和使用其财产，但是不得转让或者担保”（第 36 条）；“教育机构的积累只能用于增加教育投入和改善办学条件，不得用于分配，不得用于校外投资”（第 37 条）；“教育机构清算时，应当首先支付所欠教职员工的工资及社会保险费用；教育机构清算后的剩余财产，返还或者折价返还举办者的投入后，其余部分由审批机关统筹安排，用于发展社会力量办学事业”（第 43 条）。这部法规不仅没有明确民办教育机构的产权，而且还限制了民办学校对其资产行使产权权能，忽视或侵害了投资者的权益。它要求投资者必须放弃除管理学校权以外的其他所有权利要求，办学不停止，投资者永远没有收回投资的可能。办学时间越长，其损失就越大。这样的产权制度安排脱离了实际，侵害了投资者的正当权益，不利于该产业的发展。我国民办教育产业投资较小、发展较慢、规模偏小、办学实力较弱等情况也证明了这一点。但是，在实践中，投资者会变相或曲折地实现自己的利益，甚至越过法规。这种方式也被传统的社会习惯和社会价值观所默认，对民办教育产业规范发展极为不利。

2003 年 9 月开始实施的《民办教育促进法》对民办民营学校的产权问题

---

① 严军：《我国民办教育的产权界定》，《现代教育科学》2005 年第 1 期。

就有了较为明确的规定，“民办学校对举办者投入民办学校的资产、国有资产、受赠的财产以及办学积累，享有法人财产权”（第35条），“民办学校存续期间，所有资产由民办学校依法管理和使用，任何组织和个人不得侵占”（第36条）。但是，《民办教育促进法》对民办学校资产最终应该归属投资者的产权安排还未予以明确。

现代学校制度是在浙江等地兴办民办学校、公办学校改制、创办“股份制学校”、实现“教育股份制”等办学体制改革和教育市场化改革的实践中逐步明晰起来的，鲜活的实践对教育产业的产权机制的探索比现行的法律法规走得更远。主要体现在以下两个方面：

一是民办民营学校产权的多元化和产权问题的复杂性。民办民营学校产权的多元化是民办教育产业发展的客观要求。早期的民办教育机构通常由个人或少数人利用自己的个人资产投资兴建，办学规模小。随着教育产业的发展，民办民营学校之间以及民办学校与公办学校之间开始有了竞争，迫使新设立的民办民营学校加大投入，加强学校基础设施建设，树立学校良好的办学形象，以吸引生源，保证学校的生存和发展。特别是在民间资金进入高等教育领域后，投资要求就更高了，单个人已经很难承担巨额的投资压力和投资风险，需要若干的投资人（包括自然人和法人）联合投资，共担风险。这样就使学校的产权出现多元化的趋势。在浙江省台州市椒江等地的公办学校改制实行“国有民营”的实践中，学校的资产所有权属于国家，而经营权却转移到了民间的办学主体。出现了国家和私人之间的联合办学和资本合作，诞生了国家和私人之间的产权划分问题。另外，部分学校还承认学校教职员工的管理和智力投入，承认他们的人力资本投入的产权，这样就形成了货币资本与人力资本的联合办学。这一切都表现出学校产权问题的复杂性。

二是多元产权结构模式的多样化。在浙江省台州市椒江等地的现代学校制度的试验中，联合投资形成的多元产权结构也有不同的模式，主要有“股份制学校”和“教育股份制”[①] 两种模式。“股份制学校”的多元产权结构是指由公民个人之间、公民个人与法人之间或者法人与法人之间联合投资办学

---

① 吴华：《重新认识椒江“教育股份制”实践的理论与政策价值——民办学校产权模式的新视角》，中国高等教育网，见 http：//www. h-edu. com。

形成多元化产权。“教育股份制”则具有特殊含义，指由多个投资主体联合投资组建教育投资股份公司，然后由这个教育投资股份公司投资办学。这两种教育投资多元化的产权结构模式在实践中都有成功的案例。

“股份制学校”和“教育股份制”是民办教育产业发展实践中探索出来的两种产权结构形式，都是多元化的产权结构模式，但也存在差异，各有自己的特点。“股份制学校”由多个教育投资主体（公民个人、法人）联合投资办学并共同成为学校的举办者。但是，《教育法》和1997—2003年实施的《社会力量办学条例》虽然要求学校的举办者必须具有法人资格或具有政治权利和完全民事行为能力，但并未规定学校等教育机构必须是法人组织。也就是说，学校等教育组织可以是法人，也可以不是。这一方面导致学校没有法定的独立财产权，不能独立享受完全的民事权利，承担民事责任。另一方面还要求举办者（或称投资者）承担无限责任。2003年9月1日《民办教育促进法》正式实施，要求“举办民办学校的社会组织应当具有法人资格。举办民办学校的个人，应当具有政治权利和完全民事行为能力。民办学校应当具备法人条件”（第9条）。但在这以前设立的许多民办民营学校法人法律身份模糊不清，产生了大量的产权纠纷。

“教育股份制”是特指民办教育中“股份制”，是在民办教育实践和发展中逐渐形成的另一种多元化投资的产权结构模式，即由多个教育投资主体联合投资组成教育投资股份公司，再由具有法人资格的教育投资公司作为教育举办者，独立投资举办教育机构，形成了教育投资股份公司和民办学校的“双法人”制的组织形式。它使教育投资公司产权股份化，却没有使学校产权股份化、多元化，学校的出资人只有一个，即教育投资公司。这种组织形式由于借鉴了成熟的股份公司组织形式和法人治理结构，从而克服了部分“股份制学校”中存在的产权模糊的制度性缺陷。

以浙江省部分地区的民办学校为代表的现代学校制度的试验探索和试点实践，为我们认识现代教育机构中产权的重要性、产权的作用和产权制度安排的合意性都提供了鲜活的经验。在教育的改革和发展中，不论是民办学校还是公办学校，特别是国有资本与民间私人资本合作举办的学校，都要有产权意识，并且要充分发挥产权的激励、约束和规范功能来提高经营管理效率，通过合理规范的产权安排来有效配置教育资源，促进教育的发展。

2. 独立学院的产权制度建设

独立学院主要投资来源于民间社会资本，学校的运营是按照与民办高校类似的民营机制的要求来运作的。因此独立学院的产权问题是其运营发展的首要问题。由于其合作办学的形式多样，投入比例不同，各投资方对利益要求的差异巨大，导致其产权结构复杂，影响各异。

（1）独立学院产权结构类型

独立学院的产权及其结构的确认首先就与投资人的投资行为、投资数量和剩余索取意图有关。目前全国各地在兴办独立学院或对民营二级学院进行独立学院改造时，基本上按照教育部《关于规范并加强普通高校以新的机制和模式试办独立学院管理的若干意见》的精神，实现了民间力量投入办学物质资本，普通高校投入学校品牌、教学师资与教育管理等办学资源，进行合作办学的民营化办学模式。但是，在不同的地方，不同的独立学院中，投入方式不同。有的独立学院有多个投入者，有的则只有一个投入者；有的独立学院有政府投入的资金，有的独立学院甚至还没有民间资本的注入。这些投入者的投资意图也不尽一致，特别是对投资经营的剩余索取权的要求差别较大。目前，从对投入与收益的差异上可以将独立学院的投入和收益分成几种类型，分别用图 4－1 表示如下：①

第一种：高校申报，投资方投入，共享经济收益。

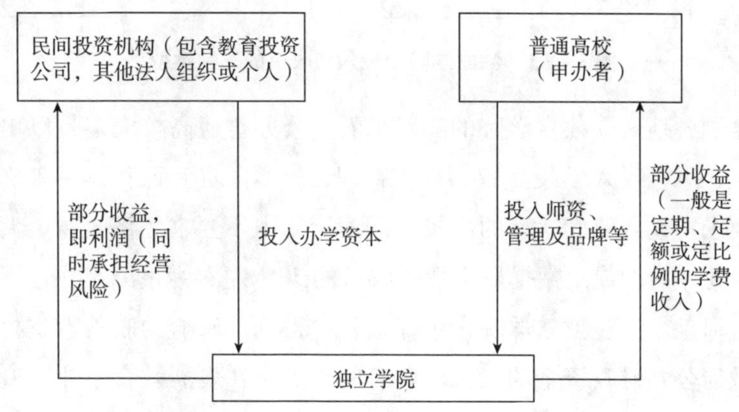

① 杨继瑞：《高校独立学院市场化运作的经济学分析》，西南财经大学出版社 2007 年版。

第二种：高校申办，投资方和政府共同投入，分享经济收益。

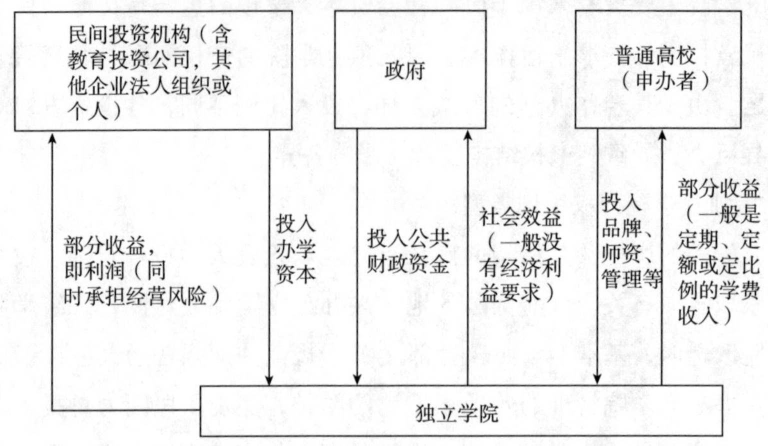

第三种：政府支持，高校直接投资申办，独享经济收益。

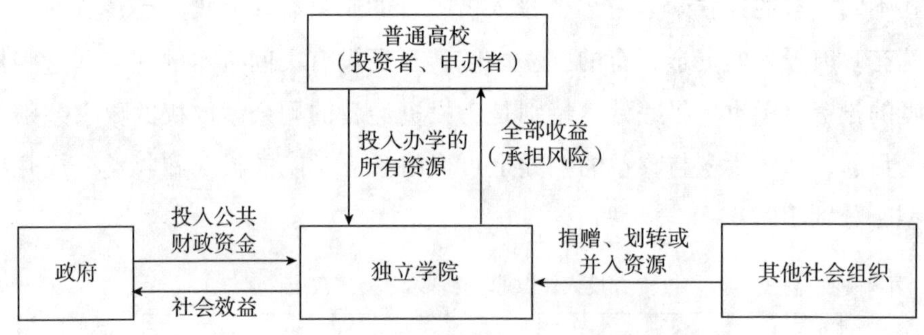

图 4－1　独立学院的投入和收益的三种类型

从全国各地试办独立学院的实践来看，公办普通高校大多是以申办者的身份出现，承担投入学校品牌、教育管理、教学师资和课程体系等义务，对收益的要求则差异较大。有的高校承诺若干年内不要求经济收益。大多数高校则要求每年定期或定额提取学费总收入的 30% 左右为报酬，并且不承担经营的经济风险。许多独立学院在申办过程中得到了政府的政策性支持，有的还得到政府公共财政资金的投入。政府的投入意在发展教育事业，追求社会效益，既不要求学校产权，也没有提出剩余索取权，同时也不直接干预学校的管理和资产的处置等。民间投资机构，包含有教育投资公司、其他企业法人组织、理论上还应包括公民个人，是独立学院的主要投资者，享有独立学院多数产权，也承担独立学院的经营风险。但是在实际运营中，由于民间投资者缺少办学经验，又不能掌握办学中最重要的办学品牌、师资等资源，在与普通高校的合作办学中并不处于主导地位，其经济收益率也往往比作为申办者的母体高校低。

由于投入和对收益要求的差异，致使独立学院的产权构成比较复杂，也形成几种不同的类型。现列表给出（见表4－1）。

表4－1 独立学院产权结构类型

产权构成状况		典型学校例子
一元产权结构	单个公办高校独自投资并申办的独立学院	形成独资的独立学院，如：北京师范大学珠海分校电子科技大学中山学院
多元产权结构	单个或多个投资机构投资，高校申办，合作办学	形成比较典型的独立学院，如：四川师范大学文理学院、XX公办大学XX独立学院
	单个或多个投资者共同投资，政府参与投入，高校申办，合作办学	如浙江大学城市学院

资料来源：黄阳：《独立学院产权问题研究》，四川师范大学硕士学位论文，2009年。

（2）独立学院不同的产权结构与利益相关者

现代制度经济学研究认为，社会经济的增长依赖于经济组织的效率。正如诺思所指出的，“有效率的经济组织是经济增长的关键，一个有效率的经济组织在西欧的发展，正是西方世界兴起的原因”。[①] 要保持经济组织的高效率，不仅需要确立产权，而且还需要在产权制度供给上作出合意的安排，使私人的收益率接近社会收益率，对私人的经济活动形成一种制度性激励，保证经济组织拥有持久的活力和效率。在科斯提出“交易费用”概念并创立“交易费用学说”之后，新制度经济学家通常就用产权的保护、转让、获取所支付的“交易成本”来衡量和判断制度效率。正如科斯三大定理所示，生产要素的配置效率取决于产权制度安排，也就是说产权结构、产权关系直接决定了

① ［美］道格拉斯·C. 诺思、罗伯特·托马斯：《西方世界的兴起》，华夏出版社1989年版。

生产资源或生产要素的配置效率和优化组合状况。因此，对于独立学院这种经济组织而言，要考察其组织效率，就要从其产权结构入手，通过分析独立学院运营中各生产要素的产权主体的法律状态和对产权各项权能的把握和实现状态，来了解其可能的组织效率。

①一元产权结构中的利益相关者分析

根据我们前面的分类分析，一元产权结构的独立学院是由普通公立高校独家举办，自主申办，独享收益，自担风险的独立学院。这是一种非典型的、由普通公立高校独立筹资（校办企业或接受捐赠）建设并按照市场化民营机制运营的独立学院。这种单一的产权结构使产权边界容易分辨，母体高校就是最大的利益相关者，所有者明确。投资者和申办者一体，使合作投资办学的谈判成本和道德风险大为降低，这种产权结构对市场信号反映灵敏，决策效率高，对投资决策者的激励也较充分。这种单一产权结构也使得所有权、处置权、管理权、收益权等各项权能统一，有利于组织提高效率，使独立学院保持良好的运营状态。

但是，这种产权结构也存在一些缺陷，主要表现在：独立学院不容易真正与母体高校保持“独立”，不容易按规范将独立学院建成一个独立的法人组织，很难形成一个健全的法人治理结构，其法人财产和法人权利容易受到母体高校侵蚀。母体高校既是投资者，也是申办者，它对独立学院的资产进行使用、处置不可能受到真正严格约束，对独立学院运营收益的分配也不可能受到严格的规范，甚至造成母体学校与独立学院资产混淆不清，边界不明的状况。由此造成独立学院不独立，法人主体资格不完善，无法完全享受法人的民事权利和履行民事义务，使独立学院的发展完全依赖于母体高校的管理行为。

这种产权结构中，最大的利益相关者就是高校，所以转设的动力最小，由于不存在上交管理费的问题，所以没有任何转设的要求，如果转设，对公办高校不会带来任何收益的增加，反而从品牌等方面受到影响，所以，这种产权结构的高校基本没有转设，也不愿意转设。

还有一种投资方式是公办高校通过无偿划拨土地等形式，吸引公办大学兴办独立学院，作为利益相关者的政府，主要还是从文化、教育角度出发，吸引优质教育资源，对当地的发展将起到可持续发展的作用，地方政府主要是看中公办高校的名——品牌，这将是一笔巨大的无形资产，对地方政府的推动作为显而易见。公办高校独自享有办学效益，所以转设的动力较小。地方政府本身不存在直接的经济收益，更多是想要品牌，所以没有动力要求独立学院转设，也不希望转设，公办高校也不存在转设后经济利益等的增加，所以暂无类似独立学院进行转设。

②多元产权结构的效率分析

多元产权结构典型的独立学院是由单个或多个民间投资机构投资，由普通高校申办，共同联合举办的类似于“股份制”或“股份合作制”的高等院校。这种产权结构首先就要求独立学院与母体高校脱钩、独立，形成一个独立法人组织，独自履行民事义务，享受民事权利。这种产权结构还要求分清产权界限，避免各投资者或申办者（母体高校）单独或变相侵占独立学院的利益。利益相关各方也会促进建立一个良好的法人治理结构，那样才会保证各方的利益，有利于克服一元产权结构的制度性缺陷，是一种理论上比一元产权结构更有效率的学校产权结构类型。实践中也可以发现，这种产权结构有利于调动各方的投资积极性；有利于迅速聚集高等教育生产要素，加快独立学院发展，扩大独立学院规模；有利于保护投资者按契约或按照“股份”获得法定的合理回报；有利于独立学院拥有独立的法人资格，并用法人财产去履行民事义务、享受民事权利。多元产权结构也存在明显的制度性缺陷，主要表现在谈判成本高，存在道德风险，内部“交易费用”不节约，甚至有因治理结构不完善，导致投资者利益受损，组织效率下降的情况。

多元产权结构的独立学院除了由单个或多个民间投资机构投入资本外，还有政府公共财政资金投入或其他社会组织捐赠（目前，试办独立学院的实践中还鲜有社会捐赠，但通过政府组织无偿划拨或并入部分资产的情况是存在的）。但这些投入本身不是寻利的，而是追求教育事业发展，追求社会综合效益。这部分投资虽然构成了独立学院的法人财产，但投入者并不谋求这部分资产的最终所有权、剩余索取权等产权权能。这类投入对促进独立学院生产要素聚集，推进独立学院发展有极大的影响，对发展独立学院还有社会示范和导向作用。但是这类产权结构与前一种多元产权结构的独立学院相似，没有改变其制度性缺陷。

独立学院是以民营机制运营的高等教育机构，作为教育机构，其生产活动就是教育活动本身。教育生产活动中最重要的生产要素就是人，即学校的校长、教师和其他管理者。独立学院产权结构的效率还要取决于学校的校长、教师等人力资源所蕴含的人力资本在学校产权中的表现程度和实现方式，因为它直接影响生产中能动的要素——人的积极性和能动性。虽然人力资本是教育生产活动中的核心要素，但在独立学院的运营实践中，人力资本却没有像其他物质资本那样占有应该的、合理的位置。在独立学院运营中，普遍没有对校长和其他教职工的人力资本给予制度性的产权安排。目前，有的民办学校逐步认识到了教育这种生产活动的特殊性，开始承认并逐渐明确人力资本的产权。比如，有的给予学校的经营者一定的股份；有的让校长和骨干教职工在校期间拥有一定的资产收益分享权，即享受“红利”收入，但离开学校后，这项权利就自动终止；有的则是让人力资本所有者出一部分资金，并按预定比例或收益率拥有学校资产收益的分享权，不拥有所有权，离开学校时返还出资，终止收益分享权。

这些探索和实践仍未较好地解决人力资本在教育机构中的产权地位，还未将人力资本放在产权结构中应有的位置，这一点，将在后面章节中继续讨论。

独立学院的产权结构主要是这种类型，但是，由于受文化、地域、品牌、实力等多种因素，不同的独立学院对此态度仍有差异。一些办学地域相对较偏，合作的公办高校品牌也非一流，还有就是办学时间短，办学水平和实力较差的独立学院也不敢贸然进行转设；还有一种是实力较强，公办高校也是一本高校，品牌度高，本身实力和水平都很高的高校，由于不愿意放弃现有的发展态势，本身举办各方依存度都较高，学院发展也较好，从相关者利益角度出发，母体高校不愿意放弃每年高额的管理费，投资方由于受制于师资、管理及品牌等因素，也不想冒险转设。

四、独立学院产权的明晰

独立学院作为一种新型的教育办学模式，如同任何新生事物一样，没有现成模式可套，一切都是在实践中摸索。在独立学院发展过程中，尤其是当独立学院进入规范发展阶段，对独立学院的产权归属问题成为各方关注的焦点。

（一）独立学院产权关系现状

产权不清晰是当前独立学院最为明显的表现，这种模糊的产权现状既不能调动独立学院举办者的办学积极性，也难以达到防止国有资产流失的效果，这将是独立学院健康发展的重大隐患。独立学院产权不是对其所有权进行界定的静止概念，而是对独立学院不同属性主体（所有者、经营者、使用者）在对不同属性（占有、使用、收益、处分）进行使用与经营时的收益关系的动态描述。独立学院现有产权关系非常模糊，主要表现在：独立学院产权的不合理分割，产权要素重组的不对称，部分产权要素主体虚设。究其原因主要有以下几个方面：

第一，按照《民办教育促进法》相关规定，独立学院的母体学校及投资主体对学校不具备所有权，只具有事实上的使用权、占有权、收益权及处分权受到严格限制，这必将造成事实上的所有权及处分权“主体虚置”。

第二，独立学院的产权结构复杂，“公办”与“民办”兼备，独立学院的产权主体是多元的，至少有包括公立高等学校在内的两个或两个以上的主体，各主体间围绕共同的办学目标存在相互合作以及相互监督和约束。但产权主体事实上是不明晰的。产权主体之间产权关系不明晰，意味着谁的权利都没有限度、没有边界，但谁都不能确保自己的产权，也就等于事实上的“没有产权”。另外，独立学院本身融入了母体高校国有的有形和无形资产，又有民间投资者的民间有形资产，有的还有政府资金的投入，等等，多种所有制性质不同、表现形式也不同的资产成分融合到一起，使得独立学院的资产构建模式多种多样，较为复杂。

第三，法律方面不完善。教育产权没有得到明确规范与定位，独立学院的整体产权属性徘徊在公益性与营利性之间。按照国家的政策规定，独立学院的终极产权属学校所有，没有将财产主体人格化，独立学院的产权关系事实上处于待定状态，学校财产归属不明晰。我国现行的产权法制制度本来不健全，法律法规对产权的界定和规范没适应客观存在的产权关系，甚至限制了合理的产权关系。《民办教育促进法》中有关产权的规定集中为以下几条，第三十五条规定，民办学校对举办者投入民办学校的资产、国有资产、受赠财产以及办学积累，享有法人财产权。第三十六条规定，民办学校存续期间，所有资产由民办学校依法管理和使用，任何组织和个人不得侵占，《民办教育促进法》第五十一条规定，民办学校在扣除办学成本，预留发展基金以及按照国家有关规定提取其他必需的费用后，出资人可以从办学节余中取得合理回报，取得合理回报的具体办法由国务院规定。由于国家的政策只是对民办学校资产中的国有资产和受赠资产的监督、使用和管理做了原则规定，完全回避了对举办者投入和办学积累增值部分校产的产权及民办学校终止时清偿债务后剩余财产的分配问题，产权纠纷将无法回避。《民办教育促进法》第五十九条规定：民办学校终止时，经财务清算，“民办学校清偿上述债务后的剩余财产，按照有关法律、行政法规的规定处理。”而随后制定的《民办教育促进法实施条例》及其他有关法规中均没有就举办者投入形成的校产和民办学校的“剩余财产”的处置作出明确的规定。

（二）明晰独立学院产权的意义

1. 独立学院产权模糊带来的问题

正是因为独立学院产权的复杂与模糊，严重影响着独立学院进一步发展。独立产权的模糊带来一系列的问题，重点阐述以下几个方面：

第一，独立学院投资是以资本增值为目的的资本寻利行为，尽管投资主体目标具有资本增值或寻利倾向，但它也符合国家提倡的经济和社会效益的有效统一。但是，产权模糊将使独立学院产权处于公共领域，资产的使用必将面临“租金耗散”而导致资产的使用效率降低。

第二，产权模糊使得各主体与经营主体之间的权利与义务不明确，尤其是投资方收益权的不明确，导致投资方事实上缺乏动力。独立学院所有权主体虚置和缺位导致投资方追求短期效益，为母体学校埋下了民事责任和侵权债务等诸多的隐患，如果国家法律明确了独立学院的私有性质，投资方也不会处心积虑处置或转移增值财产，也不会存在后期不投入或少投入的状况，这不利于独立学院的发展。

第三，由于产权不明确也使产权主体们难以产生稳定的预期利益，也就更少地从长远利益考虑办学，而是强化了短期化行为与机会主义，这也是由于产权不明晰未能达到各主体对自己的行为负责和相应约束。

第四，独立学院的增值部分（如土地、建筑物等增值）没有明确的界定，如不加以规范，必将导致国家财产流失。在实际的操作中，大部分母体学校主要是按学费比例收取管理费，以及对办学节余的再分配，这种分配方式简单，可操作性强，在早期独立学院的发展中起到了较好的制度约束作用。但是，随着独立学院的进一步发展，一些掩盖的矛盾和问题就暴露出来了。原有的合同（联合办学协议）在实践中缺乏科学性，这主要是当时对诸多敏感问题回避或遗漏造成的。这就给效用最大化的独立学院投资方追求效益扩大化和规模过度膨胀等诸多自由。另外，母体学校每年仅收取一定的管理费，这显然不能准确反映母体学校的实际贡献及品牌价值，存在对公办高校无形资产的低估，以及人为使其贬值的可能，从而造成国有资产的流失。

2. 明晰独立学院产权的功能

根据“科斯定理”推论，产权的界定不是万能的（任何产权界定都存在交易费用），但没有产权是万万不行的，问题的关键在于如何建立有效率的产权制度，努力做到独立学院发展的收益与风险、权利与责任相对称。

（1）产权明晰具有界定财产归属的功能

产权概念的核心是财产所有权，即主体对于客体“绝对的”支配权、财产的最终归属权。产权的这种排他支配使用权的明晰使财产主体得以人格化，从而有效地排除财产所有权和财产运营中一些非主体因素及非经济因素的干扰，为财产运作提供了权利基础。对独立学院而言，产权明晰的排他性功能，一方面能提高社会力量投资教育的积极性；另一方面能有效保护举办者和办学者的行为，从而避免现实中许多举办者的短期行为。①

（2）产权明晰具有激励和规制产权主体行为的功能

产权的明晰使产权主体因责、权、利的明确而必然使外在的责任内在化，所有权的明晰确立了产权主体的义务，收益权的明确更是增强了其主体运营财产的动力。产权这种责、权、利的有机统一，使独立学院各产权主体在办学和管理活动中表现出高度的自主经营的积极性，也有利于产权主体从长远利益考虑。产权明晰也意味着对产权主体拥有的权限进行了界定，使独立学院法人实体经营权与投资主体所有权分离，赋予学校管理者必要而充分的使

① 杨挺：《教育投资主体多元化背景下的学校产权规范分析》，《中国教育学刊》2004 年第 6 期。

用权能，从而规制举办者和管理者之间的经济行为。①

（3）产权明晰具有优化资源配置和提高效率的功能

任何产权只有在能被分割的条件下，才能被有效的利用。独立学院产权也同样，即学校所有权以及其他各项派生的权利是可以分离的，各项权能可分别属于不同的产权主体。这样具有不同需求和知识的人就能将某项独特的资产投入到他们能发现的最有价值的用途上去。另外，产权还应是可转让和处置的，如果产权被束缚于一个既定的所有者，就会阻碍其他具备更好的知识和技能的人才接管该财产并更好的利用。所以，产权明晰对充分挖掘独立学院的潜能，提高资源的利用率具有重大意义。②

3. 明晰独立学院产权的原则

（1）学校持续发展原则

教育不是一种短期行为而是一项长久事业，其经济和社会效应的发挥是通过长时间的积累逐步完善和成熟的。因此，教育投资不可能是短期行为，投入教育的资产及资产的积累不得随意抽逃，绝大部分必须仍用于教育事业本身的滚动积累和发展。③ 同时，为实现教育的可持续发展，举办者还应承担起资产保值增值的责任，产权明晰，将肯定投资办学者的贡献，激励其办学积极性，又有利于学校的长期持续发展。

（2）对出资者财产保护的原则

国家法律明确规定保护私有财产，私人财产不得侵犯。依照法律规定保护公民的私有财产权和继承权，因此，个人或营利性组织投入教育的资产所有权应受保护而不得被随意剥夺。投资办学要承担资产风险，若剥夺其出资所有权和收益分配请求权，则显然不符合权利相统一原则。界定产权归属时应当坚持这一规定，贯彻比例风险和利益并存原则。

（3）激励与约束相结合的原则

要充分体现激励与约束相结合的原则，通过制度的约束来保证教育的公益性，又要体现对举办者贡献、能力和精神的鼓励。对教育的投资也应体现

① 薛娈立：《民办高校合理回报的经济学视角》，《教育发展研究》2005 年 6B 期。
② 俞建明：《论民办高校产权归属与管理》，《中国改革》2003 年第 2 期。
③ 黄藤、王冠：《中国民办学校经营运作方式初探》，《海淀走读大学学报》2005 年第 1 期。

收益。经济学最基本的原理是有产出的投入才是有效的投入。尽管办学不能以营利为目的，但不否定营利，学校营利是对学校事业发展的有益补充。① 承认投资办学的合法性，也应当承认投资回报的合法性，国家应依法维护举办者的合法权益。

第二节　独立学院产权的保护

一、落实法人财产权，保障独立学院的合法权益

林德布洛姆认为，渐进的决策方法不仅仅是对理性方法的补充或妥协，更重要的是它有助于在制定政策时兼顾民主的价值。根据现行民办高校产权的实际情况，选择一个效率最大化的方案，从而解决现有的问题。②

现代社会和经济的发展要求建立起开放、灵活、规范的现代大学制度，现代大学制度是一种高等教育思想，同时也是以一系列制度作为载体和支撑的。其中，产权明晰、权责明确的产权制度日益成为现代大学制度一项重要的内容。民办高校产权主体结构多元而复杂，使得以协调责权利关系为主要内容的民办高校产权运作方式需要不断创新，市场机制所发挥的作用变得更加特殊。③ 根据德姆塞斯观点，为了降低监督成本，监督权和剩余索取权最好一并授予固定要素的投入者即资本家，也就是企业的固定要素的所有，在德姆塞斯看来，固定要素的投入者由于相对于其他非固定要素的所有者对企业的稳定性和长期性更为关注，因为固定资产的专用性更强。根据德姆塞斯的论述，将产权的剩余索取权交由监督会生成效率，那么可以设计将剩余中的一部分赋予被监督的团队成员，或者给予关键成员，形成更强的激励机制。④

民办高校的经费多元化及办学模式的多样化，导致了其产权结构多元化，也是导致产权不明晰的根本原因。产权多元化是民办高校在建立多渠道融资

---

① 崔玉平、危力军：《民办学校产权及其营利问题分析》，《争鸣》2005 年第 5 期。
② 余兴安：《激励的理论与制度创新》，国家行政学院出版社 2005 年版，第 65 页。
③ 曹勇安：《民办学校的产权问题》，《黄河科技大学学报》2003 年第 9 期。
④ 盛洪：《现代制度经济学》，北京大学出版社 2005 年版，第 81 页。

的同时所形成的多元产权结构。民办高校产权多元化结构的形成，有其必然性和合理性，从必然性方面来看，民办高校属准公共产权，从其合理性来看，改变单一产权关系，建立多元化的产权关系，用市场方式推进资源的流动和重组，可实现资源合理配置和高效经营，建立多元化的产权结构不仅可以增强学校融资能力，而且还可建立起相应的法人治理结构。通过对民办高校产权进行调整，以达成民办高校产权关系的和谐，实现民办高校产权的良性运作。

二、资产过户是独立学院转设的前提

根据教育部“26 号令”的要求，独立学院必须进行资产过户，学院拥有法人财产权，这将会保障办学资金的稳定性，规避了办学的资本风险。这为学校财产的稳定性提供了保障。有利于实行所有权与经营权分离，较好解决了现存无法回避的一些问题和矛盾，有利于健全法人治理结构。[①] 有利于保证学校办学自主权，有利于学校严格按照规章制度行事。

独立学院是多种性质的投资主体进行的资本投入，具体的讲，有三种投资方式：货币资产投资就是用货币形态将资产进行投资，它包括现金、银行贷款和其他货币资产。实物资产投资是指物质形态的投资，它包括建筑、设备、土地以及各种原材料等有形物质。按照《高等学校财务制度》规定：无形资产是指不具有实物形态而能为使用者提供某种权利的资产，包括专利权、商标权、著作权、土地使用权、非专利技术、商誉及其他财产权利。

在实际的操作中，投资方主要采用货币及实物资产投资，母体学校则主要以无形资产投入，双方以契约的形式明确责、权、利，这就将资金优势与办学优势得到了充分发挥，这也是独立学院能够发展迅速的源泉。独立学院之所以充满生机与活力，无不是依托了母体高校的品牌优势和声誉才获得社会的认可，这一无形资产的形成是母体高校几十年甚至上百年才形成的。品牌价值是学校品牌竞争力的表现，品牌对于学生来说代表一定的质量和特色，对家长来讲是一种理想的投资，对社会来讲是代表知名度和美誉度。独立学院通过合作的方式迅速获得了母体高校品牌的使用权，跨越了塑造自我品牌

---

① 徐晓东：《社会转型与办学体制创新》，浙江大学出版社 2004 年版，第 179—181 页。

的漫长阶段，避免了较大的教育风险，节约了成本，同时，无形资产还为学院带来了巨大的经济效益。吉恩·格罗斯曼（Gene Grossman）和埃尔赫南·赫尔普曼（Elhanan Helpman）指出：无形资产（知识）的收益往往具有“规模报酬递增性”。“知识是可以累计的，每一个思想都是建立在前一个思想的基础上，然而，机器需要折旧和更新，从这个意义上讲，在知识上的投入的每一美元都有极高的边际贡献，而机器设备上的投资可能有四分之三是在弥补折旧。”换句话讲，投资方的资金投入而带来的土地、建筑物等增值，这包括多方因素（主要是无形资产）的影响。因此，边际收益应考虑无形资产的增值。另一方面，母体学校的品牌不是整体转让给独立学院，只是使用权的部分转让，所有权仍归母体学校，无形资产的转让中存在着机会成本问题，对学校品牌这类无形资产，在转让后给母体学校带来了市场竞争加剧，成本增加，甚至造成无形资产的价值损失。尽管无形资产没有实体形态，没有有形损失（Physical Depreciation），但存在功能性贬值（Technical Depreciation）和经济性贬值（Utility Depreciation）。因此，现实中的回报是以收入为依据，而不是以投入为依据，这是不合理的。

科斯定理认为：“在不存在交易成本的前提下，只要产权界定明确，则通过市场资源会得到最优配置。”独立学院产权的明晰与规范是一个涉及政策、理论和多层面的复杂问题，是一个渐进的过程，包括传统观念的更新，法律政策的完备，政府职能的转变等。现阶段，由于国家政策等多方面的原因，现无法对独立学院的产权进行准确的界定。但独立学院产权改革不应提倡“跳跃式”前进，而应该是“渐进式改革”。即搁置现有产权方面的争议，避免轻率的政策阻碍独立学院的发展，在原有的政策基础上，对现有产权政策进行调整，寻求一种更加合理与现实的方案。

从全国的独立学院的协议看，多数独立学院是采取收取管理费的方式，管理费所占比例为学费的10%—30%。以一万人计算，按学费标准15000元，每年上交的管理费为一千五百万元至四千五百万元，这确实是一笔可观的收入，如果转设成功后，将这一部分用于教学与科研，学院将会有一个大的飞跃，反之，母体高校每年就会减少这样一笔收入，其利益将受到损害。因此，一些地方的母体高校不是很愿意转设。仅有少数独立学院采用了股份制形式的合作方式。如华南理工大学与民营企业云峰企业广州文化教育有限公司合作，以独立学院办学模式共同创办了“华南理工大学广州汽车学院”。根据协议书，校企双方拥有学校总资产所有权的比例是华南理工大学占8%，云峰企业占92%，华南理工大学将负责指导学院的招生和教学计划的制订及教师队伍和管理队伍的建设，在任课教师、管理人员等人力资源上给予优先支持，所需费用列入学院办学成本，华工分享当年实收学费收入的18%，以及学院运营净收益提取25%发展基金后用于分配部分的8%。这种股份制形式较好地体现了母体学校的无形资产价值，是一种可贵的尝试与探索。

所谓法人治理结构可以分为两个部分：治理结构和治理机制。法人治理结构包括董事会、监事会、管理层等。而治理机制包括用人机制、监督机制和激励机制等。这两者共同决定了法人治理效率的高低。由于独立学院法人治理结构的不健全及信息的不对称，投资方有可能并不按照契约有利于母体学校利益为行为准则，而是其自我利益成为行动的最重要的决定因素，出现机会主义及逃避，契约的不完全性导致风险与剩余很高。

完善法人治理结构的重要内容之一，就是以契约的形式把双方的权利义务关系固定下来，其中当然包括投资者应得的合理回报与对应的处罚。还包括如何配置和行使控制权；如何评价和监督董事会、管理层和工作人员；如何设计和实施激励机制。设计一种制度，投资方将资产交由董事会托管，学院董事会是学校的最高决策机构，拥有对院长的聘用、奖惩以及解雇权，其他人员受雇于董事会，组成董事会领导下的院长负责制，即独立学院治理结构是建立在出资者所有权与法人财产权分离的基础上，学院内外部的股东会、董事会、监事会及管理层及其他利益相关者之间的权力制衡机制。各机构之间既能各司其职、各负其责，又能相互联系、相互制约。这种制度安排，是一种权力的制衡机制，也是一种激励机制。因此，要在现有的治理结构基础上，进一步完善独立学院的治理结构和治理机制，发挥校董事会、监事会的作用，通过明确双方行为，行成有效率合作以及激励、威胁设计，发挥监督工具，共同确定契约安排的自我实施机制。

三、独立学院产权的法律保护

法律是国家制定或认可、由国家强制力量保证其实施的一种社会调节手段，与一般的行政规章、政策相比，法律更具有强制性、稳定性和持久性，它不因人的主观意志而改变。我国目前独立学院产权的不明晰均源自对产权法律关系的主体与权能的不明晰。因此，要解决独立学院的产权问题，基本问题是要理清和界定独立学院财产权法律关系主体即举办者的产权主体地位与权能所包括的所有权等一系列权利与义务的内容。产权明晰的关键在于产权的界定，特别是要通过国家依法划分财产所有权和经营权、使用权等产权归属，明确各类产权主体行使权利的财产范围及管理权限的法律行为并加以保障。通过梳理国家相关独立学院法律、法规，可以看出国家对民办学校所有权的规定体现了“有限理性”决策与“渐进决策”的思想。即追求的是满意的而非最大化效用的决策，是一种决策的不断优化。对独立学院产权政策的分析，有助于深刻地认识和理解独立学院产权问题，也有助于促进教育产权政策法规的改善与完善，也有利于提供一种新的教育研究的理论思考方式，下面是国家出台的相关法律对民办学校产权的影响，独立学院也是属于社会办学，本质上归类于民办高校。

（一）国家相关法律相规对独立学院产权的规定及影响

1.《民办教育促进法》中关于产权的规定及影响

首先看2002年通过的《民办教育促进法》的规定。

第三十五条和第三十六条：“民办高校对举办者投入民办高校的资产、国有资产、受赠的财产以及办学积累，享有法人财产权”，“民办高校存续期间，所有资产由民办高校依法管理和使用，任何组织和个人不得侵占”。明确地规定了民办高校财产属于法人财产，其所有权归法人并受到法律保护，而举办者没有收益、占有等权利。

第五十一条：民办高校在扣除办学成本等费用后，“出资人可以从办学节余中取得合理回报”。政策有了相当的进步，明确了出资人可以在一定范围内取得回报，这也是根据民办高校发展实际的政策调整。

第五十九条：民办高校终止并进行财产清算时，在清偿“应退受教育者学费、杂费和其他费用”、“应发教职工的工资及应缴纳的社会保险费用”、“偿还其他债务”后，“剩余财产，按有关法律、行政法规的规定处理”。由于此项规定没有明确的参考依据及具体明确的细则，出资人投入资产的最终归属及剩余财产没有明确界定归属。

总体的讲,《促进法》在很多方面对原有的政策进行了改进和调整,对民办高校享有的法人财产权作了比较详细的规定。民办高校对举办者投入民办高校的资产、国有资产、受赠的财产以及办学积累,享有法人财产权。法人财产权是法人所享有的以经营权为核心的全部财产权的总称。这种财产权实际上就是经营者具有的对实物财产实施的实际支配权。在我国的法律法规的规定中,民办高校的财产所有权归法人或学校所有,学校存续期间举办者和办学者不拥有学校的财产所有权。如果将产权理解为“财产所有权”,那么民办高校的产权关系是比较清楚的。但需要注意的是,上述法律、法规并没有用“产权”这一概念,而是直接用“财产所有权”概念。

《促进法》允许出资人取得合理回报的规定也只是作为扶持与奖励的手段,而不是正式承认出资人对财产的收益权,清偿后的资产按有关法律、法规处理,只有投入机制,没有退出机制,收益与各自投入成本不相符合。对民办高校产权法律关系主体即举办者的产权主体地位与权能所包括的所有权、交易权、收益权等权利与义务的内容规定不明晰。

2.《民办教育促进法实施条例》中关于产权的规定及其影响

2004 年 4 月 1 日执行的《民办教育促进法实施条例》包括:

第五条:“民办高校的举办者可以用资金、实物、土地使用权、知识产权以及其他财产作为办学出资。国家的资助、向学生收取的费用和民办高校的借款、接受的捐赠财产,不属于民办高校举办者的出资”。对初使财产权进行了产权界定,肯定了无形资产的价值。

第三十七条:“在每个会计年度结束时,捐资举办的民办高校和出资人不要求取得合理回报的民办高校应当从年度净资产增加额中、出资人要求取得合理回报的民办高校应当从年度净收益中,按不低于年度净资产增加额或者净收益的 25% 的比例提取发展基金,用于学校的建设、维护和教学设备的添置、更新等”。规定了合理回报遵循的前提与具体步骤。

第四十四条:“出资人根据民办高校章程的规定要求取得合理回报的,可以在每个会计年度结束时,从民办高校的办学结余中按一定比例取得回报”。对于合理回报的比例没有上限与下限,没有明确的规定。

《民办教育促进法实施条例》对民办高校资产中的国有资产和受赠资产的

监督、使用和管理做了原则规定，但回避了对举办者投入和办学积累增值部分校产的产权及学校终止时清偿债务后剩余财产的分配问题，导致学校的产权状况和产权关系依然不明晰，一些条例仍然十分含糊，没有很好的操作性，独立学院同样存在相同的问题。

3.《独立学院设置与管理办法》的相关规定

（1）相关文件规定

2008年2月4日，《独立学院设置与管理办法》（以下简称《办法》）经教育部部务会议审议通过，自2008年4月1日起施行。《办法》总结了几年来试办独立学院的经验与教训，对独立学院资产过户，无形资产作价等进行了详细的规定：

第十一条　普通高等学校主要利用学校名称、知识产权、管理资源、教育教学资源等参与办学。社会组织或者个人主要利用资金、实物、土地使用权等参与办学。

国家的资助、向学生收取的学费和独立学院的借款、接受的捐赠财产，不属于独立学院举办者的出资。

第十二条　独立学院举办者的出资须经依法验资，于筹设期内过户到独立学院名下。本办法施行前资产未过户到独立学院名下的，自本办法施行之日起1年内完成过户工作。

第十三条　普通高等学校投入办学的无形资产，应当依法作价。无形资产的作价，应当委托具有资产评估资质的评估机构进行评估；无形资产占办学总投入的比例，由合作办学双方按照国家法律、行政法规的有关规定予以约定，并依法办理有关手续。

第十四条　独立学院举办者应当依法按时、足额履行出资义务。独立学院存续期间，举办者不得抽逃办学资金，不得挪用办学经费。

第三十九条　独立学院应当按照国家有关规定建立财务、会计制度和资产管理制度。独立学院资产中的国有资产的监督、管理，按照国家有关规定执行。独立学院接受的捐赠财产的使用和管理，按照公益事业捐赠法的有关规定执行。

第四十三条　独立学院在扣除办学成本、预留发展基金以及按照国家有关规定提取其他必需的费用后，出资人可以从办学结余中取得合理回报。出资人取得合理回报的标准和程序，按照民办教育促进法实施条例和国家有关规定执行。

各省也按照国家政策的精神，相应出台了相关的规定。这些条款的主要目的，在于确保独立学院办学的稳定性，力图避免由于合作方在擅自挪用学院资产、或者资产使用不当而对独立学院办学行为带来的风险。

（2）对独立学院发展的影响

《办法》对独立学院的产权及治理从政策上进行了进一步的政策完善，对独立学院未来的发展产生了重大的影响，对独立学院的发展起到了直接的指导作用，主要体现在以下几个方面：

①明确了普通高校参与办学的无形资产必须计入独立学院办学总投入

《办法》第十三条规定，普通高等学校投入办学的无形资产，应当依法作价。无形资产占办学总投入的比例，由合作办学双方按照国家法律，行政法规的有关规定予以约定，并依法办理有关手续。从独立学院的办学实践来看，不少独立学院办学协议中，普通高校参与办学的有关无形资产，并未计入独立学院的总投入中，也作价，而是通过上交管理费的方式来体现价值，对于这种互惠的方式，对促进各方的发展都起到了很好的作用。

②明确了落实独立学院法人财产权的具体要求

《办法》明确了独立学院将资产过户到学院名下，这也是具体落实学校法人财产权的基本要求，对新设立的独立学院，在筹设期内必须将资产过户到学院名下，对已设的独立学院，规定自《办法》下发起一年内完成过户工作，即截止时间为2009年4月1日。《办法》还规定独立学院在办学期间，任何单位和个人都不能抽逃，挪用独立学院的资产，从而保证了独立学院的资产由学院依法管理和使用，避免单位和个人违规运作学校资产，防范办学风险，有利于学院的可持续发展。《办法》还依法保护了社会组织和个人办学条件的合法权益，第一次明确提出了社会组织和个人与普通高等学校一样，都是独立学院的举办者之一，以前强调普通高等学校是申办方，而社会组织和个人只是合作方，《办法》明确双方都是参与办学的举办者，都是办学的主体，进一步提高了社会组织和个人的地位，有利于发挥社会组织和个人办学的积极性。同时，明确了独立学院出资人依法可以从办学结余中取得合理回报。

(3) 存在的问题

但是，独立学院产权界定仍然还存在很多的问题，政策的出台缺乏配套的细则，操作上仍然存在很多问题，一些新的规定对双方都产生了很大的影响，甚至是重大的分歧与尖锐的对立，合作方认为自身的合法权利没有得到很好的保护，对无形资产及资产过户的规定表示不理解甚至是强烈的反对，从实施情况看也印证了这一点，合作方通过抵制或不合作的态度使资产过户的规定没有按计划完成，双方在以下几个方面都存在理解上的偏差，亟须相关政策出台指导以下工作的完成：

①无形资产的作价与管理费的问题

独立学院是多种性质的投资主体进行的资本投入，具体的讲，有三种合作方式：货币资产投资就是用货币形态将资产进行投资，它包括现金、银行贷款和其他货币资产。实物资产投资是指物质形态的投资，它包括建筑、设备、土地以及各种原材料等有形物质。按照《高等学校财务制度》规定：无形资产是指不具有实物形态而能为使用者提供某种权利的资产，包括专利权、商标权、著作权、土地使用权、非专利技术、商誉及其他财产权利。

《办法》规定对独立学院无形资产进行作价，并相应占办学总投入的比例，这一条在实践中需要具体的操作细则。《办法》明确提出了无形资产要占办学总投入的比例，由合作办学双方按照国家法律、行政法规的有关规定予以约定，并依法办理有关手续。因此，双方必然就无形资产的作价进行谈判，在现实中，对母体高校的品牌价值衡量是比较困难的，从理论上讲，无形资产评估运用的方法与有形资产评估的方法相似，主要有三大类，即收益法、成本法和现行市价法，不同的计算方法会导致评估的差异很大。

②资产过户存在现实的困难

《办法》明确提出了独立学院的资产过户，但有诸多问题，一年内完成存在相当的困难，甚至是不可能。如要求最基本的不少于 500 亩的国有土地证或国有土地建设用地规划许可证。当年国家审批独立学院时，要求占地 150 亩，规划面积 300 亩。许多独立学院多是按非营利性教育用地的规定而获得政府的“划拨用地”，即主要是获得土地的使用权。而出让土地使用权则必须交纳高额的土地出让金，一些独立学院通过“招、拍、挂”或协议的方式出让土地使用权，其土地价格接近商业用地，其办学成本将成为学院的一笔巨大的办学成本。一些独立学院主要是靠租用土地来办学，如果土地不过户，过户就没有什么实质的意义。川江学院后面有近300亩土地系新征用，手续十分复杂，到目前为止，仅有100亩办理了相关的产权证，可以实现过户，但是其他的土地还在等待上级部门颁证，才可以实现过户。同时，资产过户的政策也打乱了川江学院经费的预算，按照资产过户的规定，合作方必须一次性交清土地款以后才能办理土地证，还要交纳一笔高额的过户费，估计占成交金额的3%左右，同时，新购土地开发等也需要一大笔开支，但现有政策规定学院的所有资产不能抵押贷款，合作方只能通过公司的资产进行借贷，从一点来讲，合作方有抵触情绪也可以理解。

总之，独立学院仍需进行相关的政策配套来进一步明确和规范。制度的完善和建立赋予了独立学院崭新的内容和意义，这些内容和意义将随着独立学院今后渐趋规范的发展而得到更为清晰的凸现。因此，独立学院的政策应该在追求教育公平与公益的价值追求中，寻找新体制生成中的政策选择。今后，作为民办高等教育的一种办学模式，独立学院应严格执行民办高等教育的有关法律、法规和政策，将发展重点转移到稳定规模，提高质量，规范管理上来。

（二）独立学院产权的法律保护

1. 独立学院的有限所有权、经营决策权和资产有限返还性与无限责任

按照独立学院产权主体的可将独立学院产权分解为以下几个部分：

（1）有限所有权

由于产权具有排他性，为保证这种排他性，必须建立起一定的社会机制，整个产权理论的出发点都在于通过产权的明晰来提高资源的配置效率。由此可见，效率优先是界定独立学院产权的出发点。作为传承知识、培养人才、服务社会的文化组织，独立学院的公益性属性是明显的，这也是国家保护、支持、鼓励独立学院的法理依据。我国的独立学院政策肯定了举办者对前期投入到学校的资本的所有权，但国家进行了一定的限制，以避免资本的寻利性导致影响教育的公益性。国家政策规定举办者在独立学院存续期间，有限所有权表现在举办者不能抽逃资金，不能转让及用作担保。①

① 王培根：《高等教育经济学》，经济管理出版社2004年版，第306—308页。

有限所有权的实质是当私人财产进入到公共领域后，为保证私人所有财产在公共领域发挥公共性而不是单纯用于营利对其进行的限制，这种限制最大的问题是造成了对“效用最大化使用”的影响。从某种程度上讲，这有利于维护独立学院的社会公益性，但是它忽略了独立学院对市场的依赖性，只是发挥了产权的约束功能，却削弱了产权对资源配置的效率功能。因此，国家政策的前提应首先要考虑保证效率，以能调动各方面的积极性，并保证资产运作的最大效率化，又兼顾举办者的利益。单纯的政策限制并不能在实践中将私人产品转变为公共产品，如果一味强调私人财产按照公共财产来管理与使用，在实践中不利于保证资本使用的效率与效益。

教育领域中的产权要求很强的稳定性及持续性，这也是国家规定举办者“有限产权”的重要原因，要达到公益性与营利性的平衡，必须要限制举办者的投机行为及短期行为，不能把办学校只是作为资本增值的工具。产权制度的稳定性和持续性关系到市场主体能否形成稳定增长的预期，以及社会经济能否实现可持续发展。不稳定的预期会强化短期行为，不利于资源配置效率的提高，不利于学校的稳定。所以，对举办者资本的限制，在实践中有利于兼顾公益性与营利性的平衡，符合当前中国独立学院发展的实际。规范资本的进入与退出，实际上是为保证学校的可持续发展创造了条件。只有稳定的教育产权才能保证办学者、经营者教育思想与教育方法的连贯和持续，有助于学校长远价值目标的实现。国家要充分通过制度的完善，利用市场机制来配置教育资源，要让社会资源通过市场机制的作用，参与到独立学院的投资及捐资上。同时，考虑到资本的寻利性，国家的有关政策也要保护举办者的合法权益和积极性。因此，国家应对投资主体在投资过程中所形成的产权关系进行界定。独立学院举办者应有创建学校时的前期投入的所有权，对投入资源增值部分的收益权、对学校运行过程时的前期投入的所有权、对学校运行过程中的经营权与经营责任。①

（2）经营决策权

相对而言，独立学院产权要素中占有权主体，使用权主体是比较明确的（尽管不完整），是最具活力的产权要素，独立学院的办学经营者、内部管理

---

① 柯佑祥：《适度盈利与民办高等教育的发展》，南京师范大学出版社 2003 年版，第 238 页。

者行使着占有权和使用权的角色，在办学中具有较大的自主性和灵活性。按照《教育法》第三十条规定，学校及其他教育机构的举办者按照国家有关规定确定其所举办的学校或者其他教育机构的管理体制。《促进法》规定：独立学院应当设立学校理事会，董事会或者其他形式的决策机构，学校理事会或者董事会由举办者或者其代表、校长、教职工代表等人员组成，其中三分之一以上的董事应当具有五年以上教育教学经验。学校理事会或者董事会行使下列职权，聘任和解聘校长，修改学校章程和制定学校的规章制度，制定发展规划，批准年度工作计划，筹集办学经费，审核预算、决算，决定教职工的编制定额和工资标准，决定学校的分立、合并、终止等。同时还规定独立学院校长负责学校的教育教学和行政管理工作，行使相关职权。①

（3）资产有限返还性与无限责任

按照政策的规定，独立学院停办或解散后，举办者可以得到投入学校的资产，这是举办者对自己的财产所享有权利的表现。由于教育的公益性特征，我国的政策只是规定了有限的返还权，体现在以下方面：民办学校终止时，要按以下顺序清偿，退还受教育者学费、杂费和其他费用，发放教职工的工资及应缴纳的社会保险费用，偿还其他债务。民办学校清偿上述债务后的剩余财产，才可能按国家政策的规定索取投入资产的产权。对民办学校举办者来讲，索取产权的前提具有不确定性和风险性，如果学校资不低债，举办者当然不可能获得自己的产权，甚至还要承担其他相应的责任。如果剩余财产小于举办者投入的资产，国家也不可能补偿，属举办者自己的承担；如果大于举办者投入的资产，举办者才可能获得自己的投入的部分，对于多余财产，属于公共财产，用于发展教育事业。通过对上面的分析，举办者仅享有投入资产的有限财产权利，却承担了学校经营过程及结果的所有责任，这显然是不利于发挥民办学校举办者的积极性，也与部分法律法规相抵触。《民法通则》第三十六条规定，法人是具有民事权利能力和民事行为能力，依法独立享有民事权利和承担民事义务的组织。《民法通则》第三十七规定，法人应当能够独立承担民事责任。作为法人的民办学校有资格享有民事权利，承担民事责任，广泛地从事民事和经济活动。在教育承担上，则以自己独立的财产

① 袁振国、周彬：《中国民办教育政策分析》，中国社会科学出版社 2003 年版，第 332—334 页。

承担独立的责任，作为法人的民办学校不与举办者之间发生债务的连带关系，故国家政策规定民办学校清偿债务时，就亏损部分由举办者自己承担，显然与法律的相关规定相违背，举办者只以自己出资的部分承担有限责任，而不是无限责任。①

2. 国家的权利与权能分析

国家对于独立学院的发展负有法律规定的权利和义务。《教育法》第二十条规定："任何组织和个人都不得以营利为目的举办学校及其他教育机构"，公益性是就教育的本质——非营利性而言的，其实质就是要保障教育活动的公益性。要求举办者把办学兴教的根本目的定位于促进社会公共利益的增长，而不能把办学作为举办者牟取经济利益的手段。从现行教育政策的规定来看，不但国家对独立学院的物质资助不属于"捐赠性质"，即国家拥有这部分财产的所有权，而且由国家优惠政策所形成的资产仍然属于国家所有。国家作为社会公共利益的代表，而享有独立学院资产增值的所有权。但在独立学院的办学实践中，很难将学校原有财产与增值的财产分离。因此，尽管国家出台了一系列的法律法规，但在实践中独立学院的产权操作十分复杂，以导致独立学院产权在事实上的不明晰。②

从产权的角度讲，国家具有双重身份，一是作为独立学院的隐性举办者，独立学院的举办者是从学校建立之初就进行了物质、资金等投入，而国家则是通过独立学院在建立过程及运行中进行的一系列政策优惠所形成的间接投入或直接投入。国家作为隐性举办者，是因为承认独立学院的举办者地位和资产，因为独立学院的投资办学拥有学校相应的产权。而国家对独立学院的政策优惠或直接资助也与国家对贫困地区或弱势群体的政策优惠或福利资助有别，因为国家仍然保有直接资助独立学院财产的所有权，并且享有因政策优惠而产生的财产所有权。二是享有独立学院资产收益权的公众利益的代表，按照现行法律，独立学院在终止及解散后，所有的财产按法定程序清算后的财产用于发展教育事业。综合而言，在独立学院的产权问题上，国家行使着两种不同的权利，但由于两种身份之间的互换以及国家作为单一主体的存在，

① 刘湘玉：《明晰教育产权促进教育体制改革与创新》，《教育发展研究》2005 年第 8 期。

② 严军：《我国民办教育的产权界定》，《现代教育科学》2005 年第 1 期。

可以综合认为国家在独立学院的产权分为：一是国家对独立学院进行资助的财产的所有权；二是国家优惠政策所形成的资产拥有所有权；三是享有社会各界以支持办学名义向学校捐赠财产的所用权。①

国有资产无疑属于国家，但在现有情况下，谁来保证国有资产不流失呢？参照国家对国有企业的治理，为保证国有资产的保值增值，政府派代理人组成专门部门等一系列办法来监管国有资产。对于独立学院，国家显然不可向国有企业那样来监管，那就无人来监管国有资产的流失。因此，产权的完善还是应从政策及法律层面上去解决。

3. 母体高校的权利与权能分析

在独立学院实际的操作中，投资方主要采用货币及实物资产投资，母体学校主要以无形资产投入及少量货币资产，双方以契约的形式明确责、权、利，这就将资金优势与办学优势得到了充分发挥，这也是独立学院能够发展迅速的源泉。独立学院通过合作的方式迅速获得了母体高校品牌的使用权，跨越了塑造自我品牌的漫长阶段，避免了较大的教育风险，节约了成本，同时，无形资产还为学院带来了巨大的经济效益。无形资产的转让中存在着机会成本问题，对学校品牌这类无形资产，在转让后给母体学校带来了市场竞争加剧，成本增加。同时，母体高校还对独立学院进行教学等各方面的宏观指导与管理，促进了独立学院的快速发展。因此，母体高校拥有实际投入的无形与有形资产的产权及相应的收益权。

（三）独立学院产权制度在法律上的完善

产权经济学理论认为，产权制度对于资源配置具有激励和约束功能，独立学院是优质的社会资金与优质的社会资源相结合的产物，其财产关系和内部组织最为重要，法律和制度必须对其有非常具体的规定，才能保证这个组织在一个稳定的组织框架下开展活动，尽量减少可能发生的纠纷并有助于达成目的。独立学院产权的明晰归根结底需要依靠法律的保护，只有建立起相对完善的产权制度，才能确保有法可依、依法办事。独立学院产权所直接面临的是经济关系与法律关系，独立学院产权的法律层面是为经济层面的独立

---

① 吴开化：《民办学校产权界定的基本思路分析》，《教育与职业》2001 年第 8 期。

学院产权提供保证，但前提是两者内涵、结构相互适应。为了建立适合独立学院可持续发展的产权制度，使独立学院摆脱目前产权关系不明晰的状态，迫切需要在法律上界定以下几个问题。

1. 明确界定独立学院不同性质资产的所有权

根据产权的性质及功能，对独立学院资源的不同属性应交由不同主体使用，对各方主体的个体利益与共同利益进行必要的界定，明确独立学院的各产权主体之间的产权关系，是保证独立学院资源配置的有效率、形成有效竞争激励机制的必然要求。产权明晰，指的是产权归属主体的明确和财产权内容的明确，以及权能范围的界定。独立学院产权主体的明晰，不仅要做到所有权、占有权、收益支配权、使用权这四大权利的合理分割与重组，保证产权的充足权能，而且要做到各产权要素内部的相对完整，以便产权分割和重组的各产权要素能独立发挥作用。产权是否明晰不仅影响个人、社会投资和兴办独立学院的积极性，而且也影响独立学院资源配置效率。

独立学院筹资的来源及其运作性质在一定程度上决定着学校组织产权的界定，而独立学院的产权界定又反过来影响独立学院的筹资规模与多样性，根据我国独立学院发展的实际，确定各类各级独立学院组织的性质，明晰独立学院组织的产权，对于充分调动社会办学的积极性，保障独立学院健康有序的发展，有着十分重要的现实意义。归纳起来，独立学院的财产主要由四个方面组成：

（1）举办者的投入

由于独立学院的举办者主要是企业或者个人，并且举办者只能利用非国家财政性经费举办独立学院，所以，举办者的投入应该是独立学院财产来源的最大部分。按照国家的政策，举办者投入到学校的财产与其自身的财产相分离，而成为独立学院的财产。

（2）社会各界捐资赞助

对这类资产及在运行过程中增加的资产，如收取学生学杂费，向用人单位收取培养费等，这类资产应归学校所有，这部分校产应看成是学校集体所有制。学校集体所有制的特点在于：只要继续办学，校产不准转作他用。

（3）国有资产

独立学院的财产中，国有资产进入独立学院的途径主要有各级政府对独立学院进行的经费资助，对有突出贡献的独立学院进行的奖励，因国家政策优惠（税收）而节约的开支及享有政府按公益事业用地及建设的有关规定给予的优惠而省下的开支。

（4）办学积累

办学积累除了以上三种来源及办学者的投入、国有资产、受赠财产外，主要是其多元化的经费来源，包括学费及其他收入。

2. 明确界定独立学院剩余财产的分配办法

从独立学院办学的实践来看，在我国多数独立学院营利是一个不争的事实。问题的关键不在于仅仅停留在表面探讨独立学院到底能不能营利、该不该营利，而是应探讨独立学院的剩余如何在独立学院举办者及国家之间进行有效的分配，应该在法律的层面上来解决合理回报问题。独立学院终止清偿债务后剩余财产的最终归属应是法律规范的重点。按照《促进法》规定，举办者按顺序清偿债务后，可以取回投入资产的产权。产权的分配更多地是指对产权进行合理的分配。如果按照现行法律的规定，除了国家是直接的受益者外，其余的举办者均得不到回报，这显然不合理。怎样使真正有资产规模的企业家、金融家和银行家以及境外资本投资教育，怎样来使形成校产的教育资金得到保护，不被举办者抽逃、挪用。以确保学生上学权益受到保护，同时又能使举办者资本运作不影响学校的日常管理，使学校保持长期稳定。这就需要修改制订相关法律，出台有关政策，为独立学院营造一个宽松的环境，吸引社会各界投资进入独立学院，这是独立学院发展的真正动力。

首先，因享有国家优惠政策所形成的资产在学校存续期间归属学校属有。《条例》第三十六条规定，独立学院资产中的国有资产的监督、管理，按照国家有关规定执行。独立学院接受的捐赠的使用和管理，依照《中华人民共和国公益事业捐赠法》的有关规定执行。对于增值部分财产，按照条例理解，归国家所有，这显然忽视了对举办者利益的保护，如果违背了比例风险与收益相一致的原则，不利于发挥举办者的积极性；当然，将全部的剩余财产权全部归举办者也违背了教育公益性原则。因此，可以确定一个双方都可以接受的比例或方案。产权分配必须遵循一定的原则，在进行独立学院产权分配时，必须要考虑几个方面的因素，一是促进学校发展的原则，所有的收益分配或资金预算方案，都必须要以学校的可持续发展为原则，投入的资产与增值资产的主要部分应用于学校的再发展。二是所有权与使用权分开的原则，学校拥有财产的使用权，但所有权全部归举办者各方。三是比例风险与比例利益原则，举办者对资产增值的拥有比例应与投资比例相当，增值部分每年应由国家进行审计，并按比例进行所有权分摊，这相当于产权的再分配。

其次，要体现公平与效率。明晰产权，发挥产权的激励功能，激发举办者的投资兴趣，使独立学院稳定、健康、持续地发展。《促进法》规定处理剩余财产的基本原则是：国家对独立学院的投入形成的财产和独立学院受赠形成的财产，由审批机关统筹安排，用于发展独立学院事业；由举办者出资（不是捐资）形成的财产，返还举办者。当然，在目前以投资而非捐资为主的办学形势下，允许学校在终止清算并有剩余财产的情况下返还原始投资是符合市场经济规律和竞争法则的，有利于鼓励教育投资和保护私有财产。遗憾的是，这些原则还缺乏可操作性。出资人的收益权在现有法律规范下，事实上都是得不到保障的。实际上，独立学院的出资人所关心的主要是两个问题：一是出资人对其投入部分所形成的校产是否拥有所有权与收益权；二是出资人对办学增值的校产部分享有什么权利。在澄清独立学院财产权法律关系的权能上，要区分举办者、管理者产权的各项权、责、利，特别要归还他们对财产的所有权和收益权。既然国家允许并鼓励民间投资办学，投资、举办者就自然而然地要求拥有完整的所有权和收益权。对独立学院举办者是否拥有资产收益权即剩余索取权的问题，《教育法》已规定任何教育都不允许以营利为目的办学，这实际上是否定了举办者的剩余索取权，而且《民办教育促进法》是在以独立学院为非营利组织的基点上来立法的。

目前，我国已有不少省份进行了有益探索，保障投资人的利益。譬如，《浙江省人民政府关于促进民办教育健康发展的意见》确认民办学校出资者拥有实际出资额的财产所有权，第六条规定："除捐资举办外的非营利性民办学校，出资者拥有实际出资额（含学校存续期间追加投资额）的财产所有权。"第十三条规定："除捐资举办的民办学校外，其他民办学校存续期间，出资或投资者对所有者权益（股权）可以增设、释股、转让、继承、赠与。"《黑龙江省人民政府关于促进民办教育发展的若干意见》（黑政发〔2005〕25 号）规定，"可以一次性给予举办者相当于学校净资产（扣除国有资产和社会捐赠部分）15%的奖励，作为举办者的初始出资额。”《陕西省民办教育促进条例》从立法上规定可以给予一次性奖励，并且规定了奖励的程序（第二十七条）。对于出资人要求合理回报的民办学校，重庆允许出资人按照法定程序逐步收回办学成本，从办学结余中按年度取得合理回报。民办学校终止时依法清偿债务后的剩余财产，出资人可按法律规定获得相应部分。《河北省民办教育条例》第三十九条对于剩余财产作出规定，“由审批机关按投资比例，管理者贡献等情况合理分配；属于国家获得部分，用于民办教育事业。”对此，应该进一步明确规定民办学校出资人拥有对其出资所形成的校产的所有权，制定出台《民促法》第五十九条提出的剩余财产处理办法和程序。

3. 明确负责独立学院资产监管的主体

办独立学院与办其他事业不同，学校需要稳定，而举办者又需要减少风险。国家政府规定举办者为办学的投资仅作学校存续期间划拨使用，其产权归属举办者所有，学校以其办学收益回报举办者以作补偿。这里有一个重要前提，即政府对独立学院资产流向的监管。这是政府监管独立学院的最重要的方法，其核心不是学校的经费如何使用，而是学校的产权是否明晰，收支是否清楚，以防学校不正当盈利，保持学校稳定。目前，我国独立学院的财务实际上是不需进一步法制化，国家教育主管部门及主管理高校由于多种原因对独立学院机构的财务开支少于过问或基本不过问。在这种情况下，健全和完善独立学院财务监管的法规和规章至关重要。如日本在 1971 年就出台了《学校法人会计基准》，对学校法人会计的基准、原则、收益事业会计，计算文件做了明确规定，而且对重点资金计算及计算表、消费收支计算及计算表、资产负债表及报告制度做了具体规定，起到了对学校法人财务的有效监管作用，值得学习与借鉴。同时，举办者个人、企业应明确自己对独立学院的投资额，许多企业和举办者，在投资办教育时，也在其他领域有投资，出现了挪用独立学院经费的行为，为独立学院带来了极大的隐患。如广东英豪学校，湖南冠来学校等之所以倒闭，都是举办者的其他资金与办教育资金不分或改变资金用途造成的恶果。一旦改变独立学院的资金，独立学院将承担较大的风险。

国家对独立学院资产的监管比较薄弱，没有出台相应的学校外部资产监管制度，只是委托主办高校进行监管。由于缺乏有效的外部监督，在独立学院的实际产权运作过程中，不排除出现转移、抽逃学校投资（或对办学收益的变相分配等）、学校的财务制度及资产管理制度不健全，没有专门的部门对独立学院的资产进行审计等问题。因此，国家在不干涉独立学院办学自主权的情况下，对独立学院的教育教学和财务拥有监督检查权和评估权，对其资产有审计权。要完善资产管理制度，教育机构应当依法建立财务、会计制度和资产管理制度，并按国家规定设置会计账簿。在立法的实践中，国家既要保护独立学院合理的回报，又要对独立学院建立、健全财务管理的资产管理制度，并要求独立学院定期向有关部门报告其财务与资产的状况。国家应规定相关的监督执行主体专门对独立学院进行财务和资产的检查和审计。当独立学院按法定程序申请停办时，国家应制定具体的操作程序来处理学校的资产，对各类资产进行产权的界定，明确其债权和债务关系。要加强和完善监督机制，把外部监督和内部监督结合起来，加强对学校及管理者资金的使用，收入分配等重大问题的监督，实行学校领导任期经济责任审计。

4. 健全独立学院的学校法人制度与内部治理结构

法人是指具有民事权利能力和民事行为能力，依法独立享有民事权利和承担民事义务的组织。按照《民办非企业单位登记管理暂行条例》的有关规定，独立学院法人应当属于民办非企业法人。虽然独立学院的财产归学校法人所有，学校法人对它所拥有的财产依法享有独立运用和支配的权利，但学校法人本身无法行使财产权利，必须通过一定的法人组织机构来行使即通过董事会、监事会等相互分离又相互制衡的机构来行使。独立学院的法人治理结构是指独立学院作为独立的法人实体，在举办者（出资人）、决策者、管理者和教职工等权益相关人之间建立的有关学校运营与权利配置的一种机制或组织结构，以及通过这种组织结构形成的责权利划分、制衡和配套机制等一整套制度安排，在这种组织中，不同机构依据不同的职权，各司其职，各负其责，相互配合与制衡，以保障学校的正常决策和管理秩序。独立学院法人治理结构的构建，既要遵循法人治理结构的一般原理，又要受到教育规律的制约。违背教育规律所构成的高校法人治理结构，既不能体现高等教育的基本特点及其特殊法度，又不可能适应高校自身发展的需要。独立学院法人治理结构体制的最大优势是形成一个责任明确、权力制衡的独立学院决策与管理体制，各司其职。所以，健全和完善学校法人的治理结构对产权的有效运行有重要的意义。更进一步来说，学校的内部产权治理的建立就是把属于学校法人的那部分产权权利在学校内部进行再配置，即通过有关的机构设置，人员配备，职能划分，使围绕着学校法人财产所形成的权利义务一体化，提升学校内部资源和资产的经营效益。在学校管理体制的一般模式中，学校内部的产权治理结构一般表现为，学校的法人代表一般赋予学校董事会的董事长或校长，在出资人或举办者多元化的情况下，所有权的分散导致所有权人组成代理董事会，并确立董事长作为所有权代理的代表。

学校内部治理结构的建立和健全，实质上就是把属于学校法人的那部分产权和事权基于配置效率和激励效率在学校内部进行再认定和再分配，即通过设置各种机构、配备各种人员、办公室不同机构和人员的权利责任义务，使产权和事权得到解决分解和落实。就独立学院自身而言，突出的问题是初始所有权（出资者所有权）与使用权尚未真正分离，董事长即校长，校长扮演着多种角色，既是举办者，也是办学条件经营者和行政管理者，权力高度集中，而职责不能充分履行，董事会形同虚设。因此，必须要建立和健全独立学院董事会制度，使董事会成为学校最高决策机构，主要负责审议学校重大事项并作出相应的决策，并有效地监督民办学校的校长执行会的决议。目的是将独立学院所有权与经营权彻底分开。完善非营利与营利独立学院法人内部治理机制，保证学校法人财产权的有效运行，虽然非营利独立学院的财产归学校法人所有，学校法人对它所拥有的财产依法享有独立使用和支配的权利，但学校法人本身无法行使财产权利，必须通过一定的法人组织机构来行使，即通过董事会，监事会等相互分离又相互制约的机制来行使。一是要培养法人治理结构的意识，仅有形式上的法人治理结构是不行的，如果举办者、管理者及教职工没有相应的法人治理结构的意识、观念和行为，任何完备的法人治理结构都难以发挥作用。此外，完善办学者（管理者）责任机制、建立信息披露制度等也是独立学院法人治理结构建设的基本内容；二是要推行独立董事制度，为完善董事会决策水平，更有效地处理好与学校管理层的关系，有必要引进独立董事制度，有效发挥独立董事的作用；三是倡导股东结构多元化，有利于消除举办者“独立专行”引起的隐患，打破家庭式管理，便于发挥股东会对董事会的监督作用。多个所有者的互相制衡，有助于在学校管理过程中用制度规范来替代浓厚主观色彩的伦理规范。

总之，独立学院的产权是一种特殊的产权组织和社会组织，探索建立“产权明晰，权责明确”的规范化产权结构，不仅是对现有独立学院产权结构的优化，也是寻求更加完善的产权制度。现有的独立学院的产权制度是静态情况下的产权法规条例，其实施的效果离不开独立学院产权制度的探索和实践，如何保护独立学院不同主体的合法利益及调动积极性，防止高校国有资产的流失，解决约束独立学院产权运作行为，有待于社会各界的共同努力。

第五章　转设的政策执行与偏差

——基本利益相关者的合理回报分析

第一节　独立学院收入与投资

一、引论

（一）问题的提出

本研究问题的提出是基于一个悖论：一方面，独立学院“合理回报”政策的出台是基于维持独立学院稳定的经费来源、规范独立学院办学实践、促进民办高等教育持续健康发展等目的，给予独立学院办学者的投入以相应的“回报”，并将“回报”限定在“合理”的范围之内，使那些致力于教育事业发展、所办学校水平高、社会反映好的出资人得到鼓励，使那些唯利是图、办学质量低和行为不规范的出资人受到惩戒。另一方面，独立学院近十年的发展凭借其竞争优势，带来了高校规模不断扩大、招生人数连年翻番、资产总量成倍增长，使得举办独立学院呈现出巨大的营利价值和高额的利润回报，甚至“合理回报”政策出台之后依然势头不减反增。理想和现实之间的巨大反差在一定程度上反映出我国独立学院“合理回报”政策的目标和执行之间可能存在较大的偏离，特别是独立学院的转设，实质上也带来了利益的重新分配，即独立学院不用给母体学校上交管理费，而是将这一笔费用用于独立学院的发展。转设前，举办各方共享合理回报，母体高校通常是收取管理费的方式，占学生学费的10%—30%，这是一笔巨大的收入。然而，转设以后，母体高校作为利益相关者一方，将失去这部分收入，因此，普通高校作为利益受损的一方，通常是不情愿的执行转设政策，而愿意维护现有政策或变通维护既得利益。因此，关注独立学院是如何执行该项政策、执行过程是否偏离了目标、产生偏离的原因为何以及在今后的教育政策执行中如何规避等一系列问题亟待研究，这些也具有较强的现实指导意义。

（二）文献综述

针对研究问题和研究对象，对已有相关研究成果进行了由小到大范围的检索、梳理和学习，内容从独立学院教育政策执行的研究、民办教育政策执行的研究、教育政策执行的研究到公共政策执行的研究，以期在政策科学的视野中充分理清研究思路和路径，更好地运用政策研究的各种研究方法开展针对独立学院合理回报政策的执行问题研究。

关于"合理回报"政策制定与合理性研究：从财政和所有制角度，对于中国教育系统进行了分析，在比较中发现，中国教育系统具有"小的民办教育和大的非公共财政"的特点（Wang Rong，2004）；法律对"合理回报"政策的规定存在诸多缺陷，以致在实际操作中困难重重，应将合理回报的单一属性即利润性或奖励性变更为双重属性即奖励性和收益性，在此基础上，把合理回报区分为奖励性回报和收益性回报，还应在取得合理回报的法定条件和程序制度上，采取较为宽容的态度，对现行的限制性条件和严厉的程序在某种程度上有所松绑（肖晗，2008）；从民办学校财产的进入与所有权、民办学校财产的管理与使用、民办学校财产的分割与处理三个环节来考察民办学校的财产权制度的构建（王文源，2005）；民办高等教育因地域存在着较大的差异，地方性政策在形成这种格局中发挥了重要的作用（郭建如，2004）；在中国，投资办学比捐资办学的情况更为普遍（邵金荣，2001）；由于缺乏捐赠传统，国家对于个人或企业的捐赠行为又缺乏完善的税收优惠制度，导致捐赠激励不足（贾西津，2003）等。

关于"合理回报"提取方式的研究：专门针对《中华人民共和国民办教育促进法》中有关"合理回报"政策出台，对民办学校获取"合理回报"方式从激励性、公益性、依据的合理性、可操作性和适应性五个维度提出了八条建议：一是与投资额相联系，并规定每年的回报率为银行存款利率或略高；二是与投资额相联系，并规定每年的回报率为银行贷款利率或略低；三是与每年办学结余联系，并规定"办学结余"为办学收入扣除办学成本、预留发展基金以及按照国家有关规定提取其他必要的费用之后的结余（即小结余），回报额可以为办学结余的一个百分比；四是与办学结余联系，并规定“办学结余”为办学收入扣除办学成本之后的结余（即大结余），回报额比例为该结余的一个比例；五是与办学收入联系，并规定每年的回报额不超过学校总办学收入（包括后勤和其他教育产业收入）的一个比例；六是与学费收入联系，规定每年的回报额不超过学费收入的一个比例；七是一次性奖励方式，即对滚动发展的学校创办人，在停止（退出）办学时一次性给予奖励；八是组合回报方式，将这八条建议在五个维度的比较分析中得出结论：第八条组合回报方式是最有效率的政策选择，但也不排除其他选择的政策考虑（文东茅，2003）；民办高等教育投资是一种高风险、高收益的生产性投资，按照经济学的收益风险原则，这种投资的合理回报应由无风险回报和风险补偿回报两部分组成，根据此原理，在理解独立学院合理回报的内涵之上，运用学校办学结余与平均办学结余的差的边际系数，提出独立学院合理回报的一种方式（薛娈立，2005）。

关于“合理回报”政策执行与目标偏离的研究：民办教育的公益性与可营利性并不矛盾，允许部分教育机构合法地营利反而有利于增加社会公益（文东茅，2003）；与国外私有高等教育政策相比，中国民办高等教育政策具有目标和工具单一的特点，政策目标以效率为主（解决公共经费不足的问题），政策工具主要是管制（Wang Rong，2004）；这项在理论上有重大突破的制度在实施过程中却遭遇了巨大的政策尴尬：一方面，在各地换发新的民办学校办学许可证的过程中，大多数民办学校都选择了“不要求合理回报”，如上海到目前没有一所民办学校要求合理回报，江西 59 所独立学院仅有 3 所要求合理回报（全国民办教育工作者联谊会，2005）；另一方面，不少民办学校的出资人、董事长或校长又抽逃资金、挪用办学经费或有其他涉嫌经济问题的行为（肖晗，2008）。就上述文献所体现出来的，有些学者已经对“合理回报”政策执行中的问题有所察觉，并在相关研究中有所提及，但是尚未对该政策执行偏离目标的问题进行专门、深入地研究。

综上所述，“合理回报”政策针对民办教育和民办学校开展的研究相对较多，内容涉及以上政策制定的合理性、“合理回报”的提取方式、政策执行等方面，而独立学院作为我国民办高等教育领域一种体制创新的办学形式，具有投资模式、产权结构、管理机制等方面的特殊性，引起学术界的研究兴趣和广泛关注，但是目前专门针对独立学院“合理回报”政策执行的研究较为少见。

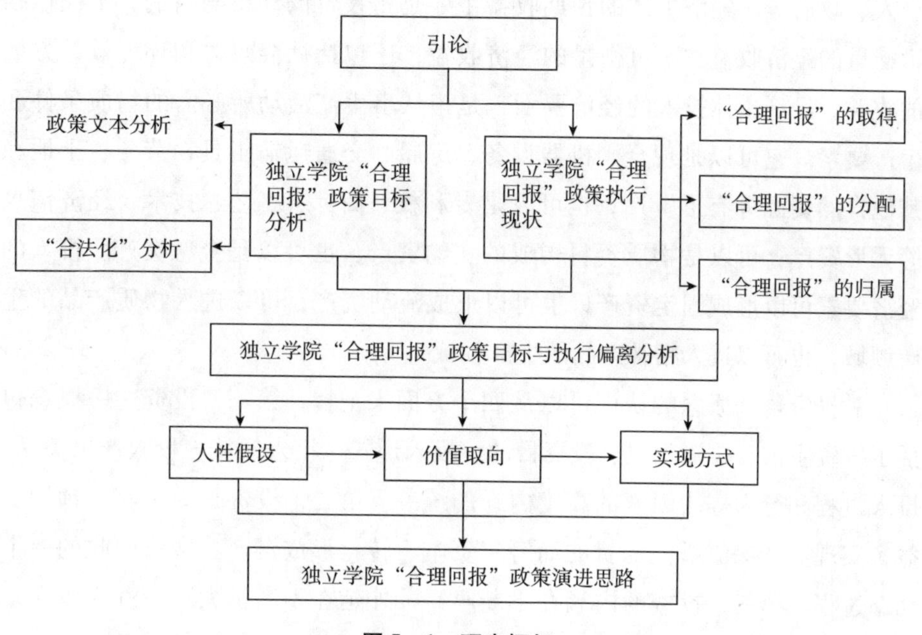

图 5－1　研究框架

二、独立学院收入与投资

投资主要是指固定资产投资的活动或投资资金。随着市场经济的发展，投资的概念和观念发生了很大的变化。不仅企业购建固定资产是投资，增加流动资金也是投资。而且人们已经把政府发展公益事业，经济组织和个人购买债券、购买股票，公民个人建房购房或接收教育和培训等投入资金或其他资源的行为都划入了投资的范畴。当然，人们通常对投资有广义的理解，也有狭义的界定。广义的投资，从本质上说，是指经济主体为获取预期收益投入经济要素以形成资产的经济活动。这里的经济要素包含很广的范畴，既有货币形态的资金，也有非货币形态的物质资源；既有实物形态的经济资源，也有非实物形态的无形资源；等等。这些经济要素通常被定义为投资资金或资本。狭义的投资概念指的是投入的资金或资本本身，即指经济主体为获取预期收益所投入的资金（或资本）。

投资活动中的经济主体就是投资者，也就是社会经济活动中的经济法人和自然人。在社会经济生活中，他们表现为各种类型的事业单位、企业组织、个人、政府等。经济主体的预期收益主要是指投资的动机与目的，不仅包括可衡量的经济收益和不可衡量的经济收益，还包括社会效益和环境效益方面的收益。经济主体投入的经济要素，是指从事生产活动所必需的物质条件和生产要素。它可以是现金、机器设备、房屋、交通运输工具、劳务、土地和其他自然资源等有形资产，也可以是专利权、商标、工艺、技术、经济信息等无形资产；可以是物质资料构成的实物资产，也可以是金融资产。投入的经济要素可以形成固定资产，也可以形成流动资产；可以进入物质产品的生产领域，也可以进入精神产品的生产领域。

对投资这一概念的认识可以从四个方面来把握，第一，投资这一概念包括了投资主体、投资动机、投资目的、投入形式、投入领域、投入产出关系、投入过程和行为等诸因素的高度内在的统一。第二，投资是为了获得预期受益，实现资产保值增值的目的而筹集资本、转化形成资产、增值回收的一个动态过程。第三，投资的内涵在不断丰富，外延在不断扩大。投资主体在多元化，投资领域在扩大化，投资方式在多样化。比如，传统投资者注重生产性领域投资，而现代投资者更加注重金融证券投资；过去注重资本的物质运动，现在更加注重资产的价值运动。第四，投资行为总是与形成资产的所有权、产权、收益权等紧密联系在一起。

(一) 独立学院经费筹集及投资分析

独立学院作为民办民营机制下的高等教育机构，其办学资源的筹集主要是依靠市场机制从市场上筹集。广义地看，独立学院的办学资源包含资金、师资、土地以及教育教学管理和课程体系等内容。要想从市场上筹集到师资、土地以及办学所需的后勤资源、教育教学管理资源等都需要大量的资金做支撑，需要有货币投入。所以，独立学院办学资源筹集的核心是办学资金的筹集。因此，从狭义的角度看，独立学院资本的筹集主要是金融资本的筹集。在独立学院办学实践中，筹集金融资本主要有以下几种渠道：

1. 由合作办学者投入

独立学院是“由普通本科高校按新机制、新模式举办的本科层次的二级学院”。所谓的“新机制、新模式”就是教育部在《关于规范并加强普通高校以新的机制和模式试办独立学院管理的若干意见》（教发〔2003〕8号，也称8号文件）中所提出的“民、独、优”的三字原则。体现在资本投入和运营机制方面主要是民间投入，民办体制。要求独立学院要由普通高校与社会力量合作办学，“其主要投入由合作方承担或以民办机制共同筹措”。因此，举办独立学院的合作方是独立学院投入金融资本的主渠道，直接注入金融资本是民间教育投资者投入的主要方式。

普通高等学校举办独立学院的合作者就是民间教育资本的投入者，一般是指社会教育投资机构或公民个人。在独立学院的办学实践中，公民个人单独出资举办独立学院的情况很少。一方面是公民个人的资金实力有限，难以支付庞大的办学投入；另一方面的原因是普通高校在选择办学合作者时，要考虑合作者的资金实力、社会形象、承担法律责任的能力以及诚信度等方面的情况，一般就不会选择公民个人作为合作者。所以，在实践中，举办独立学院的合作者（即狭义上的投资者）都是社会中有较强经济实力的企业法人组织或由该组织出资注册的具有独立法人性质的教育投资公司。

根据8号文件精神，独立学院办学和管理必须要与母体高校相对独立，具有独立校园，并至少具备“校园占地面积不少于150亩，校园规划占地面积不少于300亩。教学行政用房建筑面积不少于4万平方米，教学仪器设备总值不少于1000万元，图书不少于4万册。独立学院还应具备不少于100人的、聘期一学年以上的、相对固定的专任教师队伍。专业教师中具有副高级以上职称的比例应不低于30%”等条件。因此，按此计算，举办独立学院所需金融资本的首期投入至少需要数千万元。在实践中，大多数教育投资者都注重教育投资的规模效应，追求规模经济效益，在设计、规划办学规模时都往往不满足于这些基本要求，特别是校园占地面积一般都在几百甚至上千亩，房屋建设面积也远不止4万平方米。所以，大多数独立学院的首期办学投入都上亿元或数亿元。

从举办独立学院的金融资本投入的实践来看，投入的主体主要是与普通高校合作举办独立学院的合作者。投入的资金主要是合作者的自有资金或将其他资产为抵押向银行借贷筹集的资金。由于这些借贷资金并未以独立学院的名义或以独立学院的资产为抵押，所以经营风险也不由独立学院承担。合作者筹集资金的方式除了自有资金、银行借贷外，还有通过证券市场融资的，比如同济大学科技学院的合作方就是上市公司“同济科技（600846）”，同济科技也在公告中明确了自己投资独立学院的经营行为。独立学院金融资本的筹集除了合作方这个主渠道之外，还有母体高校投入、国家间接投入、独立学院自筹等多种方式和渠道。

2. 申办者（母体高校）的投入

在独立学院的办学实践中，作为母体高校的普通高等学校一般只投入品牌、师资以及教育教学管理等资产。但部分母体高校在举办独立学院的实践中不仅投入教学师资、管理、学校品牌，而且还直接注入了资本金，比如浙江大学向浙江大学城市学院直接投入资本金 6000 万元。当然更多的母体高校则是将投入的无形资产和其他教学资源折算为现金，以此来计量或核算自己在独立学院中的产权比例或经营独立学院中的收益权。

3. 政府的直接投入或变相投入

独立学院虽然没有被定义为企业法人组织，但从投入性质和收益分配角度来看，它仍然有“营利”的特性，类似于企业法人组织（或称之为“准企业法人组织”）。因此考察其投入时应该关注到政府通过减免税收、无偿划拨或低价出让土地等方式的变相投入。比如，独立学院的用地，基本上是国家按照公益性教育事业的用地方式进行划拨所得，虽然独立学院也为此支付了土地获取及土地熟化成本，但这个价格都远远低于市场商业地价。这个差价实质上是政府的变相投入，而且是“准现金”投入。

4. 独立学院自主融资投入

在兴办独立学院的实践中发现，独立学院自身也可以自主融资。根据《关于规范并加强普通高校以新的机制和模式试办独立学院管理的若干意见》和《民办教育促进法》及其《实施条例》等法律、法规的精神，独立学院是一个独立法人组织，应当独立承担民事责任，享受民事法律权利。因此，独立学院在理论上可以自主融资，自主发展，自主承担民事义务。但是，相关法律法规明确规定，学校的办学资产不能用于融资抵押，致使独立学院自主融资遇到重大政策障碍，银行无法直接向独立学院提供抵押贷款。但是在实践中，面对作为独立法人组织的独立学院自主发展中巨大的资金需求和稳定的偿还能力，许多金融机构纷纷突破这一局限，向一些办学实力强，运营发展顺利的独立学院提供授信贷款，满足了独立学院自主发展的资金需求。比如浙江大学城市学院就通过这种方式自主融资达6亿元之巨。还有一些独立学院在政府的支持下，突破抵押贷款的政策局限，向银行抵押贷款，获得了自主发展的大量资金。比如，北京师范大学珠海分校从政府那里无偿获得了超过5000亩的划拨地，经过政府同意，并在政府的帮助下，以土地为抵押，在银行获得大量的资金支持。通过这种政策调整和制度创新，珠海地区的独立学院迅速发展壮大起来。这种由独立学院自主融资、筹资的方式是独立学院获得快速发展的重要途径。

5. 学生的学费投入

独立学院的发展中还有一条重要的筹资渠道，即收取学生的学费。独立学院的学费本质上是学院向学生提供高等教育服务的市场价格，是学生购买高等教育服务所支付的直接成本。学费收入是独立学院运营中最稳定的资金来源，它一方面要逐步支付学校办学的固定成本和可变成本，使投资者逐步收回投资，还要形成“利润”或“剩余”。这部分“剩余”既要回报投资者，还要支撑独立学院扩大办学规模，保证可持续发展。由于独立学院是按民办机制运营，学费水平比公立高校要高出许多。据对全国30所独立学院处于不同地区、不同专业的学费水平的调查发现，东部发达地区的独立学院的学费比公立高校高出一倍以上；西部地区的独立学院的学费比公立高校高出50%—100%左右（见表5－1）。较高的学费水平能为独立学院筹集大量的资金，既能有效补偿办学成本，也能为独立学院持续发展奠定基础。

表5－1　不同地区与专业学费情况及比较

地　区	文科专业（元/学年）	理科专业（元/学年）	艺术类专业（元/学年）
发达地区独立学院学费	10000—12000	12000—16000	16000—20000
西部地区独立学院学费	4000—7000	6000—8000	8000—10000
公立大学学费	4000—5000	4000—5000	8000—10000

（二）独立学院收入的分配

独立学院的经济收入来源于学生缴纳的学费，其使用方向主要有支付教职工工资、维持学校办学运营发展、支付银行贷款本息、交纳给母体学校的

“管理费”、支付校长等管理者的年薪、支付给投资者的“回报”等。其中支付给教职工的工资、维持学校办学及发展的经费和支付给银行的贷款本息等主要反映的是办学成本，而支付给母体高校的“管理费”、支付给投资者的“回报”以及支付给校长等管理者的年薪则主要体现为剩余分配，现分别加以考察。

1. 母体高校的“管理费”

在独立学院的办学实践中，母体高校作为申办者，一般对独立学院都投入了大量的人力、物力或财力，即提供学校的品牌、师资、教育教学管理、课程体系等。但有少数母体学校并未对独立学院经济收益提出分配要求，比如浙江大学城市学院，浙江大学与杭州市政府和浙江省电信实业集团公司合作办学的过程中，不仅提供了师资、主要管理者、课程体系等，还负责对独立学院进行教学指导，实现资源共享，而且在办学中还投入了大量办学资金。而作为母体高校的浙江大学却没有对浙江大学城市学院的经济收益提出分配要求。这一方面反映了母体高校勇于承担自己的社会责任；另一方面，独立学院也承担了母体高校部分富余管理人员和富余教学人员的分流任务，为母体高校人事制度的改革发展作出贡献。

在独立学院的办学实践中，绝大部分母体高校作为办学投入者之一，并未放弃经济收益权利。许多母体高校作为独立学院的申办者在与民间投资机构合作办学中，一般都采取在独立学院的年度学费收入总额中提取15%—30%不等的份额作为“管理费”（四川地区的几所独立学院的运营实践中，母体高校都提取了15%—28%的管理费）。这部分收入实质上包含两大部分，一是母体高校对独立学院进行管理，对教学进行指导评估、对办学质量进行监督而获取的“劳动收入”。二是母体高校投入品牌以及师资、教学管理力量、课程体系等教育生产要素，而按产权比例获得的收益分配。这部分收益在独立学院办学中除去成本后剩余中的真实份额和比例，反映了母体高校投入的“生产要素”在独立学院生产中的真实产权比例和贡献。这一比例看似是投资各方商定的结果，实则是市场化配置教育资源的过程中利益各方博弈形成的。

2. 投资者（合作者）的“合理回报”

独立学院的投资者从独立学院的运营中取得合理的经济回报是合情合理的，得到了《民办教育促进法》及其实施条例等法律认可。在实践中，投资者获得回报的方式有两种：第一种，投资者取得较为固定的收入“回报”。比如，有的独立学院规定母体高校获得学校学费收入的30%，而投资者每年可以获得学校学费收入的15%作为投资回报，剩余部分（即学费收入—母体高校分配—投资者回报）作为独立学院的办学和发展经费（即符合不少于55%的学费收入作为办学成本的规定）。第二种，投资者获得办学结余收入（即学费收入—母体高校分配—办学成本和预留发展经费）。现在绝大部分独立学院采取了第二种回报方式。在实践中，投资者一般都掌握独立学院的财政大权，控制着学校的办学成本，因此获得的办学剩余往往大于固定比例收入。

3. 独立学院的校长等高层管理者的“年薪”

独立学院对聘任的校长等高层经营和管理人员一般都实行年薪制，这里的“年薪”包括工资、奖金、福利等，另外，校长等高层管理者还往往有“实报实销”或一定数额的职务消费等权利。从校长等人“年薪”的本质上看，他们参与了独立学院的剩余分配。

（三）独立学院“剩余”分配中的问题

在独立学院的运营实践中，母体高校、投资者和以校长为代表的高层管理者都参与了“剩余”分配，但分配的方式不同，分配的份额差异对相关利益者的激励就不同，对独立学院的办学影响也就不同。目前，独立学院的“剩余”分配还存在许多问题：

第一，母体高校预先提取独立学院学费毛收入的一定比例作为“管理费”，或者提前为投资者设定一定学费比例作为投资回报，虽然降低了母体高校和投资者的投资风险，保障了投资者权益，但却使独立学院的办学经费受到一定限制。特别是在学院创办之初，需要大量经费投入，这时的独立学院运营尚无“剩余”可言，如果这时提取“管理费”和“投资回报”就会使办学经费严重不足，影响办学质量，阻碍独立学院发展。独立学院在办学中不是以办学质量为标准来要求成本，而是以成本定质量，对独立学院的发展极为不利，有“杀鸡取卵”之嫌。

第二，有的独立学院的投资者回报虽然限定了只能在“剩余”中提取，但独立学院的财政运营完全由投资者掌控，甚至学校的校长也无权过问，有可能导致投资者尽可能压缩办学支出，减少成本，增加“剩余”，同时也造成了独立学院的经济运营风险。

第三，独立学院的分配没有体现投资经营风险和管理风险。在市场经济条件下，任何投资者都不可能预设投资收益率。但是在独立学院的运营实践中，母体高校和投资合作者利用相关法律和制度的不健全，治理结构不完善以及高等教育供不应求的形势，在分配中预设投资回报，试图将自己的投资风险降低，取得稳定的回报，这种做法是不可能取得长久收益的。

第四，独立学院的生产活动中最重要的生产要素是人力资本，但人力资本要素的产权未能得到确定，除校长等少数管理者之外，大部分未参与剩余分配，不利于调动广大教职工的积极性，会影响到独立学院的持续发展。

（四）对独立学院收入分配的思考

建设独立学院的投资是特指普通高校作为独立学院的申办者，投入普通高校的品牌、师资、教育教学管理、课程体系等教育资源，民间教育投资者作为独立学院的合作者投入资金、校舍、教学实验设施等教育硬件资源，共同合作举办高等教育的投资行为。这种投资不包括作为教育服务消费者的学生及其家长的投资行为（人们通常也将学生接受教育的行为理解为获取人力资本的投资）。独立学院的运营实践表明，这种投入是为获取预期收益（包括经济收益和非经济收益）的投资行为，不是捐资办学行为。这种投入是投资在具有广泛社会公益性的教育领域，不同于投资普通生产领域。

1. 建设独立学院的投资主体是普通公立高校和民间教育投资者，投入的经济要素明确，形成的资产权属清楚，产权明晰，收益权归属与所有权统一

投资行为中的经济主体就是投资者，表现为形形色色的经济法人和自然人。在现实的社会经济生活中，投资者则表现为各种类型的事业、企业单位或政府组织，还包括自然人。在独立学院的投资者中则只有两类组织，一是作为申办者的普通公立高校；二是作为合作者的民间教育投资机构。目前我国的教育投资公共政策虽然允许个人投资办学，但还不提倡以自然人作为合作者投资举办独立学院，这主要是由于个人作为投资者的投资、融资能力及风险承担能力的局限所致。普通高校作为投资者，投入的主要是高校自身具有社会影响力的品牌、师资、管理、课程体系等无形资产，这是独立学院教育生产活动中至关重要的生产要素或经济要素，这也是它不同于其他投入物

质产品的生产活动的投资特点。民间教育投资机构作为投资者投入的主要是资金、办学所需校舍、教学实验设施等有形资产，这是独立学院教育生产活动必不可少的物质条件，是教育生产活动中必备的生产要素。这两种投入共同形成了独立学院的资产，这种资产的所有权归为投资者的母体高校和民间投资者所有，而独立学院则依法享有法人财产权。独立学院存续期间，任何组织和个人不得以任何名义侵犯独立学院的法人财产。独立学院投资的收益权归投资者所有，公立高校和民间投资者根据合作协议或股权分享独立学院投资所产生的经济收益。

2. 建设独立学院的投资行为有投资营利的动机和目的，即投资于独立学院有经济收益预期，属于生产经营性投资范畴，不是社会公益投资，不是捐资助学行为

投资的预期收益不仅包含着投资的动机和目的，而且还体现着一定的经济数量关系，包括可衡量的经济收益和不可衡量的经济收益，还包括社会效益和环境效益等多方面的收益。普通高校与民间投资者共同投资举办独立学院是理性的投资行为，是对投入和产出经过详细考量，认真评估、核算、权衡利弊后的理性行动。预期从独立学院的运营发展中获得经济收益是其投资直接的动机和目的。虽然投资者都公开宣传自己投资高等教育的目的是为发展教育事业，促进社会文明进步，承担自己的责任。然而获取长期而稳定的办学经济收益才是他们投资的真正激励，没有这个激励，这些投资行为就不会发生。

当然，投资高等教育领域的收益不仅仅是经济收益。由于教育行为具有公益性特征，也使这种投资行为带来了社会效益。其社会效益表现是为社会提供了高素质的劳动者，加快了文化传播、知识创新、技术进步，促进了全社会的文明和谐发展。这种投资还为投资者本身带来了不可估量的、潜在的收益，表现在投入的资金形成了一笔优良资产，可以使投资者在金融机构获得良好的信用；通过投资高等教育，还可使投资者获得社会认可，树立良好的形象，获取社会美誉，为投资者带来潜在的经济和社会收益。

3. 建设独立学院投入的经济要素既有有形资产，也有无形资产；既有金融资产，也有非金融资产

这些非金融资产一般也要根据市场价格折算成一定的金融资产价值量，并按金融资产价值量的大小在形成的总资产中占有一定比例的产权。

在投资举办独立学院的实践中，作为母体的普通高校一般只投入学校的品牌、师资、管理、课程体系等无形资产，作为合作者的民间投资方则主要投入有形资产，这些资产既包括资金，也包括已有的校舍建筑、土地或土地使用权、教学实验设施等非金融资产。在合作投资办学的过程中，一般都会将有形或无形的非金融资产折算成一定的资金量，来分别确定各投资方在独立学院资产中所占的比例，特别是以此确定收益权的划分比例。在独立学院的运营实践中，有些投资者商定，独立学院的资产（实际上是有形资产）全部归合作方（投资者）所有。但是在收益权的划分上，母体高校通常都要从独立学院每年学费收入中提取15%—30%作为回报，这实际上也反映了母体高校投入无形资产折算成资金量后在独立学院总资产中所占的比例和地位。

4. 建设独立学院的投资是直接投资行为，投资者理应直接拥有经营控制权

但是由于教育管理和运营的特殊性、专业性等因素的影响和限制，实践中，合作投资方却很难直接掌控独立学院的运营，使所有权与经营控制权发生了相对分离。

直接投资是指投资者直接将资金投入投资项目，形成固定资产和流动资产的投资。直接投资有新办企业、收购现有企业、开设公司、举办合资企业、参加资本等形式，投资者拥有经营控制权是直接投资的典型特征。独立学院是母体高校和民间教育投资者直接投入有形和无形资产共同举办的教育经济组织，投资者应拥有经营控制权。然而，教育的管理和教育机构的经营管理是一项需要特殊的知识背景和技能的工作。独立学院的经营控制权一般掌握在以校长为首的经营班子手里。作为大学的校长，需要有教育管理的专业知识和经验，同时还必须是某方面、某领域的专家或学术权威，普通企业管理者或民间投资者很难担任高等教育机构的领导。在实践中，独立学院的投资者（母体高校和民间教育投资者）往往是寻找自己的代理人来掌控学校的经营管理权而不直接参与经营管理，使其所有权与经营控制权发生了相对分离。这也是独立学院投资的一大特点。

5. 建设独立学院投资资金的筹集主要由投资主体依靠信用机制通过银行等金融机构筹资

投资资金的筹集是投资行为的基础，就是将资金聚集起来供投资方使用

的过程。筹集投资资金的方式多种多样，是投资体制中的重要问题。它取决于投资领域内的经济关系，而且和国家的财政金融体制以及投资经济政策关系密切。对不同的投资主体和不同的投资项目来说，筹集投资资金的方式不同，主要有国家预算拨款、银行等金融机构贷款、专项基金投资、企业自筹资金、民间集资、个人投资和利用外资等几种渠道。建设独立学院的投资来源，在教育部《关于规范并加强普通高校以新的机制和模式试办独立学院管理的若干意见》（教发〔2003〕8号）中已做了明确的要求，建设独立学院投资主要来源于民间投资者，独立学院要姓“民”而不姓“公”，国家不能成为投资主体。投资独立学院需要大量的资金，实践中，民间投资者除了自筹资金外，主要依靠信用机制通过银行等金融机构筹资。这种筹资方式虽然可以获得大量的资金，但另一方面也使投资者承担巨大的还本付息压力，承担巨大的投资风险，甚至影响到独立学院的健康运营和发展。为了有效防范独立学院的资金风险，银行等金融机构应严格管理，切实降低风险。独立学院申请贷款时，银行应对高校的经济状况和还贷能力进行严格审查，要充分考虑独立学院财力的承受能力。对贷款的额度要进行科学分析，应根据独立学院的实际情况，如规模大小、利率高低、未来可预见到的收入能力和偿还期限等诸多因素来确定，把握好“度”，严格控制规模，这是减少自身风险的重要手段。因此，独立学院要根据发展需要对融资进行充分的论证，对贷款总量、使用期限、归还方式、还款的资金来源等进行充分论证。独立学院要根据实际资金总量。独立学院保证学校正常教学、科研活动进行的前提下，要即时用于还本付息。独立学院要有详细及合理的举债方案，包括对投资效益预测，贷款的期限、数额、用途、用款计划以及还贷的资金来源等。

虽然民间投资机构可以通过金融机构进行信贷筹资，但这种筹资行为仍然要受到资本金制度的约束。投资项目资本金就是指项目总投资中由资产投资人认缴的出资额，对投资项目来说是非债务性资金，不用承担还本付息义务。投资者可以按其出资的比例依法享有所有者权益，也可以转让，但不得以任何方式抽回资本金。我国现行规定是，出资者必须拥有一定比例的自筹资金作为资本金才能进行项目投资。这项规定解决投资主体缺乏风险约束和项目建成后负债经营且还本付息负担过重的问题。我国在1996年已经开始规定在国有单位的基本建设、技术改造、房地产项目、集体投资项目等领域试行资本金制度。目前对民间投资机构投资建设独立学院的投资项目虽然没有明确的项目资本金比例规定，但目前我国一般行业最低资本金比例为25%—30%的标准应该具有参考价值。

6. 建设独立学院的投资行为必须要有科学的论证过程

任何项目投资者必须经过科学的论证过程。投资论证就是科学地解决立项问题。通过项目建议书、可行性研究和评估报告，审慎选择最佳投资方案。投资建设独立学院也不例外，在投资建设之前一定要有可行性论证。这种论证必须要考虑当前社会和经济发展以及高等教育发展的要求，考量学校所处地区社会经济状况，考察高等教育的社会需求和投资者自身的投资能力，科学测评高等教育的投入产出关系，恰当评估投资者的风险承担能力，对独立学院的投资提前做到心中有数，有备无患。即独立学院贷款规模要坚持正确处理眼前利益与长远利益，按照轻重缓急，防止短期行为，科学合理的安排贷款计划，防范财务风险；根据投资形成的资产在若干年内的预期收益，并且这种收益大于所应支付的利息；独立学院作为贷款主体，要从自身的角度进行合理核算，请专家进行充分论证，慎重选择，从贷款总数、用途、期限、还款方式等进行详细论证，要加强对贷款项目和资金使用的管理，对大额贷款项目进行可行性分析。如贷款项目的申请报告与可行性研究报告（应包括贷款项目名称，项目的必要性和可行性，贷款用途，贷款必要性，分年度贷款额度方案，分年度偿还贷款本息计划和措施，学校拟贷款期间内分年度非限定性净收入测算等）。对独立学院而言，偿债能力的大小影响学校的财务决策，偿债能力是指清偿全部到期债务的能力，如融资项目、融资规模、融资方式等，进而影响整个学校各项事业的发展。

7. 建设独立学院投资的回收是一个相对较长期的过程

投资回收是指投资资金转化为资产，产出社会产品或服务，实现价值增值，从而收回投资以用于扩大再投资。它是投资运动的关键环节，既是投资周期运动的结束，又是新的投资运动周期的开始。投资回收周期在不同行业、不同项目中差异较大，但一般来说，生产经营性投资的回收周期却不太长，原因在于回收周期太长会影响投资收益，进而影响投资行为。建设独立学院投资的回收期比一般生产经营性投资的回收期限要长得多，主要是因为高等教育有社会公益性质，与广大学生及家长利益关系密切，国家对作为独立学院主要收入的学费做了严格的价格管制，不允许民办机制高等教育“暴利”的存在。同时，由高等教育领域公立高校与民营机制的独立学院、普通独立学院之间的竞争，以及独立学院自身之间的竞争也不允许暴利产生，这就注定了投资独立学院是一个微利投资行为，投资回收是一个相对漫长的过程。但是由于投资独立学院的风险相对较小，收益稳定，又具有社会公益价值，因此对广大投资者来讲仍然是有吸引力的。

8. 对投资建设独立学院的投资效益的评估要有科学的评价体系，注重考量直接效益与间接效益的关系

投资效益即是投资活动的经济效益，指投资活动所取得的成果与所占用或消耗的投资之间的对比关系。对投资效益的认识和评价有不同的角度。对独立学院投资效益的评价不适用衡量宏观投资效益的指标体系，而微观投资效益指标体系中的“项目投资净产值率”和“项目投资盈利率”两个指标都可以部分地衡量独立学院的投资效益。但是独立学院作为一种教育机构，其投资收益是复杂的，投资效益衡量也不能简单地计量投资的直接效益，还应该关注间接效益，既不能只衡量投资经济收益与投资总成本的关系，还要关注投资所产生的相关效益，间接地满足了投资动机以外的其他社会需要的问题。这样对独立学院的投资效益才能进行综合评价。

9. 独立学院投资要合理规避风险

所谓风险，就是指投资收益的不确定性，一次经济业务可能带来收益，也可能无法实现其预期的目标，风险将客观存在。独立学院投资风险是指由于各种不确定因素而使学校面临财产损失等的可能性。特别是主要依靠借贷建设的独立学院，面临的风险更大。具体体现在：一是政策风险，主要是指国家政策变化对独立学院产生的风险。当然，国家的政策变动大体上更多支持独立学院的发展。但是，政府对独立学院的支持是有原则和前提的，如果独立学院的一些行为影响了社会的发展及人民的利益，必然会受到相关的规范和制裁，如一些独立学院的乱招生与乱收费，已引起社会的高度关注。近年来，国家采取了多项措施，对收费和招生进行了严格的规定，并加大了乱收费和乱招生的处罚和法律责任追究力度。对于一些独立学院造成了较大的影响。据报载，近几年在高等院校严查“点招费”“扩招费”“转专业费”“定向费”“专升本费”等十多项乱收费项目，学校各项收费出现大幅下降。

而个别独立学院投资与贷款都是基于当时的测算与乐观预期收入，对个别独立学院还贷造成相当大的冲击。一些独立学院还贷的预期是通过学生规模扩大产生的规模经济，但是，一味扩大学校学生规模，不调整专业结构，将对学校未来发展带来重大危机。由于国家或地方政府未来经济发展、政策及对专业的饱和程度等，都会对学校招生产生重大的影响。因此，独立学院要树立正确的办学理念，不能一味追求规模。不保证教学质量，势必影响学生质量和毕业生的就业，反过来就会妨碍学校的招生，最终会影响高校的生存与发展。同时，如果独立学院债务太大，“偿台高筑”不仅影响学校正常的发展，而且一旦形成过量不良贷款，用贷款还贷，将严重影响独立学院信用形象。独立学院贷款规模大小必须以学校的实际需求和未来还款能力为依据进行科学的测算，对资金使用上要做到科学的预测和安排。独立学院要根据投资阶段，分期进行贷款，减少利息的支出和资金的闲置。学校的建设与发展，要建立在学校财力可以接受的范围内，如果贷款和利息过大时，必然会影响学校的教学投入和教师的福利，影响学科建设，进而造成学校教学质量下降。为有效防范风险，独立学院还要健全内部会计控制制度，规避财务风险的产生，使各级责任人在决策、组织、实施等管理过程程序规范化，从内部管理上堵塞漏洞，为学校未来发展创设良好的经济秩序和环境保障。在独立学院内部要建立健全一套严密而科学的内部决策机制，对风险较大的贷款项目的决策和财务活动，要进行严格的审查、评估和论证。

独立学院的经济收益绝大部分来自于其学费收入，因此，对学费的使用和分配情况体现了独立学院的收入分配。

（五）独立学院收益权的政策分析

收益权是产权系统中的一个核心概念，也是财产所具有的根本属性，无利益的产权是不存在的，同时产权的激励作用也明显地表现在产权主体可以运用产权来谋求自身利益。一个有效的教育资源配置制度是我国独立学院发展的关键。转设政策的出台，仍然尊重举办各方的利益，转设前双方必须要重新约定合同，对收益进行重新的约定。独立学院的营利性与公益性的两重属性，决定了独立学院也应享有收益权。对独立学院的举办者、管理者给予合理回报是保护各层次产权主体权益、发挥产权的激励、效益功能的重要手段，正常的合理回报机制有利于协调产权主体间的关系，进一步增强独立学院办学经费的结余。①

独立学院合理回报是质与量的辩证统一，质是坚持在公益性的前提下，与区域经济、高等教育发展和学校自身发展相适应，又要保护举办者获得收益的合法权力，激励他们办学的热情，有利于民办教育的进一步发展。合理回报的度是所获得的收益在公益性与举办者合法及预期的收益之间，鼓励更多的企业积极投资教育，这个限度必须确定一个合适的比例，既保证教育的公益性又保证举办者的积极性。作为积极的产权政策的一部分，独立学院的产权在不损害师生利益前提下拥有处分、收益的权利。在扩大收益权的同时，对直接收益率予以弹性调控，在效果上比简单的限制其收益权要好。独立学院是面向市场的教育组织，独立学院存在和发展的前提是明晰的个人产权，特别是举办者的回报收益权应得到保护，有效的经济组织（产权）是经济增长的关键。②

当然这种回报是有所限制的，有一定条件和程序的。尽管有人对目前“合理回报”的一些限制性条款和烦琐的程序提出了不同意见，但其目的在于限制“举办者牟取暴利”，限制寻利投资为追求利益最大化而影响独立学院的发展。根据《促进法》和《条例》规定，关于“合理回报”问题原则和程序的规定是清楚的。具体如下：一是由独立学院的最高决策机构（董事会、理事会或者其他形式决策机构）决定是否取得合理回报；二是举办者按照会计年度，从办学结余中确定比例（办学结余是独立学院扣除办学成本后形成的年度净收益，扣除社会捐助、国家资助的资产，并按照规定预留发展基金以及按照国家有关规定提取其他必须的费用后的余额）；三是合理回报的比例由学校事先作出并写入学校的章程；四是学校取得合理回报的比例前应当从年度净收益中，按不低于年度净资产增加额或者净收益的25%的比例提取发展基金，用于学校的建设，维护和教学设备的添置、更新。国家规定八种不能取得回报的情形，如发布虚假招生简章或招生广告，骗取钱财的情形。根据《促进法》和《条例》规定，提取合理回报的程序为：第一，独立学院的内

① 柯佑祥：《适度营利与民办高校的发展》，南京师范大学出版社2003年版，第236—242页。

② 厉以宁：《关于教育产品的性质和对教育的经营》，《教育发展研究》1999年第10期。

部最高决策机构（董事会、理事会或者其他形式决策机构）作出选择要求取得合理回报，并在学校的章程中明确体现这一点。第二，根据规定，必须“向社会公布与其办学水平和教育质量有关的材料和财务状况”。第三，按照《条例》的具体规定，确定举办者取得合理回报比例的决定。第四，在作出合理回报比例的 15 天以内，将学校的决定和向社会公布的办学水平、办学质量的材料，财务状况报审批机关。第五，出资人在每个会计年度结束时，按照学校确定的合理回报的比例，从学校的办学节余中提取“合理回报”。

在确认民办教育属公益性教育机构的前提下，对现有收益权模式进行思考与探讨。根据国情及独立学院发展的实际，鼓励、刺激、引导独立学院举办者的办学行为，鼓励社会资金投资独立学院。因此，要尽快完善相关的法规，以便于实际的操作。根据产权激励的原则，在学校内部治理中，确立多元配置剩余索取权的方式将是一种有效地发挥产权激励机制的方式。激励机制是管理理论研究中的一个重要内容，采取不同的管理方式可能生成同样的激励机制和激励效应，也可能生成不同激励机制或者不同水平的激励效应。在实践中，考虑到政策的公益性，以维护学生利益及学校的长远发展，还要考虑政策的可操作性、适应性，体现激励性、合理性等多种因素。

第二节　独立学院“合理回报”政策分析

一、独立学院“合理回报”政策目标分析

教育政策目标是指教育政策决策者在政策制定中希望达成的境地。政策执行首先要求确定政策目标，政策目标的明确与否直接关系到政策执行的成败，“政策执行的第一项严重的错误，乃是决策者制定超越性或笼统不具体的目标”。以文本形态表现出来的教育政策，在很大程度上都是以文件、规定、决定、办法、实施细则、报告等书面形式存在的，这种外在的教育政策文本所提供的主要是静态的符号信息，或者说，是“点状”的现象信息，而文本产生的过程、涉及的政策目标和价值原则等实质性内容，都隐含在政策文本之中，文本解读和行为分析结合在一起，可以在很大程度上揭示教育政策活

动的全貌。在对独立学院“合理回报”政策目标的解读中，采取以下基本策略：第一，文本解读：选取相关的政策文本、教育部组织召开的工作会议、主要官员的讲话等文本为主要资料来源，结合独立学院相关问题研讨会上民办教育专家、独立学院办学者的发言作为补充，对独立学院政策目标进行解读。第二，行为分析：搜集独立学院“合理回报”政策出台过程的记录资料，还原整个政策制定过程，揭示隐含其中的政策目标。

（一）独立学院“合理回报”政策文本分析

文本是一种叙说，包括书面文本、口头文本以及书面和口头结合的文本。教育政策文本是以文本形式呈现出来的教育政策的现象形态，是由教育政策主体经过完整的政策流程而形成、以话语形式表达出来的、具有实质性内容的、以不同格式呈现的合法化文本，旨在通过人们对文本的理解和遵从，从而实现某项政策目标。

1. 有关独立学院“合理回报”政策的法律文本分析

（1）中央立法中的“合理回报”政策文本分析

独立学院教育专门法——教育部令第 26 号《独立学院设置与管理办法》（以下简称《办法》）中针对“合理回报”政策最直接的表述为：第三章“组织与活动”第四十三条规定：“独立学院在扣除办学成本、预留发展基金以及按照国家有关规定提取其他必需的费用后，出资人可以从办学结余中取得合理回报。出资人取得合理回报的标准和程序，按照民办教育促进法实施条例和国家有关规定执行”。[①] 然而，就整个“合理回报”政策而言，内涵更为丰富，表述渗透在整个《办法》的字里行间。

一个在语法逻辑上完整的公共政策可以表述为：现实表态为 A，它符合价值标准 B，因此应采取行动 C，同时指出遵从与否的后果 D。结合上述“合理回报”政策的文本表述，纵观《办法》全书归纳总结以上四个构成政策文本话语的基本变量：

“实是语句” A：“独立学院存续期间，所有资产由独立学院依法管理和

① 《独立学院设置与管理办法》（教育部第“26 号令”，于 2008 年 2 月 4 日经教育部部务会议审议通过，自 2008 年 4 月 1 日起施行）第四十三条。

使用，任何组织和个人不得侵占”。①

根据法人产权理论，独立学院作为独立的产权主体，具有独立的财产权利，包括独立的财产拥有权、独立的财产使用权、独立的财产收益权、独立的财产处置权。而取得“合理回报”的主体是“出资人”。

“评价语句”B：“独立学院及其举办者应当遵守法律、法规、规章和国家有关规定，贯彻国家的教育方针，坚持社会主义办学方向和教育公益性原则”;②“国家保障独立学院及其举办者的合法权益。独立学院依法享有民办教育促进法、民办教育促进法实施条例规定的各项奖励与扶持政策。”③

保障独立学院保有稳定的经费来源以持续发展的同时，给予举办者以适当的政策以奖励其办学行为以及收回部分办学成本，鼓励其办学热情，保护其合法权益。

“行动语句”C：章程中注明“出资人是否要求取得合理回报”;④“在扣除办学成本、预留发展基金以及按照国家有关规定提取其他必需的费用后，出资人可以从办学结余中取得合理回报”,⑤“出资人取得合理回报的标准和程序，按照民办教育促进法实施条例和国家有关规定执行”。⑥

合理回报的来源和数目限制范围：从“独立学院收入—办学成本—预留发展基金—其他必需提取的费用”所得的办学结余中提取。具体标准和程序为：根据2004年4月1日施行的国务院令第399号《中华人民共和国民办教育促进法实施条例》（以下简称《条例》）相关规定：“出资人根据民办学校章程的规定要求取得合理回报的，可以在每个会计年度结束时，从民办学校

① 《独立学院设置与管理办法》（教育部第“26号令”，于2008年2月4日经教育部部务会议审议通过，自2008年4月1日起施行）第四十二条。

② 《独立学院设置与管理办法》（教育部第“26号令”，于2008年2月4日经教育部部务会议审议通过，自2008年4月1日起施行）第四条。

③ 《独立学院设置与管理办法》（教育部第“26号令”，于2008年2月4日经教育部部务会议审议通过，自2008年4月1日起施行）第五条。

④ 《独立学院设置与管理办法》（教育部第“26号令”，于2008年2月4日经教育部部务会议审议通过，自2008年4月1日起施行）第二十一条。

⑤ 《独立学院设置与管理办法》（教育部第“26号令”，于2008年2月4日经教育部部务会议审议通过，自2008年4月1日起施行）第四十三条。

⑥ 《独立学院设置与管理办法》（教育部第“26号令”，于2008年2月4日经教育部部务会议审议通过，自2008年4月1日起施行）第四十三条。

的办学结余中按一定比例取得回报。民办教育促进法和本条例所称办学结余，是指民办学校扣除办学成本等形成的年度净收益，扣除社会捐助、国家资助的资产，并依照本条例的规定预留发展基金以及按照国家有关规定提取其他必须的费用后的余额”，① “民办学校应当根据下列因素确定本校出资人从办学结余中取得回报的比例：第一，收取费用的项目和标准；第二，用于教育教学活动和改善办学条件的支出占收取费用的比例；第三，办学水平和教育质量。与同级同类其他民办学校相比较，收取费用高、用于教育教学活动和改善办学条件的支出占收取费用的比例低，并且办学水平和教育质量低的民办学校，其出资人从办学结余中取得回报的比例不得高于同级同类其他民办学校”。② 取得“合理回报”的时间：“每个会计年度结束时”。取得“合理回报”的数额：“合理回报”数额 = 办学结余 × 一定比例，其中：办学结余 = 年度净收益（扣除办学成本之后）- 社会捐助 - 国家资助的资产 - 预留发展基金 - 其他必须提取费用。比例的决定因素包括：收费项目和标准；用于教育教学活动和改善办学条件的指出占收取费用的比例；办学水平和教育质量。

“后果语句”D：“独立学院举办者虚假出资或者在独立学院设立后抽逃资金、挪用办学经费的，由省级教育行政部门会同有关部门责令限期改正，并按照民办教育促进法的有关规定给予处罚”。③ 包括：不得取得“合理回报”的情形：“民办学校有下列情形之一的，出资人不得取得回报：第一，发布虚假招生简章或者招生广告，骗取钱财的；第二，擅自增加收取费用的项目、提高收取费用的标准，情节严重的；第三，非法颁发或者伪造学历证书、职业资格证书的；第四，骗取办学许可证或者伪造、变造、买卖、出租、出借办学许可证的；第五，未依照《中华人民共和国会计法》和国家统一的会计制度进行会计核算，编制财务会计报告，财务、资产管理混乱的；第六，违反国家税收征管法律、行政法规的规定，受到税务机关处罚的；第七，校

① 《独立学院设置与管理办法》（教育部第“26 号令”，于 2008 年 2 月 4 日经教育部部务会议审议通过，自 2008 年 4 月 1 日起施行）第四十四条。

② 《独立学院设置与管理办法》（教育部第“26 号令”，于 2008 年 2 月 4 日经教育部部务会议审议通过，自 2008 年 4 月 1 日起施行）第四十五条。

③ 《独立学院设置与管理办法》（教育部第“26 号令”，于 2008 年 2 月 4 日经教育部部务会议审议通过，自 2008 年 4 月 1 日起施行）第五十五条。

舍或者其他教育教学设施、设备存在重大安全隐患，未及时采取措施，致使发生重大伤亡事故的；第八，教育教学质量低下，产生恶劣社会影响的。出资人抽逃资金或者挪用办学经费的，不得取得回报”；[①] 取得不当“合理回报”的情形：“有下列情形之一的，由审批机关没收出资人取得的回报，责令停止招生；情节严重的，吊销办学许可证；构成犯罪的，依法追究刑事责任：第一，民办学校的章程未规定出资人要求取得合理回报，出资人擅自取得回报的；第二，违反本条例第四十七条规定，不得取得回报而取得回报的；第三，出资人不从办学结余而从民办学校的其他经费中提取回报的；第四，不依照本条例的规定计算办学结余或者确定取得回报的比例的；第五，出资人从办学结余中取得回报的比例过高，产生恶劣社会影响的”。[②]

（2）地方法规中的“合理回报”政策文本分析

围绕中央立法各地方教育厅进行了相应的配套法规的建设，其中直接反映“合理回报”具体政策措施的表述大概分为两类：

一类是直接援引《条例》《办法》中的话语，将国家政策要求作为标准，如重庆市2008年6月12日发布的《重庆市人民政府关于促进民办教育发展的意见》（渝府发〔2008〕65号）规定：“出资人要求合理回报的民办学校在按照《中华人民共和国民办教育促进法》及其实施条例有关规定扣除办学成本、预留发展基金以及提取其他必需的费用后，允许出资人逐步收回办学成本，从办学结余中按年度取得合理回报”。[③] 2008年7月25日实施的《四川省〈中华人民共和国民办教育促进法〉实施办法》第33条规定：“民办学校的法人财产权受法律保护。出资者可以根据有关规定从办学结余中依法取得合理回报，将合理回报用于学校发展的，应当作为再投入。具体办法按国家有关规定执行”。[④]

另一类则作出更进一步的具体规定，如《广东省实施〈中华人民共和国

---

① 《独立学院设置与管理办法》（教育部第“26号令”，于2008年2月4日经教育部部务会议审议通过，自2008年4月1日起施行）第四十七条。

② 《中华人民共和国民办教育促进法实施条例》（2004年4月1日施行的国务院令第399号）第四十九条。

③ 《重庆市人民政府关于促进民办教育发展的意见》（重庆市2008年6月12日发布渝府发〔2008〕65号）。

④ 《四川省〈中华人民共和国民办教育促进法〉实施办法》（2008年7月25日实施）第三十三条。

民办教育促进法〉办法》:“出资人不要求取得合理回报的民办学校，在学校有办学结余的前提下，经学校董事会、理事会或者其他形式的决策机构讨论决定，可以每年从学校办学结余中提取一定比例，用于奖励出资人。但是，累计提取总额不得超过出资人的出资数额”。[①] “出资人将应取得的合理回报用于学校发展的，计入其出资额”。[②] 河南省 2007 年 6 月 29 日发布并实施的《河南省教育厅关于进一步规范独立学院管理促进独立学院健康发展的意见》具体规定了提取“合理回报”的比例:“在每个会计年度结束时，独立学院应当按不低于年度净收益 25% 的比例提取发展基金，用于学院的建设和发展”。[③]“学院应当将学费总收入 25% 左右的资金用于保障教育教学活动”。[④] 黑龙江省政府 2005 年 4 月 19 日发布 2005 年 4 月 19 日实施的《黑龙江省人民政府关于促进民办教育发展的若干意见》(黑政发〔2005〕25 号)“对于《中华人民共和国民办教育促进法》施行前滚动发展起来的民办学校，目前办学积累达到一定规模但没有明确出资比例的举办者，根据对学校发展贡献情况，经学校理事会或者董事会同意，审批机关核定，可以一次性给予举办者相当于学校净资产(扣除国有资产和社会捐赠部分)15% 的奖励，作为举办者的初始出资额”。[⑤]“民办学校应当从年度收入中按 2% 的比例提取风险保证金，用于学校发生意外事故或其他有关事宜的处理。风险保证金累计达到学校资产总值的 50% 时，可不再提取”。[⑥]

两类地方性政策条款，前者与《办法》规定一致，也未做更进一步的具体刚性的规定，给政策的执行留下了一定的空间；后者则根据各省独立学院办学的特殊情形，列出具体的数额规定，为政策的具体执行提供了依据，发挥了地方教育行政管理在政策执行中的重要作用。而各地有关独立学院“合

① 《广东省实施〈中华人民共和国民办教育促进法〉办法》。

② 《广东省实施〈中华人民共和国民办教育促进法〉办法》。

③ 《河南省教育厅关于进一步规范独立学院管理促进独立学院健康发展的意见》(河南省 2007 年 6 月 29 日发布并实施)。

④ 《河南省教育厅关于进一步规范独立学院管理促进独立学院健康发展的意见》(河南省 2007 年 6 月 29 日发布并实施)。

⑤ 《黑龙江省人民政府关于促进民办教育发展的若干意见》(黑龙江省政府 2005 年 4 月 19 日发布 2005 年 4 月 19 日实施黑政发〔2005〕25 号)。

⑥ 《黑龙江省人民政府关于促进民办教育发展的若干意见》(黑龙江省政府 2005 年 4 月 19 日发布 2005 年 4 月 19 日实施黑政发〔2005〕25 号)。

理回报”政策的规定均同样遵从《办法》中的“非营利性”办学要求，将“合理回报”作为一种鼓励和奖励的形式给予各独立学院出资者以提取的权利。

2. 有关独立学院“合理回报”政策的叙说分析

教育政策的话语系统包括所有叙述者（讲述政策的主体）的集合以及他们关于该政策表达的话语文本体系，其中教育政策的叙述者包括政府组织的决策者、执行者及能合法参与决策的人群；社会组织的专业研究人员、信息传媒；民间自发的关心教育政策的社会群体。独立学院“合理回报”的政策目标，还体现在教育部发文和教育部官员发言中。

材料5－1：

“《民办教育促进法》在坚持民办教育是公益性事业的前提下，将出资人可以从办学结余中获得合理回报，作为对民办教育的一种扶持与奖励措施，在法律中作出了规定。合理回报是在公益性前提下的一种奖励性回报，而非投资性回报的原则。实施条例最终采取了将合理回报的比例与学校的办学质量、社会信誉相挂钩的方式（即第四十五条的规定），允许与同级同类民办学校相比较，收费水平低，办学水平、教育质量高，办学效益好的民办学校从办学结余中提取较多的合理回报，具体体现了合理回报制度对民办学校遵循教育规律办学、提高教育质量行为的奖励作用”。①

根据教育部官员的解读：出资人的“合理回报”是奖励性的，而非投资性的，强调出资人的“非投资性”即捐资的出资性质。

材料5－2：

“允许出资人取得合理回报是《民办教育促进法》规定的民办教育发展的重要的扶植措施。我们对于合理回报的界定一定要使那些致力于教育事业和所办的民办学校水平高、社会反映好的出资人得到鼓励，使那些唯利是图、办学质量低和行为不规范的出资人受到惩戒（教育部2004年3月25日召开

① 文献来源于《民办教育促进法实施条例》解读之十六：合理回报制度的理念与问题浅析（上），见 http：//attschool. sysu. edu. cn/news. asp？ id＝106。

2004年第11次新闻发布会：通报《民办教育促进法实施条例》有关情况)”。①

在教育部新闻发布会上直接表达了“合理回报”政策的目标就是让那些致力于教育事业和所办的民办学校水平高、社会反映好的出资人得到鼓励，使那些唯利是图、办学质量低和行为不规范的出资人受到惩戒。体现出其鼓励性和扶植性的初衷。

材料5-3：

问题：“独立学院是民办高等教育的重要组成部分，属于公益性事业”，请问“公益性”如何理解？答复：《教育法》第三条规定：国家坚持以马克思列宁主义、毛泽东思想和建设有中国特色社会主义理论为指导，遵循宪法确定的基本原则，发展社会主义的教育事业。第三条还规定：教育活动必须符合国家和社会公共利益。《现代汉语词典》中对“公益”的解释是：公共的利益。因此，《独立学院设置与管理办法》第三条提出的“独立学院是民办高等教育的重要组成部分，属于公益性事业”中的“公益性”应理解为举办独立学院要符合《教育法》，贯彻教育方针，为国家培养人才；要具有“普惠性”，让社会公众普遍地感到自己从中受益，让大家都能感觉到很温暖。②

这则材料中，教育部对独立学院的“公益性”作出解释：符合公共利益，让公众受益。

（二）独立学院“合理回报”政策“合法化”分析

政策的合法化是指法定主体为使政策方案获得合法地位而依照法定权限和程序所实施的一系列审查、通过、批准、签署和颁布政策的行为过程。政策合法化的三个功能活动：即选择一项政策建议；为这项建议建立政治上的支持；将它作为一项法规加以颁布。教育政策合法化是指经政策规划得到的教育政策方案上升为法律或获得合法地位的过程，具体含义：一是教育政策

① 资料来源于教育部2004年3月25日召开2004年第11次新闻发布会——通报《民办教育促进法实施条例》有关情况（文字实录）。

② 资料来源于中华人民共和国教育部门户网站2008年网友问答，见 http://www.moe.gov.cn/publicfiles/business/htmlfiles/moe/moe_1278/200806/35982.html。

的法律化，是指国家有关的政权机关依据法定权限和程序所实施的一系列立法活动；二是教育政策的合法性，是指国家有关的政权机关遵循一般已确立的原则或一般所接受的标准，对教育政策方案的审查活动。政策形成涉及三个方面的问题：公共问题是怎样引起决策者注意的；解决特定问题的政策意见是怎样形成的；某一建议是怎样从相互匹敌的可供选择的政策方案中被选中的。

就我国政策的制定过程而言，大致可分为三个阶段：一是公众关注阶段：政策问题提出的过程一般是首先由于现实问题引起群众的广泛关注和讨论，甚至专家学者和研究机构已对它加以探讨，但是政府尚未将其列入政府议程，此谓公众关注阶段。二是政府关注阶段：在全国和地方的人民代表大会和政治协商会议上，各级人大代表或政协委员将此问题作为提案项目递交大会，得到政府的关注。三是政府审议阶段：通过人大常委会审议并讨论草案，进行必要的修改、调整，并最终表决通过后即可纳入法律体系颁布实施。

1. 公众关注阶段

民办学校出资人提取办学利润的问题是由我国民办教育的发展和现实决定的，在我国民办教育完全依靠民间资金发展起来，包括个人和企业组织的投入。民办教育的发展带来了学校资产的迅速累积，大部分民办学校将积累的资产用于进一步扩大规模、改善学校办学条件和教学设备等，但也有一些民办学校利用办学牟取暴利，造成学校资产的大量流失。全国各地接连发生了一系列恶性事件，使民办学校办学盈余的分配问题受到各方尤其学生和家长的广泛关注。而这一问题最初不是由国家和中央立法机关而是地方和省级行政管理机关解决，部分省市率先对当地的民办学校新增的资产管理做出了规定，解决出资后的盈余问题。一些地方性法规规定：投资者在保证教育机构正常运转和发展的前提下，可以取得合理回报。

2. 政府关注阶段

1995 年首次有人大代表提案建立民办教育的相关法律来规范其办学行为。1996 年 10 月，八届全国人大常委会第二十二次会议决定制定本法，起草工作由全国人大教科文卫委员会汪家镠牵头组织。1997 年 10 月，国务院颁布了《社会力量办学条例》，但是就出资人回报问题等问题并没有明确的规定加以解决。1998 年，全国人大常委会将民办教育立法列入九届人大常委会立法规划，由全国人大教科文卫委员会牵头起草。

3. 政府审议阶段

（1）第一阶段：法律起草

①成立起草小组和领导小组

1999 年 1 月成立《民办教育法》起草领导小组和起草工作小组开始，小组成员包括全国人大教科文卫委员会、教育部、劳动和社会保障部等各方工作人员。

②展开国内调研和国外考察

国内调研：起草小组到二十几个省、市、区广泛开展调查研究，召开有关民办教育问题的专题研讨会几十次，听取人大和政府教育、劳动和社会部门及其他有关部门，民办学校举办者、校长、教师、教育、经济、法律专家的意见。

国外考察：为借鉴其他国家和地区私立教育立法经验，组团考察了英国、美国、澳大利亚、马来西亚、新加坡和我国香港特别行政区的私立教育，借鉴了其他国家和地区有关私立教育立法的意见。

③启动立法起草工作

经过前期的调研和考察，立法起草小组将问题聚焦于对民办教育性质和民办教育是否可以“营利”问题的界定，其中民办教育合理回报问题更成为焦点。再次征求有关部门、民办学校及专家学者的意见，反复讨论。于 2001 年年初，形成了《中华人民共和国民办教育促进法（草案）》中关于“合理回报”原则的初步方案。

④广泛征求意见

起草小组分别到北京、黑龙江、辽宁、云南、新疆、陕西、四川、重庆等地征求意见，后在上海召开了征求意见研讨会，修改后又向国务院有关部门和各省、自治区、直辖市人大征求意见，由于意见分歧比较大，又对本法涉及的重大问题经过反复研究，对各种方案都进行了认真权衡，进一步修改和完善，最终形成了“合理回报”的政策方案。

⑤提交全国人大常委会审议

2001 年年底，全国人大教科文卫委员会召开全体会议讨论了《民办教育促进法（草案）》，认为草案比较成熟，12 月 21 日决定提请全国人大常委会审议。在提交给全国人大常委会审议的法律草案第三十五条规定：“举办者在保证学校发展的同时，可以取得合理回报”，“取得合理回报的办法由各省、自治区、直辖市制定”。

（2）第二阶段：人大会议审议

2002 年 1 月，全国人大教科文卫委员会将草案提交全国人大常委会审议，审议期间，全国人大法律委员会会同全国人大教科文卫委员会、全国人大常委会法制工作委员会又多次听取多方面对草案的意见，作了多次修改和不断完善后才提交全国人大常委会付诸表决。

①首次审议（九届人大常委会第 28 次会议）

2002 年 6 月九届人大常委会第 28 次会议上，《民办教育促进法（草案）》首次被提请全国人大常委会会议审议，立法的必要性得到肯定，并督促加紧修正提交审议。

②二次审议（九届人大常委会第 29 次会议）

2002 年 8 月全国人大常委会第二十九次会议对法律草案进行二次审议。常委们对二审稿中的“合理回报”方案出现了分歧：支持一方认为我国现实国情是穷国办大教育，应当有积极措施鼓励民办教育事业的发展，目前民办学校多数是投资办学，实行可以取得合理回报的鼓励政策，可以提高民办学校的办学积极性，更多地吸收民间资金投入到教育事业中来；反对一方认为从现实国情考虑，规定某些民办学校的举办者取得合理回报是可以的，但是从制度上应当进一步理顺，原因在于合理回报与在教育税收和土地政策上的优惠二者不可兼得；国外均不允许取得回报等，建议对取得回报的民办学校单独作一些规定，这类学校原则上不享受国家的各种优惠，并在履行纳税义务后取得回报。因此，法律委员会建议将这一款修改为：“民办学校在扣除办学成本和按国家有关规定提取必需的费用后，可以从办学结余中安排适当经费，对出资人投入民办学校的资产给予适当的补偿。补偿的具体办法由国务院规定”。同时，法律委员会建议增加规定：“社会组织和个人不得以营利为目的举办民办学校”。

③三次审议（九届人大常委会第 30 次会议）

2002 年 10 月全国人大常委会第三十次会议上，部分委员对三审稿给予了强烈批评，特别是在“合理回报”方面，不少委员认为“回报”变为“补偿”是一种严重的倒退，争论尤为激烈。认为民办学校举办者不能取得“合理回报”的主要理由包括：“合理回报”本质上就是营利，直接违背教育法；发展教育最主要的是靠税收优惠，而不是靠通过合理回报来吸引投资办学；想要赚钱的民办学校不肯到落后地区、贫困地区去办学；规定取得合理回报，一方面是对这种出资者投身教育事业之义举的玷污；另一方面使民办教育不能健康发展，一些人靠向银行贷款和收取高额学费办学积累了上亿元的资产；应当主要从精神上而不是通过合理回报给予奖励和鼓励来引导民办教育举办者，奖励应靠国家基金而非自取；将营利性和非营利性教育机构混在一起，会导致税收政策的紊乱。而主张民办学校可以取得“合理回报”的主要理由是：不允许有合理回报，民办教育投资者就没有积极性；在强调社会效益之外，还要和经济效益相统一；将民办教育分为公益性和营利性两类，不符合教育法的教育公益性原则，而对部分投资办学成绩很显著的民办教育投资者给予一定的合理回报，同坚持民办教育公益性的方向并不矛盾。由于意见分歧太大，常委会决定暂不付表决。

④全国人大常委会委员长亲自调研并表态

2002 年 12 月 1 日全国人大常委会委员长李鹏到河北考察工作并就民办教育促进法草案进行立法调研。他明确表示，“民办教育有其特殊性，应该允许民办教育的出资人有一定的、合理的经济利益上的回报，当然也必须明确，不能使单纯追求利润成为投资民办学校的目标”。李鹏讲话精神传达后，法律委员会建议删去草案第三次审议稿第三十五条第二款的规定，并在草案第七章“扶持与奖励”中增加一条规定：“民办学校在扣除办学成本、预留发展基金以及按照国家有关规定提取其他的必需的费用后，出资人可以从办学结余中取得合理回报。取得合理回报的具体办法以及享受有关税收优惠和用地优惠的具体办法由国务院规定”。

⑤四次审议（九届人大常委会第 31 次会议）

2002 年 12 月九届全国人大常委会第三十一次会议第四次审议《民办教育促进法（草案）》第四次审议稿，与三审稿相比，此次草案在过去争论激烈的“民办教育能否以营利为目的”“出资人能否得到合理回报”等方面进行了明确规定。不再提“不得以营利为目的”：三稿中的第三条第一款：“社会组织和个人不得以营利为目的举办民办学校”删去，修改为“民办教育事业属于公益性事业，是社会主义教育事业的组成部分”；出资人可以从办学结余中取得“合理回报”：删去草案三次审议稿规定，在草案第七章“扶持与奖励”中增加一条规定：“民办学校在扣除办学成本、预留发展基金以及按照国家有关规定提取其他的必需的费用后，出资人可以从办学结余中取得合理回报。取得合理回报的具体办法以及享受有关税收优惠和用地优惠的具体办法由国务院规定”。虽然一些委员对草案继续提出了修改意见，但多数委员表示：四审稿已基本成熟，基本上可以达成共识。12 月 23 日高票通过《中华人民共和国民办教育促进法》。

（3）第三阶段：颁布法律

2002 年 12 月 23 日国家主席江泽民签署第 80 号主席令，公布《民办教育促进法》，其中第五十一条对“合理回报”做了明确规定：“民办学校在扣除办学成本、预留发展基金以及按照国家有关规定提取其他必需的费用后，出资人可以从办学结余中取得合理回报。取得合理回报的具体办法由国务院规定”。

从草案提交到通过，经过第 28、29、30、31 次四次常委会议审议在中国立法史上绝无仅有的。而“回报”问题更是民办教育立法过程中争论的焦点之一。

上面的过程分析均体现出独立学院“合理回报”政策以鼓励出资者的办学热情为目标，从它的提取主体、时间、数额的具体规定都体现出制定者对于该项“合理回报”的严格限定性要求，在给予严格规范的背后是要求独立学院出资者保有一以贯之的“公益性”办学性质的实质。根据《办法》的规定，独立学院分为出资人要求取得合理回报的和不要求取得合理回报的两大类，鉴于取得合理回报是国家对民办教育发展的扶持和奖励政策，不作为营利对待，因此，两类独立学院从本质上来讲都是非营利的教育机构。只是从鼓励的价值取向来讲，国家更鼓励不取得合理回报的民办学校的设立和发展。由此可见，出资人的出资被定位为“非营利性”的捐资行为，而非“营利性”的投资行为，进而表明“合理回报”政策的目标正是基于“非营利性”这一价值取向的实现方式。

二、独立学院“合理回报”政策执行现状的个案分析

C 独立学院自 2000 年秋季开始招生办学至今 10 年有余，2000 年秋季开

始招生，2001年3月由F大学所在地B市教委发文（B教高2001〔40〕号）批准F大学与Y公司签订联合办学协议，由Y公司出资，学校更名为“F大学C分院”。2003年10月10日，B市教育委员会下发《关于同意F大学C分院更名的批复》（B教计〔2003〕86号），同意F大学C分院更名为“F大学C学院”，并同意使用新名称向教育部申报独立学院。2004年2月23日，教育部下发《关于对A省普通高等高校举办的独立学院予以确认的通知》（教发函〔2004〕21号），确认F大学C学院为独立学院，2004年4月2日，A省教育厅下发《关于同意设立F大学C学院的通知》（A教函〔2004〕111号），同意设立F大学C学院。

（一）“合理回报”的取得

1. C独立学院的投资者仅Y公司一家的办学期间

建校之初，C独立学院的办学者包括F大学和Y公司，F大学以名称使用权、优势的教育资源、先进的教育和管理经验等无形资产，以及提供或组织师资作为合作条件，Y公司的出资额经评估作价为人民币63000000元（约71575000港元）。当时合作办学方仅Y公司一家，其在2001年1月10日与F大学签订的办学协议书，又在2003年9月19日签署了补充协议，关于“合理回报”的来源可通过利益分配方法的协定条款中得知。

材料5－4：①

自2004年起利益分配方法如下：

（1）以国家计划招生3000人的规模计算，学费收入扣除不超40%的学校运行成本后，按F大学占35%，Y公司占65%的比例进行分配，超出此规模的人数，按F大学占15%，Y公司占85%的比例进行分配。

（2）如国家计划招生不足3000人，F大学应参与C独立学院其他办学收益的分配。

（3）分配时间为每年新生入学后的40个工作日以内。

（4）F大学、Y公司双方均有责任保证和监督40%收费投入学校日常运行。

---

① 资料来源：Y公司与F大学于2003年9月19日所签署的合作办学之补充协议。

在这一时期 F 大学的合作办学者 Y 公司参与了独立学院全部收益的分配，享有了所有财产的收益权，获得的“合理回报”来源囊括了学院的包括学费收入在内的一切收入。

基于公式：学费收入 = 学费标准 × 招生人数，并根据上述材料一中投资各方利益分配方法的协议条款，可以将各方的收益进行计算如下：

第一，C 学院的全部收入主要包括两部分：学费收入和其他办学收益（包括住宿费）。

第二，学费收入的分配比例根据招生人数不同分为三种情况：

当招生人数 = 3000 时，招生人数等于 3000 人的学费收入 = 3000 × 当年学费标准。

表 5－2　情况 1

分配主体	分配比例	分配数额
C 独立学院	40%	40% ×3000 × 当年学费标准
F 大学	40% ×35% =14%	14% ×3000 × 当年学费标准
Y 公司	40% ×65% =26%	26% ×3000 × 当年学费标准

当招生人数 > 3000 人时，招生人数超过 3000 人的学费收入 =（招生人数 －3000）× 当年学费标准。

表 5－3　情况 2

分配主体	分配比例		分配数额
	3000 人	>3000 人的部分	
C 独立学院	40%	－	40% ×3000 × 当年学费标准
F 大学	14%	15%	14% ×3000 × 当年学费标准 +15% ×（招生人数 －3000）× 当年学费标准
Y 公司	26%	85%	26% ×3000 × 当年学费标准 +85% ×（招生人数 －3000）× 当年学费标准

当招生人数 < 3000 人时，招生人数少于 3000 人的学费收入 = 招生人数 × 当年学费标准。

表 5－4　情况 3

分配主体	分配比例	分配数额
C 独立学院	40%	40% ×招生人数×当年学费标准
F 大学	40% ×35% =14%	14% ×招生人数×当年学费标准
Y 公司	40% ×65% =26%	26% ×招生人数×当年学费标准

除学费收入以外的其他办学收益的分配：

当招生人数≥3000 时，其他办学收益归 Y 公司全部所有。

当招生人数 <3000 时，其他办学收益的分配。

表 5－5　除学费收入以外的其他办学收益的分配

分配主体	分配数额
F 大学	14% ×（3000－招生人数）×当年学费标准
Y 公司	其他办学收益－［14% ×（3000－招生人数）×当年学费标准］

由此可见，在这一时期独立学院出资人 Y 公司的“合理回报”来源包括了学费收入和包括住宿费在内的其他办学收益两部分，而这两个部分也是独立学院的全部收入。除去 C 独立学院向 F 大学缴纳的管理费的剩余收入全部作为投资回报归 Y 公司所有。

2. X 公司、Z 公司和 Y 公司共同构成合作方之后

直到 2009 年，C 独立学院为了进一步扩大发展促成日后的上市，Y 公司以出让部分产权为代价，偿付 X 公司的建设款项以及引入 Z 公司的战略投资共谋 C 独立学院的发展。2009 年 6 月 8 日，F 大学、Y 公司、X 公司、Z 公司签订了合作协议、补充协议和《关于 C 独立学院增资及权益转让协议书》。其中对 C 独立学院收入和“合理回报”的分配作出详细的协定：

材料 5－5：①

C 独立学院按照中国国家相关法律法规规定收取学生学费、住宿费及中国国家政策允许收取的其他费用。

① 资料来源：F 大学、X 公司、Y 公司及 Z 公司 2009 年 6 月 8 日共同签订的《关于合作举办 C 独立学院的协议书》。

在F大学与三方出资人签订的合作协议中该条款规定了C独立学院的全部办学收入包括了学生学费和包括住宿费在内的其他收费两部分，这也是“合理回报”获取来源的总体。在三方出资人共同签订的补充协议中，对“合理回报”的取得有了进一步明确的界定。

材料5-6:①

合理回报的分配及支付：Y公司作为C独立学院100%权益持有人，Z公司作为Y公司的关联公司（定义见上市规则），Y公司和Z公司就各出资方所取得的合理回报的分配作出以下承诺：

C独立学院可分配回报的分配原则和方式：可分配回报是指包括学费和住宿费在内的C独立学院全部办学收入，扣除：（ⅰ）必要的办学成本；（ⅱ）法律法规要求应当提取的发展基金；和（ⅲ）F大学依据合作协议应提取的管理费后，可以向出资方分配的合理回报。

由上述补充协议之规定，“合理回报”即合同中所言“可支配回报”，它的计算公式如下：

“可支配回报”=C独立学院全部办学收入（学费+住宿费+其他办学收入）-必要的办学成本-法律法规要求应当提取的发展基金-F大学依据合作协议应提取的管理费

可见，“合理回报”的计量需要考察以下四个要素：

(1) 全部办学收入

根据材料3-2，C独立学院的全部办学收入包括两个部分：学费收入和包括住宿费在内的其他办学收益。在下表中搜集了各年的学费和住宿费及招生人数，计算总收入：

总收入=（本科学费+住宿费）×本科招生人数+（专科学费+住宿费）×专科招生人数

① 资料来源：C独立学院、Y公司、Z公司及X公司2009年6月8日共同签订的《关于合作举办C独立学院的补充协议书》。

表 5－6　全部办学收入

年份（年）	学费（元/年·生）		住宿费（元/年·生）	招生人数（人）		总收入（元）
	本科	专科		本科	专科	
2000	–		–	695		–
2001	–		–	650		–
2002	–		–	1200		–
2003	7600		1200	1500		13200000
2004	9000		1200	742	1046	18237600
2005	9000		1200	2200	400	26520000
2006	12000	10000	1200	2242	645	36818400
2007	12000	10000	1200	2653	397	39466000
2008	12000	10000	1200	2780	1185	49968000
2009	12000	10000	1200	3108	602	47768000
2010	12000	10000	1200	2994	840	48928800

资料来源：1. 2006—2010 年的学费和住宿费标准参考 C 独立学院官方公布的招生简章；2. 2004—2005 年的学费和住宿费标准根据 2004 年 5 月 19 日 A 价函［2004］103 号《A 省物价局关于对 C 独立学院学生收费标准的批复》；3. 2003 年的学费和住宿费标准根据 F 大学网站早期资料；4. 2000—2002 年的学费和住宿费标准尚未搜集到；5. 2000—2003 年的招生人数是指 C 独立学院十年校庆之档案资料中披露的每年的新生报到人数；6. 2004—2010 年的招生人数根据各年招生计划公布人数。

此外，C 独立学院还开展了除学历教育之外的如自考、出国培训等多种形式的办学活动，以及通过其他非教育活动获得了不少的收益。

（2）必要的办学成本

根据材料 5－1 中的分配比例和其后的计算分析，C 独立学院的办学成本如下：

表 5－7　C 独立学院的办学成本

招生人数	C 独立学院的办学成本
≥3000 人	40% ×3000 × 当年学费标准
<3000 人	40% × 招生人数 × 当年学费标准

可见，C 独立学院的办学成本最多不会超过 3000 名学生学费的 40%，即最高不超过：

计提办学成本 = 40% ×3000 × 当年学费标准

= 40% ×3000 × 12000 = 14400000（元/年）

（3）提取发展基金

在各方合作协议中的表述为按照法律法规的要求提取相应金额的发展基金，那么根据《独立学院设置与管理办法》第四十三条规定："独立学院在扣除办学成本、预留发展基金以及按照国家有关规定提取其他必需的费用后，出资人可以从办学结余中取得合理回报。出资人取得合理回报的标准和程序，按照民办教育促进法实施条例和国家有关规定执行"。依照《中华人民共和国民办教育促进法实施条例》第三十七条："在每个会计年度结束时，捐资举办的民办学校和出资人不要求取得合理回报的民办学校应当从年度净资产增加额中、出资人要求取得合理回报的民办学校应当从年度净收益中，按不低于年度净资产增加额或者净收益的25%的比例提取发展基金，用于学校的建设、维护和教学设备的添置、更新等"。所以，每年应该提取的发展基金的计算公式如下：

发展基金数额 = 年度净资产增加额或净收益 ×25%

材料 5 –7：①

截至 2007 年 12 月 31 日止年度，C 独立学院根据中国公认会计准则编制扣除税项及非经常项目前后的经审核净溢利均约为人民币 32039000 元（约 36400000 港元）。

于截至 2008 年 12 月 31 日止年度，C 独立学院根据中国公认会计准则编制扣除税项及非经常项目前后的经审核净溢利均约为人民币 51934000 元（约 59002000 港元）。

根据香港联交所披露的 C 独立学院 2007 和 2008 两个会计年度的资产净收益和以上发展基金的提取数额，可计算这两年的发展基金应计提数额：

2007 年应计提发展基金：32039000 ×25% = 8009750（元/年）

2008 年应计提发展基金：51934000 ×25% = 12983500（元/年）

（4）F 大学的管理费

F 大学在与 Y 公司及后来的 X 公司和 Z 公司合作举办 C 独立学院的过程

---

① 资料来源：X 公司《须予披露交易认购及收购 C 独立学院权益》（香港联交所）。

中，以名称使用权、优势的教育资源、先进的教育和管理经验等无形资产，以及提供或组织师资作为合作条件，在办学过程中每年向C独立学院收取一定的费用作为管理费，收取数额在与X公司签订《关于C独立学院增资及权益转让协议书》后的计算方法如下：

材料5-8：①

各方同意C独立学院应向F大学支付2008年7月至2012年6月五年管理费合共人民币33000000元（约37491000港元），截至补充协议签署日止已支付人民币20000000元（约22722000港元），尚欠余额应于2009年6月30日前支付。另外各方同意，C独立学院2012年7月以后的管理费缴纳方式，是继续执行Y公司与F大学于2001年1月10日所签之协议书及2003年9月19日所签署之合作办学补充协议（合称"原协议"），还是按Y公司与F大学于2008年12月4日所签之补充协议（简称"原补充协议"）精神继续执行，根据届时的政策和情况由Y公司代表各出资方与F大学协商决定。

2008年7月至2012年6月五年管理费为33000000元（约37491000港元），通过简单计算得知C独立学院向F大学每年的管理费支付标准为人民币6600000元（约7498000港元）。2012年7月之后的管理费标准待定。

纵观以上四个因素的计算结果，可以通过公式计算出"可支配回报"（考虑到数据的完整性以2008年为例）：

2008年的"可支配回报"=C独立学院全部办学收入（学费+住宿费+其他办学收入）-必要的办学成本-法律法规要求应当提取的发展基金-F大学依据合作协议应提取的管理费=49968000-14400000-12983500-6600000=15984500（元/年）

需要说明的是，由于在办学收入中以最低数即仅计算了学费和住宿费两项，而办学成本又是按照最大值即40%的比例加以计算，因此，上面得到的15984500（元/年）的"可支配回报"仅是"合理回报"的最小值。另外在实际中，2008年尚未签订三方合作协议，"合理回报"的结算方法也并非采

① 资料来源：C独立学院、Y公司、Z公司及X公司2009年6月8日共同签订的《关于C独立学院增资及权益转让协议书》。

用此计量方法，所以，这个数字仅是假设为举例比较而计算，并非真实数据。

（二）“合理回报”的分配

1. C独立学院的投资者仅Y公司一家的办学期间

根据材料5－1及上述解析结果，容易计算出资人Y公司的“合理回报”：

表5－8　Y公司的“合理回报”

招生人数	Y公司的“合理回报”
=3000人	26%×3000×当年学费标准+其他办学收益
>3000人	26%×3000×当年学费标准+85%×（招生人数－3000）×当年学费标准+其他办学收益
<3000人	26%×招生人数×当年学费标准+｛其他办学收益－［14%×（3000－招生人数）×当年学费标准］｝

2. X公司、Z公司和Y公司共同构成合作方之后

根据C独立学院、Y公司、Z公司及X公司2009年6月8日共同签订的《关于合作举办C独立学院的补充协议书》中承诺任何一方的“合理回报”的计算方法如下：

材料5－9：①

可分配回报=权益比例×定的当年应取得的全部可分配回报

X公司、Y公司、Z公司三方在分配全部的“可支配回报”时，按照各自所占股份比例进行分配。三方的权益比例在X公司完成增资及收购后，如下：

材料5－10：②

增资及收购完成后，Y公司、Z公司及X公司分别持有C独立学院权益的比例为51.87%、23.83%及24.30%。

① 资料来源：C独立学院、Y公司、Z公司及X公司2009年6月8日共同签订的《关于合作举办C独立学院的补充协议书》。

② 资料来源：C独立学院、Y公司、Z公司及X公司2009年6月8日共同签订的《关于C独立学院增资及权益转让协议书》。

如根据材料 5 - 9 和 5 - 10 可列出计算三方收益的公式：

Y 公司的“可分配回报”= 51.87% ×定的当年应取得的全部可分配回报

X 公司的“可分配回报”= 24.30% ×定的当年应取得的全部可分配回报

Z 公司的“可分配回报”= 23.83% ×定的当年应取得的全部可分配回报

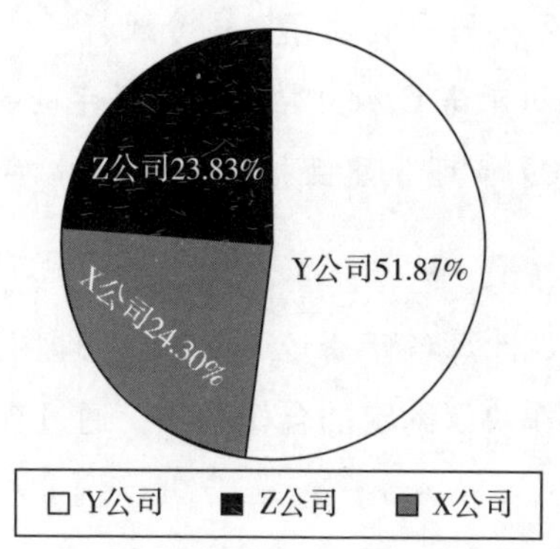

图 3 - 1　Y 公司、X 公司、Z 公司三方权益比例

但是，对于 X 公司的“合理回报”数额和支付方式有特殊约定，如下所示：

材料 5 - 11：①

（1）若 C 独立学院 2009 年当年的可分配回报高于或等于 X 公司实际总投资额的 8%，Y 公司及 Z 公司承诺，优先分配 X 公司不少于 X 公司实际总投资额的 8%；若 C 独立学院 2009 年当年的可分配回报低于 X 公司实际总投资额的 8%，则全部可分配回报由 X 公司独享，Y 公司及 Z 公司承诺放弃回报分配权；

（2）若 C 独立学院 2010 年当年的可分配回报高于或等于人民币 23400000 元（约 26585000 港元），Y 公司及 Z 公司承诺，优先分配本公司不少于人民币 23400000 元（约 26585000 港元）；若 C 独立学院 2010 年当年的可分配回报低于人民币 23400000 元（约 26585000 港元），则全部可分配回报由 X 公司独享，Y 公司及 Z 公司承诺放弃回报分配权；

（3）于 C 独立学院 2011 年至（i）合作协议约定的合作期限届满；或

① 资料来源：C 独立学院、Y 公司、Z 公司及 X 公司 2009 年 6 月 8 日共同签订的《关于合作举办 C 独立学院的补充协议书》。

(ii) 补充协议约定的回购全部完成，若每一年当年的可分配回报高于或等于人民币26000000元（约29539000港元），Y公司及Z公司承诺，优先分配X公司不少于人民币26000000元（约29539000港元）；若每一年当年的可分配回报低于人民币26000000元（约29539000港元），则当年全部可分配回报由X公司独享，Y公司及Z公司承诺放弃回报分配权；

(4) Y公司及Z公司承诺C独立学院将于每年的3月31日前，向X公司支付上年度的回报（2009年可分配回报除外，2009年的回报于当年12月31日前支付X公司）。

根据材料5－11，要计算各年X公司的“合理回报”需要两个数据：X公司实际总投资额和合作协议约定的合作期限，通过查阅以下资料便可得知：

材料5－12：①

本公司以现金认缴人民币130000000元（约147694000港元）（占成都学院增资后权益比例12.15%）。德瑞不参加增资认缴。增资后德瑞将其持有的成都学院12.15%的权益转让给本公司，价格为人民币130000000元（约147694000港元），本公司以现金方式支付对价。本公司用于认购及收购成都学院权益的总代价为人民币260000000元（约295387000港元）。

X公司实际预期总投资额＝260000000元（约295387000港元）

这样，根据材料3－8的协定条款计算X公司各年应收收益如下：

2009年的分配方式：

当全部可分配回报≥X公司实际总投资额×8%＝260000000×8%＝20800000（元）时，X公司的可分配回报≥20800000元，Y公司的可分配回报＝51.87%×（1－24.30%）×（全部可分配回报－20800000），Z公司的可分配回报＝23.83%×（1－24.30%）×（全部可分配回报－20800000）。

当全部可分配回报＜20800000元时，X公司的可分配回报＝全部可支配回报，Y公司的可分配回报＝0，Z公司的可分配回报＝0。

2010年的分配方式：

① 资料来源：C独立学院、Y公司、Z公司及X公司2009年6月8日共同签订的《关于C独立学院增资及权益转让协议书》。

当全部可分配回报≥23400000元时，X公司的可分配回报≥23400000元，Y公司=51.87%×（1-24.30%）×（全部可分配回报-23400000），Z公司=23.83%×（1-24.30%）×（全部可分配回报-23400000）。

当全部可分配回报<23400000元时，X公司的可分配回报=全部可支配回报，Y公司的可分配回报=0，Z公司的可分配回报=0。

2011年之后的分配方式：

当全部可分配回报≥26000000元时，X公司的可分配回报≥26000000元，Y公司=51.87%×（1-24.30%）×（全部可分配回报-26000000），Z公司=23.83%×（1-24.30%）×（全部可分配回报-26000000）。

当全部可分配回报<26000000元时，X公司的可分配回报=全部可支配回报，Y公司的可分配回报=0，Z公司的可分配回报=0。

(三)“合理回报”的归属

在以上两个部分关于“合理回报”来源和分配方式的计算和分析后，重点要关注的就是“合理回报”最终兑现在出资人手中的价值。

材料5-13：①

于2009年6月，X公司出资人民币2.6亿元获得四川外语学院成都学院24.3%的股权。计入可供出售股本投资：C独立学院，260000千元，无固定到期日或票息。本项目拥有稳定的盈利前景和现金流入，可为X集团带来较好的投资回报。投资该学院是X集团向文化教育产业的探索。于2009年12月本集团获得人民币1176万元的分红收益。

从X公司的年报中显示的数据和投资目的来看，该公司投资C独立学院的目的是非常明确的营利性，看好投资回报。而在实际中，该公司的目的也得以实现，仅在投资第一年就获得实际收益1176万元。

小结：在C独立学院发展的十年间，按照“合理回报”的取得范围、分配方式的不同分为两个时期：第一时期，作为唯一出资人Y公司参与了C独立学院的全部收入的分配，并且未为学院留存相应的发展基金，将除支付举办方F大学管理费外的全部收入纳入己有，既包括抵偿办学成本的回收，又

① 资料来源：X公司2009年报（香港证券交易所）。

包括办学的“合理回报”和剩余收入。在这一时期，出资人的“合理回报”并未进行清晰明确的界定，而之所以会出现这种模糊的收益权分配情况，与学院产权的不明晰直接相关。正是由于法律政策和政府监管的缺失，在公司产权与独立学院产权未严格界定的情况下，学校收入与出资人收入界限模糊，教育投资未与其他产业投资进行有效的区分，使得“合理回报”的数量和性质难以得到确定。第二时期，C 独立学院的出资人得以增扩，除原来的 Y 公司，又加入了 Z 公司和 X 公司，在新的协议中“合理回报”也被清晰的界定，特别是将学校办学成本与出资人的“合理回报”进行了严格区分，并提取相应的发展基金，较之第一时期，有了较强的规范性和有效性。这一转变源于在 C 独立学院逐步发展壮大的同时，我国关于独立学院的法律相应出台，各项办学标准和要求逐渐确立，同时从国家到地方的各类检查验收工作陆续开展，这为独立学院的规范发展提供了指导，使之尽快转向稳定规模、规范管理、提高质量的发展轨道上来。目前，该学院正在积极的进行转设，转设过程也是一个利益的博弈过程，相当于合理回报的重新分配，许多独立学院的原始动力，主要来源于此。

三、独立学院“合理回报”政策目标与执行偏离分析

在组织理论中，人性的假设最初由道格拉斯·麦格雷戈（Douglas Mcgregor）提出，在每一个管理决策或每一项管理措施的背后都必有某些关于人性本质及人性行为的假定。对教育政策而言，人性假设体现在政策制定和执行中，制定者和执行者对政策行为中人的本质属性的基本认识。通过前面两章的分析可以看出，独立学院“合理回报”政策制定者和执行者在该政策上的人性假设有着本质的差异，人性假设上的根本差异具体体现在政策的价值取向以及实现方式之中，最终导致政策目标与执行的偏离。

（一）人性假设

1. 政策目标体现“道德人”假设

“道德人”假设基于人的本性中利他的行为动机，追求团体利益的最大化，行为目标是社会福利的改进。该假设源于亚当·斯密在《道德情操论》中所体现的重要观点：具有公益精神的行为主体追求社会福利的最大化。

独立学院“合理回报”政策中关于教育的公益性原则和出资人投资倾向的规定鼓励出资人体现“道德人”的本性，在办学中以民办高等教育事业和独立学院本身的发展为首要目标，而将自身的收益作为次要目标，最好放弃，使得出资人的办学行为称为企业家回馈社会的途径和渠道，作为慈善事业的一种体现教育公益性的原则。

2. 政策执行体现“经济人”假设

“经济人”假设基于人的本性中利己的行为动机，追求个人利益的最大化，行为目标是个人财富的增加。该假设源于亚当·斯密在《国富论》中所体现的重要观点：经济诱因下有理性的行为主体追求自身利益的最大化。20世纪70年代以布坎南为代表的经济学家将“经济人”假设用于对公共部门选择或决策行为的分析，创立公共选择理论，认为人们多数希望以自我为中心而忽视组织目标。独立学院“合理回报”政策的执行结果显示出资人投资的根本目的是获得经济回报，而将投资于办学更是看重了其收益的稳定性。由此可见，在政策执行中，出资人的投资行为是作为“经济人”的利己行为，行为动机和目标都是实现自身利益最大化。

小结：对于政策制定者而言，人的利己性和利他性都是激励政策对象的驱动力，通过得当的方法，总是可以把政策对象的行为引导到有利于实现政策目标上来，而片面夸大两者中的一面都会严重影响政策执行的效果。在独立学院“合理回报”政策中，政策制定者过于强调人性的积极一面，而忽视了执行过程中所体现出的人性中的自私面，因而在根本上未能形成同时满足人的行为目标和组织目标统一的政策目标，因而很难使出资者积极地按照政策目标执行，最终导致目标无法完成。因此，在独立学院“合理回报”政策目标与执行产生偏离的根本原因在于二者对于人性的假设上的偏离，“道德人”与“经济人”通过“同情”与“理性”指导行为，人作为复杂的行为个体在面临不同的抉择情景有着不同的价值选择。在独立学院“合理回报”政策上，政策制定者希望出资人从社会福利的角度出发，本着奉献精神和公益性原则办学，而出资人更多地从自身利益出发，首先寻求投资收益的取得，该矛盾直接反映在该政策的价值取向之中。

（二）价值取向

在大学产生的早期，公立大学与私立大学的界定标准是办学经费的出资人是政府还是社会组织或个人，公立大学依靠政府的财政拨款，私立大学则依靠学费与私人捐献。而现代的大学规模的扩大带来了大量学费以外的其他收入，即便是公立大学中政府的投入在比例上已不及大学自己的“创收”。这样清晰地界定高校办学行为是营利还是非营利就变得比较困难，随着产权理论的出现和发展，人们对于非营利性办学的认识逐渐发生转变，对于学校财产的所有权利中，收益权和剩余索取权的归属成为核心标准。

1. 政策目标中的非营利性

“我们说一个非营利机构之所以被称为非营利机构，并不在于这些机构实际上是否赚钱，更正确地说，这个称谓是指那些以推进科学、教育或慈善事业而非以赚钱为其首要目的的机构，即便实际上它们的财政搞得很好”。可见非营利组织的非营利性不再指组织不能营利，而是指组织的利润的“收益权”或“剩余索取权”不能分配，也就是说非营利组织没有实际的所有者，而组织的剩余利润也只能留在组织内部。独立学院“合理回报”政策正是基于这样的价值取向，独立学院是在公益性原则下的非营利性组织，学校的产权属于学校法人，而非出资者，出资者更没有财产“收益权”和“剩余索取权”，所能够获得的“合理回报”只是政府给予出资者支持教育事业的奖励。

2. 政策执行中的营利性

经济合作与发展组织（OECD）专家组在考察中国的高等教育后得出了同样的结论：“目前，政府不允许营利性民办学校的存在……但目前的独立学院实际上是营利性学校，因为它们除了成本之外还有很多剩余收入”。我国独立学院所提供的教育服务属于准公共产品和私人产品两种性质的教育服务，独立学院的教育投资既是教育活动，又是经营活动，独立学院也具有公益性（即非营利性）和营利性两重属性。经营的本质是追求效益，企业行为往往是以利润最大化为目标。由于教育公益性的存在，独立学院的经营所追求的教育意义和社会效益，而出资人投资追求的是经济效益。因此，独立学院“合理回报”政策执行中出资人是以营利性为办学的价值取向，以追求经济利益为目标，在实质上获得了办学的“收益权”和“剩余索取权”。

小结：独立学院办学原则遵循我国《教育法》第25条之规定：“任何组织和个人不得以营利为目的举办学校及其他教育机构”，则独立学院在办学形式上全部属于非营利机构。而《独立学院设置与管理办法》中区分“要求合理回报”和“不要求合理回报”两种，就是实质上把独立学院分成了两部分，一部分是真正的非营利机构，不要求合理回报的；另外一部分可以叫作准营利机构，因为合理回报的提取受到种种的限制。由于要求合理回报的民办学校的税收优惠政策至今悬而未决，同时民办学校执行《民间非营利组织会计制度》，意味着出资人对其投入资产所有权的丧失，“合理回报”难以跨越“收支结余不得向出资者分配”的障碍，民办学校现行的会计制度和税收政策实际上否定了“允许合理回报”的法律规定。基于以上原因，多数独立学院在申请办学许可证时，都选择了“不要求合理回报”，其实并非出于本意，通过各种各样的关联交易把利润转移出去，政府监管失效，这样直接造成“合理回报”政策执行上的偏离目标现象。

（三）实现方式

政策的人性假设决定了政策的价值取向，而政策的价值取向决定了价值取向的实现方式，独立学院“合理回报”政策的制定和执行在实现方式上的差异显而易见。根据《独立学院设置与管理办法》中关于独立学院的区分，出资人在形式上大概可分为三类：一是捐资型；二是投资但不求回报型；三是投资要求合理回报型，同时《办法》又将“合理回报”规定到奖励的范畴，因此，三类在实质上得不到区分，即统统属于捐资办学。这样涉及出资和出资报酬的规定在政策目标中就体现为“捐资”的性质加上作为奖励性质的“合理回报”；而政策执行中出资人出于同其他产业的投资一样的目的，那就是利润。

1. 政策目标中的“捐资 + 合理回报”

政策目标用“合理回报”作为奖励措施，将独立学院出资人由主动投资者推向了被动的捐资者地位。政策的目标表明：独立学院投入的资金用以办学的行为不能像投资办企业一般的投资行为，正如政策内容所描述的，出资办学的特殊性首先表现在投资性质上，出资办学是属于参与公益性事业，必须贯彻国家的教育方针，坚持社会主义办学方向和教育公益性原则，而不能以追逐利润为目的。其次表现在出资范围上，独立学院出资人的出资仅仅包括其投入部分及部分增值，不包括全部增值。其中要扣除国家的资助拨款和接受的捐赠财产、独立学院的借款、收取学生的费用等。再次表现在财产管理上，独立学院的运作及财务管理与企业完全不同，独立学院在财会制度上拥有完全的独立性，独立于母体高校和出资企业。因此，独立学院作为我国高等教育发展中一种创新的办学形态，兼具公立大学和独立学院的特点，投资举办独立学院也成为一种极为特殊的投资行为。我国民办教育“非营利性”的价值取向之下，其实现方式只能是以不考虑回报的捐资的形式，而对于办学水平比较高、贡献比较大的出资人，政府会以办学收入的一部分比例作为奖励。这就是独立学院“合理回报”政策目标所体现的“捐资+合理回报”的激励方式。

2. 政策执行中的“投资+办学收益”

中国的独立学院是“投资办学”而不是西方发达国家的“捐资办学”。2009年一项有全国103所独立学院参与的问卷调查显示，独立学院中合作方往往是通过学费预先提成的方式来获得回报，合作方按学费20%收取回报的占24.2%，按20%—30%收取回报的占29.1%，按30%—50%收取回报的占9.7%，按50%以上收取回报的占7.8%。独立学院“合理回报”政策在执行中并非按照政策目标要求，也并非如他们办学章程中所承诺的“不要求合理回报”，而是采用预先提成、直接提取和变向取得等多种形式的变通来达到收回投资回报、分享办学利润的投资目的，反映出政策执行中的不规范行为，而这些行为也得不到相应的监管和制裁，独立学院大量的办学收入被或“堂而皇之”或“偷梁换柱”地进入出资者的账户，而独立学院“合理回报”政策也在执行中或被“流于形式”或被“搭了便车”，与原本奖励出资者的政策目标背道而驰。

小结：

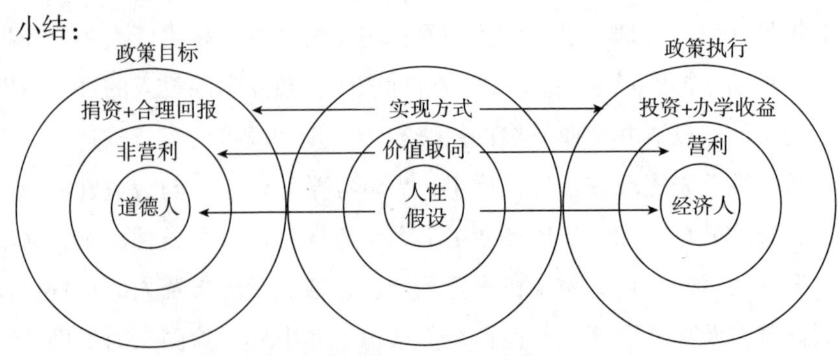

图5－2 政策目标与执行偏离分析框架

基于以上分析得出一个政策分析框架：以人性假设为基础和核心，政策的价值取向决定其实现方式，独立学院“合理回报”政策的目标与执行的偏差的问题就得到解释。政策目标的制定基于“道德人”假设，依据出资人的投入是“非营利”性质办学行为的价值取向，制定了出资人的出资实质为“捐资”，获得政府给予相应以“合理回报”为形式的奖励。政策执行的过程中基于“经济人”的假设，依据实践中出资人的投入是“营利”性质的办学行为的价值取向，采用“投资”办学的实现方式以获取“办学收益”为动机和目的。

四、独立学院转设过程中“合理回报”政策的演进思路

公共政策缺乏稳定性是政策执行偏离目标的重要原因，然而独立学院本身作为我国民间办学体制创新的产物，天然地具有尝试性和变化性。根据政府和教育部关于独立学院过渡性和阶段性的规定和政策导向，在独立学院“合理回报”政策的演进中应关注两个关键，一是把握五年“过渡期”转设为纯独立学院；二是划分营利性和非营利性的办学属性，使独立学院拥有真正独立的办学自主权，更好地实现其教育目的和经营目的的统一。

（一）独立学院转设为民办高校

《办法》第五十八条规定：“本办法施行之日（2008 年 4 月 1 日）起 5 年内，基本符合本办法要求的，由独立学院提出考察验收申请，经省级教育行政部门审核后报国务院教育行政部门组织考察验收，考察验收合格的，核发办学许可证”。2009 年 2 月 1 日《关于编报省级〈独立学院五年过渡期工作方案〉的通知》要求各省市区“区分不同情况，逐校、分类明确工作意见和《办法》施行之日起五年内的进度”。这标志着独立学院五年过渡期进入倒计时。独立学院经过十年的办学过程已经积累了相当的资本实力和管理经验，再经过 2008 年 4 月 1 日始至 2013 年 4 月 1 日止的五年过渡期的整合和协调，向独立学院转轨是发展的重要一步，然而在转设过程中还应注意几个关键的环节。

1. 资产清算和过户

转设的首要步骤是明晰独立学院所有资产的产权，而根据我国《民办教

育促进法》第三十五条的规定："民办学校对举办者投入民办学校的资产、国有资产、受赠的财产以及办学积累，享有法人财产权"。将学校资产进行全面的清算之后过户到作为独立法人的学校名下是独立学院转设之前先要完成的步骤，否则不具备继续办学的基本前提。财产所有权的归属决定了今后学校发展所累积的资产收益权以及剩余索取权的归属。因此，首先要进行严格的资产清算，在国家规定期限内将资产过户到学校法人，并进行相应的财产登记以明晰产权。

2. 终止原合作办学协议

独立学院较之纯独立学院最大的不同在于办学主体的复杂性，由于在独立学院举办之初，根据各方签订的合作办学协议以及之后资产重组中签订的补充协议之规定履行权利和义务，在学校财产的分配上执行各自的标准，且存在很多不规范的行为，例如案例中 C 独立学院的办学收入被 X 公司、Y 公司、Z 公司分别予以分配，使得学校资产大量流失。在独立学院进行转设的过程中，应按照国家法律的要求，对各方利益进行妥善的协调和安排，终止之前签订的合作协议并做好善后处理。

3. 脱离母体高校

在独立学院专设为纯独立学院时关键要处理好与母体高校的关系，因为在独立学院建设和发展中母体高校发挥了重要作用，而在学校收入的分配中母体高校收取的管理费也占据了相当大的数额。有学者对黑龙江省的 5 所独立学院和辽宁、吉林、上海、浙江、湖北、广东、重庆、四川、福建、江苏等省、市 12 所独立学院就母体高校的特殊回报问题进行了走访和电话咨询，每年从学费收入中上交母体高校管理费的情况如下：上交 30% 的 2 所；上交 20% 的 7 所；上交 15% 的 3 所；按 20% 股份的 1 所；按结余的 40% 上交的 1 所；未上交的 3 所，其中后三所均属原公办高校自办的二级学院，改为独立学院后尚未确定收费办法和比例。在独立学院转设为独立学院之时，要实现真正的独立必须将母体高校投入的无形资产进行评估并通过签订相应补偿协议进行有效地分割。

小结：在 2008—2009 年共 5 所独立学院转设为独立学院：哈尔滨商业大学德强商务学院转设为哈尔滨德强商务学院、东北大学东软信息学院转设为大连东软信息学院、吉林艺术学院动画学院转设为吉林动画学院、沈阳师范大学渤海学院转设为辽宁财贸学院、东北大学大连艺术学院转设为大连艺术学院。目前，五年“过渡期”已结束，符合办学条件的独立学院正在按照国家规定的程序逐步开展转设工作，处理好以上三方面的关系是转设成功的关键。在转设之后的独立学院即将面临的第一个问题就是是否要求“合理回报”，经过前一部分的分析，这涉及选择营利性还是非营利性的办学模式。

（二）区分营利性与非营利性高校

独立学院“合理回报”政策在形式上的非营利性与实质上的营利性界定含糊不清，会导致政策执行主体利用模糊空间投机取巧、执行过程监管不利漏洞百出、执行方案模棱两可随意改变、政策目标偏离阻滞难以实现，是不容忽视的障碍。在政策演进中要求学院明确办学性质才能保障政策顺利有效地执行，行政部门依法严格地监管，独立学院健康有序的发展

1. 产权制度

在法律法规上对营利性和非营利性高校的产权关系给予明确的界定，以保障独立学院法人主体产权归属的完整性。产权在本质上具有排他性，包括占有、使用、收益和处分四项权能。推行民办学校的所有权与经营权相分离的治理机制，直接的好处是克服资本的寻利性和教育的公益性之间的矛盾。“投资”本身就是一种具有商业性的营利行为，以获得资产增值回报为目的，在投资办学中体现为对学校产权和财产收益权的要求。我国民办高等教育政策所追求的公益性与举办者投资寻利性的矛盾，使我国民办高等教育的发展面临两难的选择，若严格坚持民办学校法定的非营利性将不利于调动社会力量举办民办高等教育的积极性。因此区分清楚营利性和非营利性的产权关系，分别进行相应的财产登记，执行各自的财产管理制度是区分营利性与非营利性高校的关键。

2. 税收制度

在私立高等教育相对发达的国家，均未给予出资人直接的投资回报的政策，但是却采用间接的税收补贴形式如减免遗产税、所得税和赠与税；提供优惠项目等，以形成有利于吸纳社会资金举办教育的机制。美国联邦政府对非营利的高等院校的收入免除联邦税收是最重要的补助，每年高等学校获得的税收减免约为500 亿美元。对教育机构获得的捐赠和没有实现的捐赠收益

实行税收扣除是私立院校能够比公立院校获益更多的唯一一项税收支出，主要是因为私立院校更多地依赖自愿捐赠。可见在美国“非营利”的概念主要得自税法的区分。我国对独立学院的税收优惠在《办法》中没有明确规定，参照《民办教育促进法》中相关规定：“出资人不要求合理回报的民办学校，依法享受与公办学校相同的税收优惠政策；出资人要求合理回报的民办学校享受的税收优惠政策，由国务院财政部、税务主管部门会同国务院有关行政部门制定（《中华人民共和国民办教育促进法实施条例》第三十八条)”。当前法律法规和政策对教育税收优惠政策的规定，没有区分公办学校和民办学校，更没有在民办学校中进一步区分出资人是否取得合理回报，特别是在《民办教育促进法》实施后和其实施条例实施前，于2006年颁行的（财税〔2006〕3号)《关于教育税收政策的通知》，也没有另外单行规定对出资人要求取得合理回报的民办学校的税收政策。因此，在税收优惠政策上仍需要法律的进一步规范和细化，才能使独立学院的政策有效执行。

3. 管理制度

弗里德曼（Milton Friedman）1995年在讲美国公立学校私有化的问题时，明确提出私有化的效用需要政府付费来保障，奠定了美国实行教育券制度的基础，政府发教育券，家长去选择学校，这样一边政府付费，一边给了家长选择权，形成一种竞争机制，和企业家的创新精神二者加在一起来改造美国的教育。这样的制度安排给我们的最大启示是强调了选择权的重要性，办学者的选择权和学生家长的选择权。将营利性与非营利学校的优势兼容并蓄的一个关键性条件就是政府必须有足够的监管能力，保证营利学校不能冒充非营利学校。现在的民办教育法律对要求取得合理回报的学校规定了一系列的严格措施抬高了门槛，反而造成许多独立学院以“不要求合理回报”之名行要求不合理的回报之实，监管难度加大。在这种现实下，引入竞争机制是最佳的选择，以独立学院转设为契机，给予其自由的选择权，从而形成公办与民办、营利性与非营利性多样化、差异化发展的良性竞争环境，为我国高等教育注入活力。

小结：现行的独立学院“合理回报”政策在执行中隐藏着两个危机：一是逆向选择。根据格雷欣法则，表面上执行“合理回报”政策，其实却是通过各种政策变通渠道获得额外高收益的行为被纵容；而相反，由于对于“合理回报”政策存在一定不满，而不按照其严格执行，去获得基本的回报，但是却提供更好的高等教育服务与管理方式，这样的学院反而得到法律和法规的制裁和取缔。二是道德风险。由于“合理回报”导致了投资人无利可图，而将自己辛苦经营得来的资产的增值，在违背了自己投资意愿的情况下“被捐赠”“被公益”“被非营利”；此外，学校的经营收入和利润完全与自己无关，于是在未来发展中，投资人不在倾注心力和财力给学校，也会得到同等的回报。这一点对于合作办学的公立学校同样有效，他们仅仅在建校之初投入品牌等一些无形资产之外，便可以在之后学校存续期间得到稳定的投资回报，这样的制度安排是一种不经济、不公平的选择。世界范围内公校私营的兴起就是一个明证。这方面美国的特许学校、英国的“教育行动区计划”以及日本的国立大学独立行政法人化等都是公立学校应对私营化挑战的主要措施。因此，区分营利性与非营利性实现差异化发展，并区别化管理是一种基于理性和经济规律的重要政策改进。

《国家中长期教育改革和发展规划纲要（2010—2020）》（以下简称《教育规划纲要》）明确提出要“积极探索营利性和非营利性民办学校分类管理”和“开展对营利性和非营利性民办学校分类管理试点”。根据2011年1月13日教育部发布的国办发〔2010〕48号《国务院办公厅关于开展国家教育体制改革试点的通知》，已经在上海市、浙江省、广东省深圳市、吉林华桥外国语学院建立了探索营利性和非营利性民办学校分类管理办法的改革试点。浙江温州在全国率先进行了分类管理的探索，按照营利性、非营利性对民办学校进行分类登记管理。非营利性的全日制民办学校按照民办事业单位法人进行登记管理，营利性的全日制民办学校按照企业法人进行登记管理。试点的建立和改革的实践是探索独立学院健康发展道路的有益尝试。

第六章　利益相关者与转设政策的执行与偏差

政策执行是将公共政策付诸实施的执行过程，是公共政策过程的枢纽，公共政策的成功与否，依赖政策执行是否彻底。但是政策执行可能不按照公共政策制定的目标进行，事实上，我国当前公共政策执行偏差问题比较突出，如“有令不行、有禁不止”，造成公共政策执行偏差问题的原因是多方面的，而公共政策执行主体对公共政策执行起着尤为重要的作用，执行主体由于受其利益影响、执行能力、对政策的认同感等方面因素制约，致使执行主体消极、被动、低效地执行公共政策，甚至抵制公共政策的有效执行。

巴达克用博弈理论将公共政策执行过程视为一种比赛，在竞争中每个比赛参与者都在追求利益最大化，并将损失减少到最小。公共政策的实质是利益的博弈与划分，造成公共政策执行偏差的主要原因之一就是执行主体的利益驱动。公共政策通常是以国家利益或整体利益为出发点制定的，而政策执行者往往以利益最大化的方式来对待公共政策，当地政府为了追求地方利益漠视中央政策，这给公众造成了巨大的伤害，影响了政府的公信力。这种政策的博弈事实上就是中央政府与相关利益者的利益博弈，利益的驱动使公共政策变形甚至无法贯彻下去。

公共政策的有效执行是建立在执行主体对公共政策认同的基础上的，对执行主体的认同度直接影响着政策执行目标的实现。政策执行主体如果对公共政策执行产生抵抗等情绪会导致政策无法执行，进而无法实现政策目标。反之，政策执行主体高度认同公共政策，就会充分发挥主动性和创造性，积极创造条件，保证政策的有效执行，从而使公共政策目标得以实现。可见，纠正公共政策执行的偏差需要提高政策执行者的政策认同度。

第一节　独立学院转设政策的执行

独立学院作为我国高等教育发展的重要战略选择，它的蓬勃发展对实现我国高等教育大众化、深化高等教育改革发展发挥了重要作用。2008 年 2 月，为规范独立学院办学行为，教育部公布了《独立学院设置与管理办法》。根据“26 号令”的精神，在此后一年多的时间里，一批独立学院转设成为了民办普通本科高校。但是在独立学院转设政策执行的过程中，其行为主体各方均有着自身的行为目标和利益诉求，形成了各方利益博弈的格局，如何实现其博弈均衡化是独立学院转设政策执行过程中需要深入探讨的问题。

一、利益差别：独立学院转设政策博弈的现实基础

利益关系是行为主体之间最基本的社会关系。不同的行为主体即利益主体之间的利益差别及其对利益差别的追求是利益博弈产生的基础。在独立学院转设政策执行的过程中，其行为主体主要包括申请方、合作方和主管方，它们有着各自的行为目标和利益诉求，它们之间的利益关系是其三方关系的核心内容，它们之间的政策博弈正是建立在彼此之间的利益差别基础之上的。

2003 年 4 月，教育部在《关于规范并加强普通高校以新的机制和模式试办独立学院管理的若干意见》（以下简称《若干意见》）中指出：“独立学院的申请者应为普通本科高校”。2008 年 2 月教育部颁布了《独立学院设置于管理办法》（以下简称《办法》），对独立学院申请方的资质要求又做了进一步严格要求，并明确指出：“参与举办独立学院的普通高等学校须具有较高的教学水平和管理水平，较好的办学条件，一般应具有博士学位授予权。”由于我国民办本科高校数量比较少且尚不具备博士学位授予权，客观上决定了目前独立学院的申请者为国有公办本科高校。在独立学院的办学过程中，申请方也就是母体高校主要利用学校名称、知识产权、管理资源、教育教学资源等参与办学，并向独立学院收取学费一定比例的管理费作为“合理回报”，可见，申请方具有一定经济利益诉求。同时，我国公办本科院校实行的是党委领导下的校长负责制，其党委书记、校长和副校长等主要管理者由上级部门

直接委任，这就决定了申请方有着较强的来自上级部门的行政约束和一定的自律意识，另外教育的公益性特点也在一定程度上决定它具有一定社会效益诉求。《若干意见》中指出：独立学院的合作者，可以是企业、事业单位、社会团体或个人，也可以是其他有合作能力的机构。而《办法》则进一步明确规定：参与举办独立学院的社会组织，应当具有法人资格。注册资金不低于5000万元，总资产不少于3亿元，净资产不少于1.2亿元，资产负债率低于60%。参与举办独立学院的个人，应当具有政治权利和完全民事行为能力。个人总资产不低于3亿元，其中货币资金不少于1.2亿元。可见，合作方主要是指企事业单位、社会团体或个人，也就是投资方。在办学过程中，投资者主要投入的是有形资产，包括教学设施和后勤设施等。有些投资者担心政策风险，追求短期收益和回报，甚至出现违规办学和恶意提取办学经费的行为，这些现象的出现往往是由资本的本性所决定的，符合古典经济学中关于“经济人假说”的观点，即投资者是以逐利性为目的，其所关心的是资产的增值，希望以最小的经济代价获得最大的经济利益。所以，合作方将经济利益的诉求放在了目标的首位。

独立学院的主管方是政府部门，包括中央政府和地方政府。政府部门在独立学院发展过程中起着十分重要的作用，它们担当着制度供给者的角色，中央政府制定国家宏观层面的独立学院相关的政策，地方政府在此基础上结合本省本地区独立学院发展情况进一步制定具体化的政策，两者尽管都是政策的供给者，但是两者之间有着利益的差别，中央政府代表全局利益，其制定政策的出发点是全体人民的整体利益；地方政府代表局部利益，其执行政策的出发点是谋求本地区的最大利益。中央政府追求的目标是社会效益，而地方政府除了追求社会效益外，可能还会涉及一部分经济利益，因为地方政府是公办本科高校的主管部门，有着向地方高校拨付办学经费的职责，在办学经费短缺的大背景下，公办本科高校通过举办独立学院减轻办学经费压力的行为，在一定程度上使得地方政府间接获得了一定经济利益。

独立学院的行为主体具有多元化特征，其每个行为主体都有着自己的行为目标，都追求一定的社会利益和经济利益。但是各行为主体的行为比重不是一样的，存在着利益差别，具体来看，在追求社会效益方面，主管方愿望冲动最大（中央政府最大，地方政府次之）、申请方次之、合作方最小；在追求经济利益方面来看，合作方愿望冲动最大、申请方次之、主管方最小（地方政府最大，中央政府最小）。独立学院行为主体之间利益差别的客观存在，使得申请方、合作方以及主管方之间的利益博弈在所难免，他们之间的博弈不是零和博弈，而是合作博弈。独立学院行为主体之间的政策博弈正是建立在申请方、合作方以及主管方之间客观存在的利益差别基础之上，应该看到，申请方、合作方以及主管方都有追求社会效益的意向，但是追求经济效益仍是其运转的基本动力，因此，在独立学院转设政策执行的过程中必须正视独立学院行为主体之间的利益差别。

二、政策博弈：独立学院转设政策执行过程中的利益博弈

政策执行是政策过程的重要环节，是政策目标得以实现的重要保证。政策执行既是检验既定政策是否科学的基本标准，又是制定后续政策的重要依据。所谓政策执行，就是指政策执行者通过建立组织机构，运用各种政策资源，采取解释、宣传、实验、实施、协调与监控等各种活动，将政策观念形态的内容转化为实际效果，从而使既定的政策目标得以实现的动态过程。

独立学院转设政策执行过程中的利益博弈主要是在政策制定者与政策执行者、政策执行者与政策对象以及政策对象之间进行。独立学院转设政策的制定者主要是中央政府（主要是教育部），它负责制定全国性独立学院转设政策，独立学院转设政策的执行者是独立学院，主要涉及合作方和申请方这两个行为主体，地方政府（主要是省级教育行政部门）既是政策的制定者也是政策的执行者，对于中央政府制定的独立学院转设政策地方政府部门要认真执行，同时要结合本地区的实际情况制定更为具体的转设政策，以备本地区内独立学院参照执行，也就是说地方政府既是国家层面独立学院转设政策的执行主体，也是地方层面独立学院转设政策的制定主体。在独立学院转设政策执行的过程中存在各方利益的博弈，具体表现在：

1. 中央政府与地方政府之间的利益博弈

中央政府制定独立学院转设政策的意图在于通过对社会利益关系的调整、社会利益结构的规范来解决政策问题，以促进整个社会的健康发展，因而政策的实施有利于社会普遍利益的实现。这一政策的实施可能会使一部分地区收益，而另一部分地区利益受损。根据目前独立学院发展的状况分析来看，

在独立学院发展较好的省份如东北地区，这一政策的制定有利于本地区的利益，则地方政府会严格执行，并出台相应的配套措施以适应当地独立学院转设的需要；但是对那些独立学院欠发达的省份特别是一些中西部省份，这一政策的制定无疑会在一定程度上损害他们的利益，于是就采取“上有政策、下有对策”的办法，可能对中央政府制定的独立学院转设政策进行曲解，以有利于自身发展的方式来执行政策，也可能对其进行敷衍、阻碍或者是有选择的执行，这些都是对独立学院转设政策执行偏差的表现，这种做法显然违背了这一政策的精神实质。

2. 地方政府与合作方、申请方之间利益博弈

地方政府作为地方独立学院转设政策的制定者，如果地方政府考虑到自身利益等因素可能不进行地方政策供给，合作方与申请方即使想执行转设政策，因缺乏具体的可操作性，也难以实现转设的愿望。合作方与申请方之间也存在利益的博弈，合作方考虑到每年要支付学费一定比例的管理费（通常在 10%—30%，有的更高）给申请方，其负担较重，一旦转设为民办高校则会节约这笔办学经费，但是申请方考虑到自身利益不愿与独立学院脱离“母子关系”，而愿意转设的母体高校占少数，以湖北省独立学院为例，仅中南民族大学这一母体高校支持其独立学院转设为民办高校。

3. 中央政府与合作方、申请方之间的利益博弈

合作方考虑到如果失去母体高校这块“金字招牌”，其投资回报值可能会降低，本身尚不愿意转设为民办高校。申请方考虑到管理费问题自然不愿放弃继续举办独立学院这个可以缓解办学经费紧张局面的机会。教育部第 26 令中指出：基本符合《办法》要求的，由省级教育行政部门向教育部提出考察验收申请，教育部组织考察验收，并对考察验收合格的独立学院核发办学许可证。也就是说，如果在 5 年后，独立学院没有通过验收就意味着要停办，独立学院也将无法获得学士学位授予权。但是这一政策规定能否会真正贯彻落实是值得考虑的问题，因为并未见对那些未完成资产过户的独立学院进行相应的处罚或警告（《独立学院设置与管理办法》中规定：本办法施行前资产未过户到独立学院名下的，自本办法施行之日起 1 年内完成过户工作。同时其第五十六条还规定，独立学院资产不按期过户的，由省级教育行政部门责令限期改正，并视情节轻重，给予警告、1 至 3 万元的罚款、减少招生计划或

者暂停招生的处罚。但是一年期限已满，尚未见有对那些未完成资产过户的独立学院进行相应的处罚或警告）。此次独立学院转设政策会不会也与资产过户政策一样不了了之呢？大多数独立学院的合作方和申请方考虑到自身的利益仍旧处于观望状态。

三、制度创新：协调利益关系，实现博弈均衡

（一）整合各方利益，协调利益关系，实现各方行为主体的利益均衡

要提升政策效力，实现政策目标，就必须对政策执行过程中的各方利益进行整合，协调各方利益之间的关系，以实现利益的均衡化。一是要考虑出资者的“合理回报”问题。要让出资者可以从办学结余中取得略高于社会平均利润率的合理回报，只有这样才能充分调动出资者的办学积极性。另外，合理回报的比例是一个实质合理性问题，必须制定一个既切合各省实际，又有助于各省教育资金合理流动的回报比例。二是母体高校收取的“管理费”问题。从全国的独立学院的协议看，多数独立学院是采取收取管理费的方式，管理费所占比例为学费的10%—30%之间。但收取管理费的方式未能准确反映母体学校的实际贡献、品牌价值，甚至造成国有资产流失。独立学院转设政策的实施将使母体高校收取的“管理费”问题得以解决，即不再向独立学院收取管理费，与独立学院之间脱离“母子关系”，使其走向真正的独立。三是地方政府与中央政府之间关系协调问题。一方面，地方政府的利益要服从中央政府的利益，因为中央政府代表着全社会的普遍利益，地方政府必须克服狭隘的地方本位主义观念，坚决贯彻执行中央政府的各项政策。另一方面，中央政府要兼顾地方的特殊利益。地方政府作为不同利益主体所具有的不同利益诉求都要求在中央政府政策的制定和执行过程中得到适当的反映和体现。中央政府制定的独立学院政策要考虑到地方的特殊性，既要考虑到发达地区独立学院的发展状况，同时也要兼顾欠发达地区独立学院的发展现状。

（二）拓宽利益表达渠道，完善利益表达机制，创新决策组织制度

不同的利益主体具有不同的利益诉求，教育政策的制定与执行必须要充分考虑到这些不同利益主体的利益诉求问题，这需要加强信息沟通，拓宽利益表达的渠道，完善利益表达的机制。中央政府在教育政策的制定与执行过

程中，必须重视地方各相关利益主体的参与，加强与他们之间的意见沟通和信息交流，注意倾听来自地方各利益主体的不同声音，做到“问政于民”，强化与地方各利益主体之间的合作精神。如我国中央政府部门在2010年制定的《国家中长期教育改革和发展规划纲要（2010—2020年）》就是在听取社会各界不同利益群体意见的基础上反复多次修改后形成的，这种利益表达机制的建立有必要在以后得以推广执行，即凡是有重大教育政策的制定均可考虑采用这种办法。另外，还可以采取“一省一票制”的决策机制，这是一种良好的决策组织制度创新，可以在教育部设置一个专门委员会，其成员由来自全国三十多个省市的代表和中央代表组成，教育部在制定重大教育政策时，将草拟的意见稿提交该专门委员会进行讨论、协调和修正，采取“一省一票制”的办法来进行科学决策，这种决策办法有利于协调中央和地方之间的关系，同时也有助于制定教育政策时倾听来自不同利益群体的声音和利益诉求，进而使教育政策的制定与执行趋向合理化、科学化。

（三）完备博弈规则，健全法律法规，建立政策执行的诚信档案

完备的博弈规则，完善的法律法规，有效的激励约束机制，是博弈各方良性互动，博弈活动有序进行的制度保证。法律制度是各种制度中最强硬的一种，它是社会发展过程中不可或缺的一种稀缺资源，明确的法律法规有助于减少摩擦和冲突，降低交易成本，减少改革的代价。目前与独立学院相关的法律主要涉及《高等教育法》和《民办教育促进法》，尚没有专门针对独立学院的法律，现行的独立学院政策主要是教育部颁布的一些规章制度和条文，并没有上升到法律层次，其执行的效力自然没有法律那样具有约束力，因此要尽快将独立学院问题纳入法制化轨道，加紧出台专门的《独立学院促进法》，由宪法和法律对独立学院关键性问题做出明确规定，为独立学院相关政策的有效执行提供明确的法律依据和规范的制度保障。另外，还需要对各利益主体的政策执行情况建立诚信档案，对不诚信行为予以惩罚，可采取通报批评、责令改正、罚款等办法予以处理，对长期处于诚信行列的政策执行者采取激励办法，给予一定经济补偿或政策倾斜，鼓励不诚信者向诚信行列靠拢。

第二节　相关利益者的利益博弈

贵州民族学院 X 独立学院 X 院长采访手记

时间：2012 年 5 月 22 日

地点：贵州民族学院 X 独立学院

采访人物：X 院长

记录者：丁小琴

采访内容：

据贵州民族学院 X 独立学院 X 院长介绍，贵州省一共有 8 所独立学院，其中有 6 所是有自己独立的校区，但是大部分独立学院都没有跳出原有的机制，仍然依靠母体高校的扶持，只有贵州民族学院 X 独立学院和贵州医学院神奇民族医药学院两所高校符合国家出台的 8 号文件。

贵州民族学院 X 独立学院与 X 公司联合办学，但是据 X 院长介绍，某些高校投资方只投资后勤，没有涉及教学这一方面，很多二本、三本合作办学，存在许多校中校的情况，这类校中校不具备 8 号文件要求的五个独立条件。他也提到，由于贵州省经济比较落后，政府财政较弱，经费不足，硬件设施达不到转设的条件，而且教育观念也比较落后，母体高校经费不能得到满足，以独立学院的资金作为补充经费，制约了独立学院自身的发展。

对于独立学院转设的问题，X 院长认为晚走不如早走，但很多高校都对独立学院的转设持观望的态度，一直在打擦边球，并且从已经转设成功的高校来看，教育部或其他部门并没有对已经转设成功的高校进行相应的验收或采取其他的措施，也没有明确的文件规定，没有转设成功的独立学院将有怎样的后果，正因为如此，许多高校对转设的态度至今仍是观望状态。

X 院长对独立学院的转设是持同意的态度，目前贵州民族学院 X 独立学院也在积极地准备转设，但是在转设的过程中存在着许多的困难，比如某些硬件设施达不到转设的要求，母体高校不愿意放手，不愿失去独立学院作为补充母体高校经费的来源，再者就是贵州民族学院 X 独立学院的投资方与母体高校签订的合同协议截止日期是 2027 年，如果单方面私自解除合同，对其自身会带来很大的损失，这些都是阻挠独立学院成功转设的因素。X 院长认为许多独立学院不愿意转设的原因，是因为许多独立学院由于母体高校的声誉很好，在招生和就业上都很有优势，独立学院不想失去母体高校的依托和扶持，进而不愿意转设。还有一种情况就是独立学院出于自身发展的需要，想脱离母体高校的控制，自立门户，然而投资方和母体高校的谈判始终不能顺利进行，这也是许多独立学院不能成功转设的因素。

在贵州民族学院 X 独立学院准备转设的过程中，X 院长也向我们抱怨，繁琐的行政手续使他们在转设的过程中遇到很多的困难，该校历时 3 年办理土地证，至今仍未拿到土地证，申请转设的程序也过多过繁，再者教育厅并没有对独立学院进行分类指导，而是采取“一刀切”的方式，将文件以及会议精神由母体高校代为传达，对独立学院的重视程度比较低，这使得独立学院转设之路异常艰辛。

X 院长在采访中最后提到，独立学院要成功转设为民办高校必须具有自己的师资队伍和管理队伍，过度地依赖母体高校的师资力量，永远不会断奶，就没有自力更生的能力；独立学院还得有自己办学的特色，不能照抄照搬母体高校的专业设置，需要有自己特色的专业，在贵州民族学院 X 独立学院就设置了书法、芦笙表演以及体育舞蹈等特色专业；最后 X 院长提出独立学院只有扩大了自主权，才能有更大、更广阔的发展空间。

通过采访手记，以及我们分析出的利益相关者扮演的角色和利益追求不同，不难看出，独立学院转设面临着诸多方面的利益博弈，存在很多的问题，总结归纳，主要集中在以下几个方面。

1. 母体高校通过收取管理费获取合理回报

独立学院的出现是我国高等教育一项特殊的产物，由于高等教育资源不足，无法满足大众接受高等教育的需要，而成立新的公办学校显然不能及时解决这样的问题，在公办高校和政府支持的领导下，公办民助二级学院应运而生，后来规范成为了独立学院。独立学院的产生不仅满足了大众接受高等教育的需要，而且在一定程度上，减轻了地方财政的负担，母体高校也可以收取一定的管理费用，弥补公办大学办学经费的不足，缓解了因地方财政对教育投入不足的问题。

据有关数据可查，在 XX 大学三亚学院转设为民办普通本科院校的申报材料中，有一份关于XX大学和海南落笔洞投资发展有限公司合作创建XX大学三亚国际学院的协议书，在协议书里，明确规定了甲乙双方为联合办学。乙方是主要投资者，以现金投入；甲方作为申请者，以冠名权、参与管理、学位证发放等无形资产投入。甲方无形资产占15%股权，并享有相应的利润分配权；海南省政府划拨的3000亩土地作价3000万元人民币出让金，乙方根据吉利集团和海南省政府签订的框架协议分期支付给甲方。除此之外，华中科技大学武昌分校建校初期，在资金投入方面，华中科技大学武昌分校注册资本为6000万元，其中华中科技大学以无形资产出资1800万元，占30%，军威企业集团以现金出资4200万元，占70%。在管理费的提取方面，母体高校按每年学费总额的20%提取，且不承担风险和损失。①

其次，母体高校给独立学院提供师资和教学资源，且不背负独立学院的任何债务，独立学院每年使用母体高校的资源后，必须向母体高校支付一定的管理费用。母体高校从独立学院获得的高昂管理费用，是其不愿放手独立学院转设的经济原因。据了解，大部分母体高校每年都可能获得约千万元的管理费用，一笔“管理费”大约占学生每年学费的20%—30%。以武汉科技大学中南分校为例，每年向母体缴纳3000万左右巨额资金，则相当于每年每个学生额外增加2000余元的学费。② 有学者对黑龙江的5所独立学院和其他省市的12所独立学院支付给母体高校的管理费用做了一项走访和电话咨询。每年从学费收入中上交母体高校管理费的情况如下：上交30%的2所，上交20%的7所，上交15%的3所，按20%股份的1所，按结余的40%上交的1所，未上交的3所。③

可见，母体高校在建校初期以无形资产投入，占有一定比例的股份，获得相应的合理回报，而且在运行过程中，还有独立学院为其支付的管理费用，这些费用足以让母体高校满足自身的发展和需要，缓解了地方财政投入不足的状况。母体高校追求经济利益与独立学院自身想摆脱其控制，不愿支付高昂的管理费用，形成一种矛盾和冲突，产生利益主体之间的博弈，使得独

① 许为民、林伟连、楼锡锦等：《独立学院的发展与运行研究》，浙江大学出版社2008年版，第32页。

② 见http：//www.qikan.com.cn/Article/znlt/znlt200802/znlt20080207－1.html。

③ 王作江、王绚皓：《关于独立学院特殊回报问题的探讨》，《教育发展研究》2006年5B期。

立学院的转设之路非常困难。母体高校担心一旦独立学院转设成民办普通高校，公办高校势必要退出舞台，失去应有的管理费用，所以在独立学院转设过程中，就会出现母体高校继续想做“奶妈”的角色，加强与独立学院的母子关系，而不愿意使独立学院转设。

2. 政府追求地区经济效益和教育效益

在独立学院建立伊始，政府给予了大力的支持和政策扶持，独立学院的产生，满足了大众接受高等教育的需要，也在一定程度上缓解了办学经费不足的现状。政府和公办高校共同举办的独立学院让政府既不用花钱对教育进行投入，又满足了大众接受高等教育的迫切愿望，是一举两得的事。其教育经费的来源主要依靠着投资方的资金和学生的学费，独立学院支付给母体高校的管理费用，减轻了地方财政对公办高校教育投入的负担。独立学院一旦转设成功，就会使母体高校失去管理费用，加重地方财政的负担。由于地方政府无力筹措到大量的资金对高校教育进行投入，因此，从政府的角度来说，它也不愿意独立学院进行转设。

3. 独立学院追求自身收益

首先，独立学院一开始建立就依托着母体高校，借着母体高校的牌子、师资和校园文化等无形资产，特别是母体高校比较有名气的，借助母体高校的名气和颁发母体高校的文凭，吸引了众多的考生报考这类独立学院，因此独立学院的生源一直都比较稳定。一旦独立学院成功转设为普通民办高校，便会失去母体高校的光环，学生生源则会成为独立学院发展的瓶颈。政策规定独立学院的名称必须以地名或企业名来命名，而二级学院则以某一学科来命名，但目前仍有许多独立学院通过母体高校的品牌效应获得更多的生源，考虑到生源问题，部分独立学院不愿放弃母体高校的光环，更是不愿意转设。

其次，独立学院每年向母体高校支付的高额管理费用，且母体高校控制了更多的自主权，独立学院的发展受到制约，使得独立学院不得不转设为民办高校，独立学院管理层一直都希望自己能够获得更多的自主权，出于高额管理费用的考虑他们又想转设为民办高校。

再者，五年过渡期已结束，但国家没有出台相关的政策，明确对没有转设成为民办高校的独立学院，将采取什么样的措施。部分不具备转设条件的独立学院都在持观望态度，即使有条件转设的部分独立学院也属于这一行列，比如某些高校由于地处西部，受经济条件和地区发展的限制，管理层认为即使他们的独立学院转设条件不够，达不到国家规定的硬性条件，但当地的教育部门会出于对当地教育事业发展的考虑，在西部高校较少的情况下，为了满足大众接受高等教育的需要，也不会撤销他们的办学条件。

总之来说，独立学院自身在面对转设时，也有冲突和矛盾，一方面想摆脱母体高校的控制，不愿支付高额管理费用；另一方面又不愿意失去母体高校的光环，不愿意断奶，使得独立学院在转设方面面临着两难的尴尬境地。

4. 投资方追求合理回报

按照独立学院教育部令第26号文件《独立学院设置与管理办法》（以下简称《办法》）中针对投资方获得合理回报政府在第三章“组织与活动”的第四十三条有相应的规定：“独立学院在扣除办学成本、预留发展基金以及按照国家有关规定提取其他必需的费用后，出资人可以从办学结余中取得合理回报。出资人取得合理回报的标准和程序，按照民办教育促进法实施条例和国家有关规定执行”。①与独立学院合作办学的投资方在独立学院未转设前是可以从办学结余中通过正规的程序获得相应的合理回报的，但是一旦独立学院成功转设为民办高校，脱离母体高校的光环，其投资回报值可能会降低。投资方是否按照转设前的标准获得回报，还是重新划分回报比例，种种不确定的因素使投资方在面临独立学院性质的改变时，多数会出于经济利益的考虑而不愿转设，但出于节约管理费用的考虑，又愿意执行转设政策。

5. 学生及家长追求名校效应

学生和学生家长在报考独立学院时，首先考虑的因素就是学校的牌子，希望能够在毕业时拿到名牌学校的毕业证书，这样在社会上找工作，就会有一个很好的前途。人力资本理论认为，对于个体来说，接受教育是其提升未来社会地位和工作薪酬的最佳途径。我们在现实生活中也可以发现，个体拥有的社会地位、所获得的薪酬与其所受的高等教育程度存在很大的正相关性，

---

① 《独立学院设置与管理办法》（教育部第“26号令”，于2008年2月4日经教育部部务会议审议通过，自2008年4月1日起施行）第四十三条。

在一定程度上，高“文凭”就是获得高薪、体面职位的“敲门砖”和“通行证”。①

教育部印发的《关于规范并加强普通高校以新的机制和模式试办独立学院管理的若干意见》（以下简称《意见》）教发〔2003〕8号，意见规定：独立学院应具有独立的校园和基本办学设施，实施相对独立的教学组织和管理，独立进行招生，独立颁发学历证书，独立进行财务核算，应具有独立法人资格，能独立承担民事责任。其中有一项独立颁发文凭就是要求转设为民办高校的独立学院的不得再以母体高校的牌子去招生，而是自己独立颁发文凭。这个要求就会使学生和家长产生极为不满的情绪，当初考虑报考独立学院很大一部分原因就是考生可以降分录取，希望得到母体高校的毕业文凭，即使每年上缴比其他普通高校高将近三倍的学费，对于学生和家长而言，这些费用都是可以接受的。例如，郑州升达大学是郑州大学和台湾老板合作办学的独立学院，前几年，由于毕业生拿不到原有高校（郑州大学）的毕业文凭，而是颁发升达大学的毕业证书，在校园内上演了一场游行示威的闹剧，升达大学为安抚学生和家长的情绪，最终还是颁发了母体高校郑州大学的文凭。可见一旦独立学院转设为民办高校，失去母体高校的光环后，学生和家长出于自身利益的考虑，是不希望独立学院转设的。

第三节　独立学院转设之争的集中体现

独立学院转设存在的诸多问题，归根结底在于利益主体之间的利益差异，每个利益主体着眼的利益点不同，对转设的态度和执行情况就会不同。除了利益主体之间的利益差别外，还有政策规定的诸多条件没有区分地域、学校的差别，笼统地制定政策要求不同类型、不同地域的独立学院进行转设，是非常有难度的。独立学院转设之争集中体现在剩余控制权与索取的争夺。

① 彭华安、陈维民：《利益相关理论视野下的独立学院“独立”困境研究》，《当代教育科学》2008年第19期。

一、产权结构是决定办学控制权和剩余索取权的关键影响因素

根据教育部颁布实施的《独立学院设置与管理办法》第十二条规定，独立学院举办者的出资须经依法验资，于筹设期内过户到独立学院名下。独立学院的产权归学院所有，不属于任何个人及单位。独立学院的举办者有公办高校、事业单位、企业及个人等，举办者身份的复杂性也导致办学模式的多样。根据当前独立学院办学模式来看，主要包括这几种办学模式："公办高校＋企业"的典型模式、"公办高校＋政府＋企业"的混合模式、"公办高校＋政府"的模式及其他模式，不同的办学模式导致独立学院产权关系复杂，也导致董事会的地位及实际作用存在很大的差异。

1. "公办高校＋企业"的典型模式

这种模式是公办普通高校与企业合作创办的独立学院，主要是民营企业参与办学。目前，全国大多数独立学院均采用这种办学模式。由公办普通高校作为申请方负责向教育行政管理部门申办，并具体负责教学和管理；企业负责投资建设，双方共同运作，共同按比例分享运营收益。在这种办学模式下，独立学院董事会是公办高校和企业的代理人。这种合作办学模式最为典型，但企业对剩余价值的追求与学院对公益性的追求是相互矛盾的，委托代理的问题最为突出。

2. "公办高校＋政府＋企业"的混合模式

这种模式是普通公办高校在地方政府的经费和政策扶持下，联合企业组建混合所有制模式的高校独立学院。这种混合办学模式以浙江大学城市学院为例。在这种办学模式下，独立学院董事会是公办高校、地方政府和企业的代理人。

3. "公办高校＋政府"的国有民营模式

地方政府为了发展地方高等教育，为地方社会经济发展培养人才，采取政府投资建校，然后委托给其他普通公立高等学校按照独立学院的方式经营管理，如浙江大学宁波理工学院。在这种办学模式下，独立学院董事会是公办高校、政府的代理人。

4. 其他办学模式

除了以上几种规模较大，影响较广的独立学院办学模式外，还有其他一

些根据各种不同学校、不同地区和不同运营方式组建的独立学院。例如：地方政府通过政府行为，将自己所属的、无办学特色且质量相对较差的公立学校，剥去不良资本和债务，然后移交或转让给其他普通公立高等学校按照独立学院的要求办学和管理，电子科技大学中山学院是这方面的典型代表，此时，独立学院董事会是公办高校、地方政府的代理人。由于受国家政策的限制，境外法人和个人尚无权利在我国独资举办实施学历教育的高等学校，一些有投资愿望和投资实力的港澳同胞和海外侨胞通过其他形式来实现投资教育的愿望，如郑州大学升达经贸管理学院就是由台湾著名教育家王广亚投资兴办的。在这种办学模式下，独立学院董事会是公办高校、港澳同胞和海外侨胞的代理人。

因此，独立学院的投资方有企业、事业单位、个人等，作为代理人的董事会身份也就存在很大的差异，总体地讲，投资方如果是地方政府或事业单位，其公有制的属性决定其会遵守国家的相关法规及政策规定，不会偏离办学目标而过分追求剩余价值，学院办学的公益性能得到很好的体现。但对于一些民营企业或个人，其资产的属性决定了对剩余价值的追求，会出现办学目标与利益追求的矛盾。

投资方主要负责资金等有形资产，母体学校则负责无形资产，国家所形成的政策优惠在某种意义上也可作为产权方。由于存在多元化的投资主体，使得并非每一个投资方都能直接参与学院的管理，只得通过代理契约，将学院的实际管理权委托给院长，即实行董事会领导下的院长负责制。但与独立学院的举办者的出资权与经营权的分离，在管理过程中必然存在着委托代理的风险。在这种委托代理关系中，由于委托人与代理人在信息的掌握和追求的目标利益上不一致，代理人自己掌握着丰富真实的信息，希望以自己较少的劳动和付出取得最大的利益，而委托人却希望代理能为其实现利益最大化，但其缺乏足够信息和有效监控手段，这样一来，委托代理过程的相关问题就出现了。

第一，投资是以资本增值为目的资本寻利行为，尽管投资主体目标具有的资本增值或寻利倾向是无法掩盖的，但它也符合国家提倡的经济和社会效益的有效统一。但是，产权模糊将使独立学院产权处于公共领域，资产的使用必将面临“租金耗散”而导致资产的使用效率降低。产权模糊使得各主体与经营主体之间的权利与义务不明确，尤其是投资方收益权的不明确，导致投资方事实上的缺乏动力。

第二，独立学院所有权主体虚置和缺位导致投资方追求短期效益，为母体学校埋下了民事责任和侵权债务等诸多的隐患，如果国家法律明确了独立学院的私有性质，投资方也不会处心积虑处置或转移增值财产，也不会存在后期不投入或少投入的状况，这不利于独立学院的发展。

第三，由于产权不明确也使产权主体难以产生稳定的预期利益，也就更少地从长远利益考虑办学，而是强化了短期化行为与机会主义，这也是由于产权不明晰未能达到各主体对自己的行为负责和相应约束。同时，独立学院的增值部分（如土地、建筑物等增值）没有明确的界定，如不加以规范，必将导致国家财产流失。

第四，在实际的操作中，大部分母体学校主要是按学费比例收取管理费，以及对办学节余的再分配，这种分配方式简单，可操作性强，在早期独立学院的发展中起到了较好的制度约束作用，但是，随着独立学院的进一步发展，一些掩盖的矛盾和问题就暴露出来了。原有的合同（联合办学协议）在实践中缺乏科学性，这主要是当时对诸多敏感问题回避或遗漏造成的。如果合同不可能规定一切可能发生的事件及可能解决的办法，这就给效用最大化的独立学院投资方追求效益扩大化和规模过度膨胀等诸多自由。

第五，母体学校每年仅收取一定的管理费，未能充分反映母体学校实际的投入，包括无形资产的价值及管理等。当独立学院成为独立法人后，这种平等地位的变化使母体学校逐步失去管理监督的力度，特别是规定独立学院财务独立核算后，母体学校没有学院经费投入、分配、使用等实际的监督权，这种信息不对称的状况导致双方未来必然在财权上存在着摩擦。另一方面，投资方认为双方在法律地位上是平等的，越来越强调自身独立法人地位，不希望母体学校在招生、规模、收费等方面的干涉。因此，这种松散的关系不利于双方的团结合作。

第六，投资方的营利期望往往是无限增值与无限回报，这种有限的投入与无限的回报和母体学校有限的收益与无限的责任是矛盾的，必然会产生摩擦。独立学院的举办者往往是以有限责任公司的名义投入，承担有限责任。如独立学院出现停办或解散后，投资方可以得到自己投入学校的资产，这是投资者对自己所有的财产享有要求权的表现。在出现亏损时，以投资者出资额为限对学校经济问题承担有限责任，对学校的债务不负有无限清偿责任。根据《教育法》第三十一条的规定：学校及其他教育机构具备法人条件的，自批准设立或者登记注册之日起取得法人资格，学校及其他教育机构在民事活动中依法享有民事权利，承担民事责任。按照教育部相关文件精神，独立学院是独立法人单位。根据《民法通则》第三十六条的规定：法人是具有民事权利能力和民事行为能力，依法享有民事权利和承担民事义务的，法人的民事权利能力和民事行为能力，从法人成立时产生，到法人消灭。作为法人的独立学院有资格以独立学院法人身份从事民事和经济活动，同时也以独立学院法人身份承担一切因自己的民事行为引起的民事责任。从独立学院发展实践中，母体学校从法律角度讲不承担债务的连带关系，但在现实的生活中，特别是稳定等政治因素，母体学校将要承担无限的连带责任，具有较大的教育风险。特别是学校停办时，学生的安置等诸多责任自然无法回避，甚至要主动承担，这样加大了母体学校的法律责任，抑制了母体学校办学积极性。

独立学院投资方投资巨大，动则数亿元，而产权归独立学院所有，这部分的资产不能抵押、变现，相当于投资方无法再进行资本的运作，因此，投资方必须通过某种形式来维护自己对学院的控制权与收益权，而董事会是最合法的形式。具体而言：

第一，独立学院财产所有权与控制权之间的分离是委托代理关系产生的首要原因，而其产权的不明晰则成为委托代理问题产生的根源，进而会出现“委托人陷阱”的问题。当然，投资方性质的差异，会导致对董事会控制的程度有很大的差异。因此，作为代理人的董事会身份也就存在很大的差异。投资方与政府不同，政府不是单独追求经济利益的“经济人”实体，而是一个多目标的综合体，不仅在经济上，还要在政治上等方面进行考虑，从而维护社会的稳定。所以投资方的价值取向的差异，必然会导致董事会的决策有很大的变化，进而影响学院的发展目标。

第二，委托人主体重叠：分离的委托人主体必然使得学院委托—代理关系中的委托人一方主体重叠，结构重叠的委托人层次划分，使得代理人将要面对许多存在于委托代理契约之外的委托人主体，这些委托人运用手中的行政权力对代理人的经营管理行为进行各种各样的限制与干涉，由于各委托人的出发点不同，甚至会出现自相矛盾的指令。这种问题的存在，严重影响了学院的健康发展，降低了管理效率，限制了委托代理制度的作用，不利于发挥代理人的积极性。

第三，委托代理关系链长短与其效果也存在着反向变化的关系，即当委托代理链越短，委托人对代理人信息沟通就越舒畅，且较少失真，使得委托人在信息不对称的条件下能够以较低的监督成本来实行对委托—代理关系的控制。由于委托人与代理人信息的非对称，为了监督代理人的行为，委托人必须要付出相应的监督成本，来维护和控制与代理人之间的委托代理关系。因此，为了防范代理人风险，投资方就会直接干涉董事会。

第四，国家政策的缺失导致对投资方的约束激励机制不够完善，没有从经济的角度来确立投资方的地位。投资方通过控制董事会，进而影响独立学院的决策和重大事宜，包括经费的开支。由于国家相关政策的不完善，对独立学院经费的监督如一纸空文，没有具体的部门和单位来承担此任务，加之独立学院内部账务信息的不透明，存在投资方通过多种形式来实现合理回报，甚至是挪用或抽逃资金的可能性，从某种程度上讲，这有其深刻的必然性及一定的合理性。

第五，代理人身份模糊。作为代理人的院长，在委托—代理关系中与委托人并不存在严格意义上的契约关系，很多独立学院院长是由母体高校直接派去担任院长，从管理的角度讲存在着双重身份，一方面是学院的院长，另一方面还是母体高校的在职干部。委托—代理关系的成立必然以签订合约为标志和基础，完善的合约充分体现了委托人与代理人之间的权利和义务，也是委托人约束和激励代理人的重要依据。

第六，代理人缺乏强有力的约束激励机制。根据代理理论、代理成本和约束成本呈反向变动，契约关系中确定的约束规则越是完整明晰，就越能约束代理人的机会主义行为，从而降低代理成本。但是，代理人的选择空间缩小了，代理行为又会僵化，有可能失去获利机会。按照重复博弈模型证明，如果委托人和代理人之间保持长期的关系，代理人不可能用偷懒等损害委托人利益的方式来增加自己的福利。代理人的工资基本采取年薪制，激励不是很充分。委托人应设计恰当的激励机制，在花费一定的监督成本的代价下设计出各种规则限制代理人的行为偏差。

进一步而言，由于资本自身对合理回报的追求，投资方往往投资数亿元，通过董事会来实现学院的控制权，维护自己的利益。董事会是如何影响独立学院政策的制订与执行的？如何进一步完善董事会领导下的院长负责制？独立学院实行董事会领导下的院长负责制，如何对管理层进行有效的监督？如何提高其积极性，防范代理人风险，促进学院的可持续发展？如何保障投资方及母体学校的利益？如何在维护多方利益的前提下，共同促进学院的进一步可持续发展。

对这些问题的梳理和探讨，不仅能够帮助我们认清独立学院治理过程中存在诸多问题的根源所在，也有助于启发我们探索解决问题的办法，从而促进独立学院的健康持续发展。

二、独立学院是投资方优质资金与公办高校优质资源的结合

独立学院吸引优质企业进入教育领域，其办学投入主要是通过市场机制筹集。独立学院是多种性质的投资主体进行的资本投入，具体的讲，有三种投资方式：

货币资产投资就是用货币形态将资产进行投资，它包括现金、银行贷款和其他货币资产。

实物资产投资是指物质形态的投资，它包括建筑、设备、土地以及各种原材料等有形物质。

按照《高等学校财务制度》规定：无形资产是指不具有实物形态而能为使用者提供某种权利的资产，包括专利权、商标权、著作权、土地使用权、非专利技术、商誉及其他财产权利。

在实际的操作中，投资方主要采用货币及实物资产投资，母体学校则主要以无形资产投入，双方以契约的形式明确责、权、利，这就将资金优势与办学优势得到了充分发挥，这也是独立学院能够发展迅速的源泉。作为最重要的货币的筹集，前期货币资本主要有以下几种渠道：

1. 投资方投入

独立学院是“由普通本科高校按新机制、新模式举办的本科层次的二级学院”。所谓的“新机制、新模式”就是教育部在《关于规范并加强普通高

校以新的机制和模式试办独立学院管理的若干意见》（教发〔2003〕8号，也称8号文件）中所提出的“民、独、优”的三字原则。体现在资本投入和运营机制方面主要是民间投入，民办体制。要求独立学院要由普通高校与社会力量合作办学，“其主要投入由投资方承担或以民办机制共同筹措”。因此，独立学院的投资方是独立学院投入金融资本的主渠道，直接注入金融资本是民间教育投资者投入的主要方式。

普通高等学校举办独立学院的合作者就是民间教育资本的投入者，一般是指社会教育投资机构或公民个人。在独立学院的办学实践中，公民个人单独出资举办独立学院的情况很少。一方面是公民个人的资金实力有限，难以支付庞大的办学投入；另一方面是普通高校在选择办学合作者时，要考虑合作者的资金实力、社会形象、承担法律责任的能力以及诚信度等方面的情况，一般就不会选择公民个人作为合作者。所以，在实践中，举办独立学院的合作者（即狭义上的投资者）都是社会中有较强经济实力的企业法人组织或由该组织出资注册的具有独立法人性质的教育投资公司。

根据当时8号文件精神，独立学院办学和管理必须要与母体高校相对独立，具有独立校园，并至少具备“校园占地面积不少于150亩，校园规划占地面积不少于300亩。教学行政用房建筑面积不少于4万平方米，教学仪器设备总值不少于1000万元，图书不少于4万册。独立学院还应具备不少于100人的、聘期一学年以上的、相对固定的专任教师队伍。专业教师中具有副高级以上职称的比例应不低于30%”等条件。因此，按此计算，举办独立学院所需金融资本的首期投入至少需要数千万元。在实践中，大多数教育投资者都注重教育投资的规模效应，追求规模经济效益，在设计、规划办学规模时都往往不满足于这些基本要求，特别是校园占地面积一般都在几百甚至上千亩，房屋建设面积也远不止4万平方米。所以，大多数独立学院的首期办学投入都上亿元或数亿元（调查所得相关数据见表6-1）。

表 6-1 部分独立学院投资一览表

学校	投 入	备 注
北师大珠海分校	11.6亿	①用土地抵押贷款，一期投入2.8亿元，二期投入3.7亿元，三期投入5.1亿元 ②学校的学生公寓、教师公寓采取了BOT、TOT方式融资建设
四川外语学院成都学院	3.07亿	由投资方“瑞德企业发展公司”投入（部分由瑞德公司以公司资产抵押贷款）
四川师范大学文理学院	2.2亿元	投资方“成都星亿科技投资有限公司”注册资金只有1000万元，首期借贷投入2.2亿元
电子科技大学中山学院	1.5亿元+原中山市电大和农校资产	由投资方中山市政府投入
浙江大学城市学院	首期投入1.7亿元+自主贷款6亿元	①首期由浙江大学投入6000万元、杭州市政府投入6000万元、浙江电信实业公司投入5000万元 ②城市学院独立融资6亿元
浙江大学宁波理工学院	8.4亿元	由宁波市政府投入
苏州大学文正学院	3.6亿元	由投资方“苏州市凯达房地产有限公司”投入
四川大学锦城学院	2.8亿元	由投资方“锦城教育投资公司”投入
吉首大学张家界学院	1.7亿元+6.3亿元	由投资方“新时代公司”首期投入1.7亿元，在吉首大学张家界校区举办
同济大学同科学院	首期2.1亿元	①由上市公司同济科技（600846）为主，注册资本金为6000万元 ②计划在3年内投资额达到4亿元

从举办独立学院的金融资本投入的实践来看，投入的主体主要是与普通高校合作举办独立学院的合作者。投入的资金主要是合作者的自有资金或将其他资产作为抵押向银行借贷筹集的资金。由于这些借贷资金并未以独立学院的名义或以独立学院的资产为抵押，所以经营风险也不由独立学院承担。合作者筹集资金的方式除了自有资金、银行借贷外，还有通过证券市场融资的，比如同济大学科技学院的投资方就是上市公司“同济科技（600846）”，同济科技也在公告中明确了自己投资独立学院的经营行为。独立学院金融资本的筹集除了投资方这个主渠道之外，还有母体高校投入、国家变相投入、独立学院自筹等多种方式和渠道。

2. 母体高校的投入

在独立学院的办学实践中，作为母体高校的普通高等学校一般只投入品牌、师资以及教育教学管理等资产。但部分母体高校在举办独立学院的实践中不仅投入教学师资、管理、学校品牌，而且还直接注入了资本金，比如浙江大学向浙江大学城市学院直接投入资本金 6000 万元。当然更多的母体高校则是将投入的无形资产和其他教学资源折算为现金，以此来计量或核算自己在独立学院中的产权比例或经营独立学院中的收益权。

3. 政府的直接投入或变相投入

独立学院虽然没有被定义为企业法人组织，但从投入性质和收益分配角度来看，它仍然有“营利”的特性，类似于企业法人组织（或称之为“准企业法人组织”）。因此考察其投入时应该关注到政府通过减免税收、无偿划拨或低价出让土地等方式的变相投入。比如，独立学院的用地，基本上是国家按照公益性教育事业的用地方式进行划拨所得，虽然独立学院也为此支付了土地获取及土地熟化成本，但这个价格都远远低于市场商业地价。这个差价实质上是政府的变相投入，而且是“准现金”投入。

4. 独立学院自主融资投入

在兴办独立学院的实践中发现，独立学院自身也可以自主融资。根据《关于规范并加强普通高校以新的机制和模式试办独立学院管理的若干意见》和《民办教育促进法》及其《实施条例》等法律、法规的精神，独立学院是一个独立法人组织，应当独立承担民事责任，享受民事法律权利。因此，独立学院在理论上可以自主融资、自主发展、自主承担民事义务。但是，相关法律法规明确规定，学校的办学资产不能用于融资抵押，致使独立学院自主融资遇到重大政策障碍，银行无法直接向独立学院提供抵押贷款。但是在实践中，面对作为独立法人组织的独立学院自主发展中巨大的资金需求和稳定的偿还能力，许多金融机构纷纷突破这一局限，向一些办学实力强，运营发展顺利的独立学院提供授信贷款，满足了独立学院自主发展的资金需求。比如浙江大学城市学院就通过这种方式自主融资达 6 亿元之巨。还有一些独立学院在政府的支持下，突破抵押贷款的政策局限，向银行抵押贷款，获得了自主发展的大量资金。比如，北京师范大学珠海分校从政府那里无偿获得了超过 5000 亩的划拨地，经过政府同意，并在政府的帮助下，以土地为抵押，在银行获得大量的资金支持。通过这种政策调整和制度创新，珠海地区的独立学院迅速发展壮大起来。这种由独立学院自主融资、筹资的方式是独立学院获得快速发展的重要途径。

三、独立学院的运营主要依靠学生的学费收入，投资方每年的回报也主要体现在对成本的弹性控制上面

投资方主要负责前期的投入，而独立学院的发展及体现投资方的回报主要是依靠学费。独立学院的学费本质上是学院向学生提供高等教育服务的市场价格，是学生购买高等教育服务所支付的直接成本。学费收入是独立学院运营中最稳定的资金来源，它一方面要逐步支付学校办学的固定成本和可变成本，使投资者逐步收回投资，其剩余部分形成“利润”或“剩余”。这部分“剩余”既要回报投资者，还要支撑独立学院扩大办学规模，保证可持续发展。由于独立学院是按民办机制运营，学费水平比公立高校要高出许多。较高的学费水平能为独立学院筹集大量的资金，既能有效补偿办学成本，也能为独立学院持续发展奠定基础。

依照《民办教育促进法》的规定，独立学院应当“依法建立财务、会计制度和资产管理制度，并按照国家有关规定设置计账簿”。独立学院实施成本核算是其进行教育规划、管理和决策的重要依据，学院的可持续发展离不开人力、财力资源，所以，要进行各种教育成本核算，才能有效地对教育资源进行利用、分配和管理，有利于提高独立学院的办学效益。如独立学院可以依据生均教育成本，参考学生的承受能力及个人收益，合理确定学费的标准。学费作为独立学院主要的，甚至是唯一的收入来源，对独立学院的运营生死攸关。

独立学院的经济收入来源于学生缴纳的学费，其使用方向主要有支付教职工工资、维持学校办学运营发展、支付银行贷款本息、交纳给母体学校的“管理费”、支付校长等管理者的年薪、支付给投资者的“回报”等。其中支付给教职工的工资、维持学校办学及发展的经费和支付给银行的贷款本息等主要反映的是办学成本，而支付给母体高校的“管理费”、支付给投资者的“回报”以及支付给校长等管理者的年薪则主要体现为剩余分配。

1. 独立学院的学费较高，经过几年的发展，形成了一定的学生规模，基本能实现正常的运转并能形成一定的结余

目前，独立学院的学费不完全是由市场自发形成和调节的，而是表现为各地方政府依据学校办学成本进行行政定价或限价。由于高校办学成本测算的复杂性，许多独立学院的学费标准是学校自己定价，报地方政府物价部门批准，或由地方物价部门出台指导性价格，由各独立学院在一定浮动范围内参照执行。尽管独立学院收费标准和收费管理按当地省物价局、省教育厅、省财政厅的文件规定执行。从我国的实际情况看，独立学院的收费较公立大学收费高，这种高收费的结果是导致独立学院竞争力下降，生源下滑是情理之中的事，生源下滑使得独立学院的经费更加拮据，办学条件得不到改善，教育质量无法保障。就目前全国各独立学院的学费标准来看，地处东部社会经济发达地区的独立学院学费最高，如浙江省的独立学院学费标准一般为最低16000元/年，广东省的独立学院学费标准为最低13000元/年左右，高出当地普通公立高校学费标准150%—200%。地处中部地区的独立学院次之，如湖北省规定独立学院的学费标准为10000元/年，部分专业可在30%之内上浮执行。而地处西部地区的独立学院收费最低，但也普遍超出了普通公立高校学费标准的一倍以上（见表6－2）。

表6－2　不同地区与专业学费情况及比较

地　区	文科专业（元/学年）	理科专业（元/学年）	艺术类专业（元/学年）
发达地区独立学院学费	10000—12000	12000—16000	16000—20000
西部地区独立学院学费	9000—12000	9000—12000	12000—16000
公立大学学费	4000—5000	4000—5000	8000—10000

独立学院的经济收益实际上就是其总收入减去办学成本后的剩余。因此，办学成本的构成性质及数量高低直接影响其运营收益。独立学院的投资是一种市场化行为，按企业的进行投资，存在投资与收益问题。作为一种生产性投资，可以计算投入和产出，也必然存在着成本。独立学院的教育成本是学校作为经济活动的主体，在为学生提供教育服务的过程中所耗费的全部费用。比如，支付给教职工的工资、福利费、社会保障费，支付给学生的奖学金、

助学金，教学和办公支出的公务费、业务费，维持学校运转和保证学校发展的折旧费、修缮费以及其他与教育生产活动相关的费用支出，等等。教育服务生产成本就是生产这种教育服务的活动中耗费的各种费用的总和。这些费用包括直接费用和间接费用。

直接费用是高等学校开展教学活动，提供教育服务所发生的、应该直接计入生产成本中的费用，它包括支付给教师的工资、奖金、医疗和生活补贴等福利费用，以及各种社会保障经费等等；支付给学生的奖学金、助学金、困难补助；为教育生产活动（教学活动）提供生产手段和生产资料的支出，如土地、校舍、教学实验设备及运行费用、图书资料费、体育设施设备及运行费用、水电气等能源消费费用等；教育生产活动中的直接费用，如生产实习费、教学旅差费、毕业论文设计费等；学校各种设施的维修费、固定资产折旧费、大修基金等（见表6-3）。

表6-3　独立学院主要成本构成项目

成本类别	成本项目	
劳务性投入成本	工资	在职教职工的基本工资、津贴、奖金
	福利费	在职教职工的医疗费用、生活补贴等福利支出
	社会保障费	为在职教职工支付的各种社会保险支出，如养老保险、失业保险、医疗保险等
物质性投入成本	学生奖助学金	奖学金、勤工助学金、困难补助等
	公务费	办公、通讯、水电气、交通、差旅、会议、培训等经常性费用
	业务费	教学活动中购置材料的费用和消耗性费用，如实验耗材、体育用品、招生、军训、毕业实习等所需的经常费用
	折旧费	与教学相关的固定资产的年度折旧，如图书、房屋建筑、大型设备、专业设备等按使用年限的折旧
	修缮费	对房屋、大型设备等维护修理费用
	其他费用	与培养学生相关的其他费用

间接费用则是高等学校在开展教学活动、提供教育服务之外发生的费用，这是学校教育生产活动所必须的支出，应通过一定的标准或比例，计入学校生产成本之中。它包括学校行政管理部门的人员经费、办公经费、管理业务费，比如招生和就业经费，以及与培养学生相关的其他费用。值得注意的是，

高等学校实现社会化经营的后勤部门的费用、与培养学生无关的科研费用、接待费用、旅差费用、会议费用等不能计入学校的生产成本中。

2. 独立学院的办学成本占学费的40%左右，举办方通过董事会决策权来集中体现对成本的控制

在高等教育产业中，高等学校的收益是教育经济资源的消耗与教育服务收入的比较。它表现为：

收益 = 办学收入 - 办学成本

由此看出，在一定条件下，教育产业单位获取教育服务的办学收入（即经济收入）越多，其收益就越高，或者说教育产业单位取得相同教育服务收入而支付的成本越低，所取得的收益就越高。

独立学院收益分配主要体现在以下几个方面：

①母体高校的“管理费”

在独立学院的办学实践中，母体高校作为申办者，一般对独立学院都投入了大量的人力、物力或财力，即提供学校的品牌、师资、教育教学管理、课程体系等。但有少数母体学校并未对独立学院经济收益提出分配要求，比如浙江大学城市学院，浙江大学与杭州市政府和浙江省电信实业集团公司合作办学的过程中，不仅提供了师资、主要管理者、课程体系等，还负责对该独立学院进行教学指导，实现资源共享，而且在办学中还投入了大量办学资金。而作为母体高校的浙江大学却没有对浙江大学城市学院的经济收益提出分配要求。一方面，反映了母体高校勇于承担自己的社会责任；另一方面，独立学院也承担了母体高校部分富余管理人员和富余教学人员的分流任务，为母体高校人事制度的改革发展作出了贡献。

在独立学院的办学实践中，绝大部分母体高校作为办学投入者之一，并未放弃经济收益权利。许多母体高校作为独立学院的申办者在与民间投资机构合作办学中，一般都采取在独立学院的年度学费收入总额中提取20%—30%不等的份额作为“管理费”。这部分收入实质上包含两大部分，一是母体高校对独立学院进行管理，对教学进行指导评估、对办学质量进行监督而获取的“劳动收入”。二是母体高校投入品牌以及师资、教学管理力量、课程体系等教育生产要素，而按产权比例获得的收益分配。这部分收益在独立学院办学中除去成本后剩余的真实份额和比例，反映了母体高校投入的“生产要

素”在独立学院生产中的真实产权比例和产生的贡献。这一比例看似是投资各方商定的结果，实则是由市场化配置教育资源的过程中利益各方博弈形成的。

②举办方的“合理回报”

独立学院的投资者从独立学院的运营中取得合理的经济回报是合情合理的，得到了《民办教育促进法》及其实施条例等法律认可。在实践中，投资者获得回报的方式有两种：第一种，投资者取得较为固定的收入“回报”。比如，有的独立学院规定母体高校获得学校学费收入的30%，而投资者每年可以获得学校学费收入的15%作为投资回报，剩余部分（即学费收入—母体高校分配—投资者回报）作为独立学院的办学和发展经费（即符合不少于55%的学费收入作为办学成本的规定）。第二种，投资者获得办学结余收入（即学费收入—母体高校分配—办学成本和预留发展经费）。现在绝大部分独立学院采取了第二种回报方式。在实践中，投资者一般都掌握独立学院的财政大权，控制着学校的办学成本，因此获得的办学剩余往往大于固定比例收入。

在独立学院的运营实践中，母体高校、投资者和以校长为代表的高层管理者都参与了“剩余”分配，但分配的方式不同，分配的份额差异对相关利益者的激励就不同，对独立学院的办学影响也就不同。目前，独立学院的“剩余”分配还存在许多问题：

第一，母体高校预先提取独立学院学费毛收入的一定比例作为“管理费”，或者提前为投资者设定一定学费比例作为投资回报，虽然降低了母体高校和投资者的投资风险，保障了投资者权益，但却使独立学院的办学经费受到一定限制。特别是在学院创办之初，需要大量经费投入，这时的独立学院运营尚无“剩余”可言，如果这时提取“管理费”和“投资回报”就会使办学经费严重不足，影响办学质量，阻碍独立学院发展。独立学院在办学中不是以办学质量为标准来要求成本，而是以成本定质量，对独立学院的发展极为不利，有“杀鸡取卵”之嫌。随着独立学院的发展，学生规模的扩张导致每年上交给母体高校的费用增加，能达到几千万元，从独立学院的制度设计来看，普通高校通过优质的品牌来扶持独立学院的发展起到了关键性作用，但是，独立学院作为民办高校来讲，可持续发展依赖于学费的收入，这是一个不争的事实，要鼓励独立学院办出高质量，就应该走转设的道路，所以，管理费应该取消。

第二，有的独立学院的投资者回报虽然限定了只能在“剩余”中提取，但独立学院的财政运营完全由投资者掌控，甚至学校的校长也无权过问，有可能导致投资者尽可能压缩办学支出，减少成本，增加“剩余”，同时也造成了独立学院的经济运营风险，这在董事会的决策上集中体现了对剩余控制权及剩余索取权的争夺。因此，对于独立学院的发展，不同的投资方带有不同的目的，急迫需要国家出台分类的政策，区分营利与非营利类型的区别，引导独立学院健康的发展。

第三，独立学院的分配没有体现投资经营风险和管理风险。在市场经济条件下，任何投资者都不可能预设投资收益率。但是在独立学院的运营实践中，母体高校和投资合作者利用相关法律和制度的不健全，治理结构不完善以及高等教育供不应求的形势，在分配中预设投资回报，试图将自己的投资风险降低，取得稳定的回报，这种做法是不可能取得长久收益的，健全法人治理结构势在必行。

独立学院是一个教育机构，它的经营管理者是校长或以校长为首的经营班子。作为校长，本身需要具有教育管理的专业知识和经验（即必须具备特殊类型的人力资本），而且校长往往还必须是某方面、某领域的专家或学术权威。普通的企业管理者很难担任高等教育机构的领导。而投资者（即所有者，拥有所有权）是物质资本的所有者，绝大多数不是某一方面或某个领域的学术权威，也不是教育管理方面的专家，不适宜担任独立学院的校长（院长），可以直接充当经营者，掌控经营权。实践中，独立学院的校长往往都是作为申办者的普通公立高校一方优先推荐母体高校中具有相应资历和经验的学者，然后由董事会聘任的。客观上造成了所有权与控制权的分离，它既有可能带来高的效率，也有造成经营者违背所有者利益的可能。其次，校长及其经营班子是高等教育机构运营管理的特殊人才，拥有特殊类型的人力资本，在对学校的经营和管理中有较多的发言权，是强势的一方；而投资者（所有者）往往只能直接监管财务运行，在学校的经营管理中处于“弱势”地位也是客观存在的。

从另一个角度讲，投资方作为代理人与一般形式的代理人所拥有的权利有很大的差异，投资方尽管进行了资本投资，但不拥有资产的所有权，从形式上不拥有对学院财产的剩余控制权和索取权，也就是说，投资方并不能通过直接的再分配的渠道就获得以上的权利，因此，投资方必须会通过某种形式来实现以上的权利，而最好的方式是掌控学院最高权力机关——董事会。从委托代理的角度讲，院长负责学院的具体运营，但投资方从防范代理人风险的角度及便于管理的角度来讲，直接干涉学院的事宜，从委托的角度讲，就出现了“委托人陷阱”，投资方直接插手董事会，学院的一切重大事宜均由投资方通过董事会的形式转化为学院的决策。

独立学院按要求成立董事会，在独立学院的发展中如何来发挥作用，董事会是否按要求进行运作，还存在哪些问题。8 号文件出台，合作双方以契约的形式规定各自的责权利，董事会具有最高的决策权，实行董事会领导下的院长负责制。从独立学院的实际运作来看，法律法规还不够健全，独立学院的董事会章程缺乏科学性，大多照搬企业董事会章程，独立学院的特殊性考虑的不够。母体学校与投资方在重大问题上还存在一定的分歧，甚至矛盾相当激烈。

第四节　剩余控制权的扩展形式及其影响

一、剩余控制权的扩展形式及其影响

由于企业是物质资本所有者和人力资本所有者之间的不完全合约，各要素所有者的财产权共同构成了企业所有权，它包括企业的剩余索取权和剩余控制权。企业所有权安排是一个不完全合约，它把一部分明确界定的权力授予某个主体，余下的、没有明确界定的权力则构成了剩余控制权。从剩余控制权的对象来看，不仅包括物质资本，而且也应该包括人力资本。

综上所述，公司治理结构的核心在于合理分配剩余控制权和剩余索取权，在剩余控制权的分配上董事会成员控制权分配与相应制度建设是重中之重，而在董事会组成人数和成员选择上寻求最佳组合点又是董事会控制权制度建设的关键所在，因此，合理选择代表各方利益要求的董事会成员并赋予其必要的权力以及在各成员中形成制衡性的均衡局面是上市公司改善公司治理的重要选择。

学校内部治理结构的建立和健全，实质上就是把属于学校法人的那部分

产权和事权基于配置效率和激励效率在学校内部进行再认定和再分配，即通过设置各种机构、配备各种人员、办公室不同机构和人员的权利责任义务，使产权和事权得到解决分解和落实。就独立学院自身而言，突出的问题是初始所有权（出资者所有权）与使用权尚未真正分离，董事长即校长，校长扮演着多种角色，既是举办者，也是办学条件经营者和行政管理者，权力高度集中，而职责不能充分履行，董事会形同虚设。因此，必须要建立和健全独立学院董事会制度，使董事会成为学校最高决策机构，主要负责审议学校重大事项并作出相应的决策，并有效地监督独立学院的校长执行董事会的决议，目的是将独立学院所有权与经营权彻底分开。完善非营利与营利独立学院法人内部治理机制，保证学校法人财产权的有效运行，虽然非营利独立学院的财产归学校法人所有，学校法人对它所拥有的财产依法享有独立使用和支配的权利，但学校法人本身无法行使财产权利，必须通过一定的法人组织机构来行使，即通过董事会、监事会等相互分离又相互制约的机制来行使。一是要培养法人治理结构的意识，仅有形式上的法人治理结构是不行的，如果没有举办者、管理者，教职工没有相应的法人治理结构的意识、观念和行为，任何完备的法人治理结构难以发挥应有的作用。此外，完善办学者（管理者）责任机制、建立信息披露制度等也是独立学院法人治理结构建设的基本内容；二是要推行独立董事制度，为完善董事会决策水平，更有效地处理好与学校管理层的关系，有必要引进独立董事制度，有效发挥独立董事的作用；三是倡导股东结构多元化，有利于消除举办者“独立专行”引起的隐患，打破家庭式管理，便于发挥股东会对董事会的监督作用。多个所有者的互相制衡，有助于在学校管理过程中用制度规范来替代浓厚主观色彩的伦理规范。

二、独立学院控制权的主要范围

既然“独立学院所有权”更多地是指学校的实际控制权，而对学校控制权的分享才是真正的学校所有权分享。那么，独立学院的控制权到底有多大？企业家人力资本之间（举办者与办学者）应该如何分享学校的控制权呢？

独立学院的控制权主要包括：法人财产权、结构设置权、发展规划权、教育教学权、教师聘任权、学生管理权、招生权等。由于各产权主体的权能划分在《促进法》里并没有明确的规定，我们希望结合独立学院的办学实践，提出一个举办者与办学者之间的控制权分享的初步构想。

学校所有权的分类表见表6－4：

表6－4　学校所有权的分类表

		董事会的决策权（控制权）	执行机构的执行权
学校所有权	法人财产权（该权能为私立高校的基本权能）	审核和制定财务预算，合理制定财产的调配（如年度资金计划、设备等资产的使用与调度等）	根据董事会的决策，在规定的范围内合理使用与调度，使之效率最大化（例如在预算范围内合理安排资金及资产设备的使用等）
	机构设置权（这项权能包括主要机构设置及其职能安排）	作为董事会的权能主要体现在学校管理机构的设置及其职能的安排，并选拔和任用校长，以保证整个学校的正常运转	负责监督和领导各职能机构的日常工作正常开展，作为校长则有对下属各机构的提名与任用的权利
	学校发展规划权（主要反映作为产权主体有对学校的发展与终止具有绝对的控制与规划权）	董事会首先应该拥有决定学校设立、终止与分立等重大事项的绝对决策权，其次应对涉及学校特色与市场定位等重大事项具有决策权（如学校整体学科发展方向、师资队伍建设规划等）	作为学校发展规划的具体执行部门，不仅仅是具体的方案执行，更重要的职能是了解学校的市场定位、信息收集并及时反馈，有义务对学校的整体发展规划提出合理化建议
	教育教学权（主要包括设置学科、专业，制定教学计划，选编教材，实施教学等内容）	作为决策机构，应更多地侧重于学校整体学科群与专业方面的整体控制，承担与学校发展密切相关的事宜	这项权能相当于企业中的生产环节的功能，更多地侧重具体业务范畴，所以作为执行机构必须承担更多的事务
	教师聘任权（包括人员编制、聘任教师、依法保障教职工的工资、福利待遇及其合法权益等） 学生管理权（包括学籍管理、实施奖励或处分、颁发证书、依法保障受教育者的合法权益等）	在这项权能中，董事会侧重于学校整体人事规划与方向把握（例如校长聘任、学校整体人事指标及薪酬水平等）至于具体的人事调动与安排则是执行机构的具体职责	对于执行层，这项权能主要集中于具体的人事聘任、绩效考核等事项。偏重日常工作的管理

续表

		董事会的决策权（控制权）	执行机构的执行权
学校所有权	学生管理权（包括学籍管理、实施奖励或处分、颁发证书、依法保障受教育者的合法权益等）	在这项中，决策机构的董事会侧重学生管理制度的建设，对涉及学校稳定的学生管理重大事项进行决策。至于具体管理方式方法等则是执行部门，例如学生处等部门的工作	这项权能更多地属于执行机构的具体职责，但牵涉学生重大奖惩等事宜必须征得主管领导（例如校长或董事会）的正式认可方可进行
	招生权（包括制定招生方案和招生简章，自主调节招生比例等）	招生对于独立学院来说，意义重大。由于涉及今后学校的市场发展空间选择等，因此对于制定的招生策略、条件、招生层次及比例等，都关系学校今后发展。关于招生政策制定、策略选择等必须由学校董事会等决策机构作出决策	相当于企业中的采购与销售功能。对于具体招生等工作的组织实施，更多地依赖以校长为首的招生部门来进行，是政策的具体执行部门

资料来源：张宏博：《中国私立大学有效经营的制度研究》，人民出版社2009年版，第44—45页。

总之，独立学院的产权是一种特殊的产权组织和社会组织，加强产权的相关法律法规建设，不仅是对现有独立学院产权结构的优化，也是寻求更加完善的产权制度。现有独立学院的产权制度是静态情况下的产权法规条例，其实施的效果离不开独立学院产权制度的探索和实践，如何保护独立学院不同主体的合法利益及最大限度地调动积极性，解决独立学院产权不明晰及引发的约束独立学院产权运作等问题，有待法律的进一步健全与完善。

第五节　控制权与剩余索取权的根源：契约的不完全性分析

独立学院的产权可以理解为参与教育活动的组织与个人为了实现各自效用最大化进行产权交易而结成的“合约网”，作为举办者，都拥有产权，但由于有限理性，机会主义以及信息的不对称等原因，合约必定是不完备的。不完全性可以归纳为三个方面的原因：一是由于世界的复杂性与不可预知性使得人们不可能预知将来会发生怎样的偶然事件；二是即使人们能够预见偶然事件，也很难在合约中用明确的语言来准确的描述；三是各方能在契约里将自己对偶然事件的认识描述清楚，在契约发生纠纷时，也很难对双方的实际状况加以证实，从而强制执行。在解决不完全契约可能导致对专用投资方的机会主义侵害这一问题上，Grossman 和 Hart（1986）、Hart 和 Moore（1990）、Hart（1995）等为代表（以下简称 GHM）的现代产权理论提出了应当对企业的产权进行安排。用契约来解释企业意味着各缔约方必须对自己投入企业的要素拥有明确的产权，或者称之为财产所有权，进而才能够明晰各方基于所投入的要素形成对企业的权利与义务关系。独立学院也是特定政策的产物，双方也是一种“不完全契约”，无法穷尽所有未来可能出现的状态以及各方相应的权利与义务，因而对契约规定以外事项进行决策控制以及对因此导致的收益或损失的承担则成为一种“剩余”，因此，独立学院也存在着剩余索取权和剩余控制权的问题。GHM 认为，剩余控制权指的是对在契约中没有特别规定的经营活动的决策权；而剩余索取权则是相对于契约收益权而言的，契约收益权指的是契约事先规定的固定收入（如原材料成本、固定工资、利息等），扣除了这一部分的企业收入就是剩余收入。GHM 认为剩余控制权即是企业产权的核心内容，他们还指出，为了保护专用性投资激励以提高效率，应该对企业的产权进行事前的安排，将剩余控制权和剩余索取权都交给专用性投资方，使得企业剩余控制权与剩余索取权的安排相互匹配。因而这种产权安排，从公司治理结构上实现了对投资者的事前激励，构成了提高治理效率的基础。①

独立学院的发展都是借助契约进行协调和激励的，其契约签订的过程，也是投资方与母体学校多次博弈的结果，焦点在于对剩余控制权与剩余索取权的争夺。原来签订的契约明显存在一些问题与漏洞，容易导致出现机会主义与道德风险，甚至引发法律、经济等各种纠纷。因此，必须对原有的契约进行必要的修改与补充，进一步明确双方的责任与权利，充分体现风险与收益相对称，促进独立学院的可持续发展。

一、转设前独立学院契约现存问题分析

契约又称合同、合约或协议，是交换权、利、事的有效方式，也是调节、处理、界定人们之间相互利益关系的基本形式。从根本上讲，契约本质上是

---

① 黄磊等：《现代公司治理理论基础的分析》，《经济问题》2008 年第 8 期。

一种制度的改进与完善，人们的经济活动都是借助契约进行协调和激励的，通过契约交易各方作出承诺，对未来的行为进行约束，各方就能以较低的交易成本实现各方目标。现代契约理论认为，根据条款的完备程度，契约被区分为完全契约和不完全契约。完全契约认为契约双方能够在事前将可能影响双方关系的所有可能出现的事件以及任何事件出现时契约双方的权利、义务、风险分享，对未来所有可能出现的任何事件都能够以毫无争议的文字写入契约条款。不完全契约则认为允许留有缺口，它意味着契约双方无法在事前就可能契约双方关系的所有未来事件达成一致，只在经济的原则下根据目前的情况部分地规定交易的属性和条件。一般说来，由于有限理性与交易成本的存在，契约不可能是完全的，这将导致双方可以借事后信息的非对称性、不确定性及契约的不完全性而采取机会主义行为。一些地方因契约的问题而发生举办各方将对方告上法庭。

案例一：XX 大学旅游学院合作办学协议一签 30 年，然而不到 5 年，双方就把官司打到海南省高级人民法院。旅游学院因为“身份”的问题而前途未卜。事件的直接导火索是 XX 大学于 2005 年 7 月 13 日下发的第 83 号文件。该文件决定“对全校学生包括旅游学院实行统一收费，统一纳入政府非税管理体系。”文件一出，投资方新宏兴教育投资公司（以下简称“新宏兴公司”）就表示强烈反对。他们认为，根据《合作办学协议书》的约定，旅游学院的账户应当是独立的。XX 大学 83 号文件实际上是单方变更该条款的规定，剥夺了新宏兴公司参与旅游学院财务管理的权利，属于违约行为。

随着事态的发展，双方的矛盾到了水火不容的地步。2005 年 7 月 22 日，新宏兴公司向海南省高级人民法院提起诉讼，状告 XX 大学违约。要求 XX 大学履行合作办学协议，拨付旅游学院“生均综合定额拨款”1800 万元；将 2005 年秋季旅游学院学生收费 2600 万元汇入旅游学院独立账户。

办学双方矛盾激化：投资方将 XX 大学告上省高院。

据了解，XX 大学旅游学院是 2000 年 11 月 24 日由 XX 大学和新宏兴公司通过签订《合作办学协议书》而设立的。《协议书》约定双方共同投资，XX 大学提供土地、计划内招生指标、“生均综合定额拨款”、学生生源、师资等保障办学所需的软件条件；新宏兴公司则需在 5 年内提供不少于 4500 万元的资金兴建基础设施。对于未来旅游学院的管理，双方约定学院设立董事会作为最高权力机构，董事会由 5 名成员组成，其中 2 名为 XX 大学人员，3 名为新宏兴公司人员。董事长由新宏兴公司人员出任，负责教学、科研、行政等相关领域工作；学院的财务管理独立于 XX 大学和新宏兴公司，独立开设账号、独立核算，学院财会人员由双方各荐一名。

协议签订后，“XX 大学旅游学院”即告成立。2002 年 1 月，旅游学院在民政厅注册了独立法人资格。

根据教育部 2003 年 8 号文件的精神，2003 年 7 月，公司与学校协商决定注销学院民办非企业单位登记。新宏兴公司认为，旅游学院注册独立法人并不符合其办学实际。因为旅游学院在合作方的投资额、独立的校园、独立的组织和管理等方面，根本无法列入教育部文件定义的独立学院的范畴。在 2003 年 8 月，XX 大学办理了旅游学院法人资格的注销手续。

然而不知什么原因，2004 年 3 月 25 日，海南省教育厅突然下达了〔2004〕23 号《关于理顺 XX 大学旅游学院管理体制的通知》，要求：“撤销旅游学院董事会，将学院纳入学校统一管理；投资方退出旅游学院，以后不再参与旅游学院的各项管理工作。”“在整改工作妥善解决之前，教育厅将暂不安排旅游学院 2004 年招生计划。”新宏兴公司不服，向海南省政府提起复议，要求撤销该文件。教育厅于同年 7 月 15 日主动撤销了该文件。理由是：“由于下文时对处理上述问题在法理上的正当性考虑不够，因此文中某些要求与相关法律规定存在抵触之处”。

时隔一年，正当新宏兴公司致力于旅游学院三期工程建设之际，纷争再起。

针对新宏兴公司的起诉，XX 大学在提交的反诉状中称，旅游学院有独立的组织机构和章程，有独立的财务管理制度，有相对独立的办学场地，董事会行使最高权力，因此它属于相对独立的教育机构“校中校”。2003 年 4 月教育部下达 8 号文件要求规范独立学院（即“校中校”）。旅游学院因无法达到“独立学院”办学条件，以及新宏兴公司希望继续利用财政性经费进行办学营利，不同意进行规范改造，应当对旅游学院进行整顿，而实行统一收费就属于举措之一。

从反诉状看，XX 大学认为根据教育部 8 号文件，旅游学院应予以整顿。

旅游学院身份之辩：独立学院还是公办二级学院。

至此，双方的焦点集中在XX大学旅游学院到底是独立学院还是公办二级学院上。

对于XX大学搬出来的教育部8号文件，即教育部2003年4月23日颁发的《关于规范并加强普通高校以新的机制和模式试办独立学院管理的若干意见》，新宏兴公司表示旅游学院并不属于该文件所规范的主体。根据教育部8号文件第一条的规定："一些普通本科高校按公办机制和模式建立的二级学院不属此范畴"。新宏兴认为自己就是该文件中所排除管辖的公办二级学院，而非独立学院。

8号文件对独立学院和公办二级学院的概念作出了如下界定："独立学院，是专指由普通本科高校按新机制、新模式举办的本科层次的二级学院。一些普通本科高校按公办机制和模式建立的二级学院、分校或者其他类似的二级办学机构不属此范畴。"在这样一个定义中，不难发现，是私办还是公办成为区分私办独立学院和公办二级学院的一个重要因素。

教育部8号文件认定："独立学院应具有独立的校园、独立的教学组织和管理、独立进行招生、独立颁发学历证书、独立进行财务核算，应具有独立法人资格，能独立承担民事责任"等。新宏兴公司认为，对照2004年教育部8号文件，旅游学院明显不符合独立学院的要求。

旅游学院到底是独立学院还是二级学院？在这个问题上，XX大学前后的态度迥然不同。据记者了解，2003年10月，XX大学曾就旅游学院的办学性质请示过海南省教育厅。XX大学在请示中声明："无论从办学主体还是办学机制上来说，旅游学院都不是独立学院。旅游学院办学性质的界定是明确的，就是公办性质的校属二级学院。因此也就没有必要对旅游学院作为独立学院或民办二级学院进行清理和重新报批。至于我校与合作方的关系，将作为一种纯经济关系依据双方合同另行予以理顺。"

然而，时隔两年，XX大学在旅游学院性质界定上就发生180度大转弯，确实让投资方新宏兴公司感到费解。

出台8号文件的教育部有关人士是怎么来界定独立学院的呢？记者手头一份录像资料中，教育部政法司的领导对这个问题是这么解释的：独立学院分两种情况，一是教育部批准过的独立学院；二是在教育部批准之前省政府批的，后向教育部备案的。如果没有这样的手续，就很难认定为独立学院。

双方如果有别的纠纷，应该按照协议妥善解决。

合作协议效力之辩：是自始无效还是单方违约。

另外，在反诉书中，XX 大学还认为：旅游学院自成立以来未向教育部申请过设立登记，海南民政部门办理设立登记也是越权行为，是无效的。从合作协议书约定内容看，“XX 大学旅游学院”是一个利用 XX 大学办学资格条件以及国家财政性经费进行营利的教育机构。办学时间越长，招生规模越大，XX 大学的亏损就越大。《教育法》第 13 条规定：“任何组织和个人不得以营利为目的举办学校和其他教育机构”，《高等教育法》第 24 条规定：“设立高等学校，应当符合国家高等教育发展规划，符合国家利益和社会公共利益，不得以营利为目的。”因此，XX 大学和新宏兴公司合作办学的目的和宗旨严重违法。旅游学院其设立未经审批，其办学宗旨以营利为目的，明显违背教育法和高等教育法的强制性规定，故《合作办学协议书》是无效协议。XX 大学因此要求法院确认双方签订的《合作办学协议书》无效，新宏兴公司退出旅游学院的合作办学。

对此，新宏兴公司认为这是无稽之谈。公司认为，鼓励社会力量办学是符合国家法律和政策的，是符合省政府办学精神的。而且合作办学也是海大主动提出的。作为高等学府，海大应该讲诚信守合约，不应该过河拆桥。

新宏兴公司还认为，学院法人主体资格注销不影响其成为会计主体。协议中“学院的财务管理独立于甲乙双方，实行学院独立开设账号、独立核算制度”的规定应继续履行。而且，自 2000 年 11 月 24 日合作办学以来，学院财务一直在“学校财务统一管理”之下。如，学院会计为 XX 大学派出人员；学院票据由 XX 大学提供并由 XX 大学财务处监督使用；学院的财务预算经 XX 大学和新宏兴公司组成的董事会批准后执行。

此外，学院的固定资产等全部硬件投资均由合作企业独立出资完成，所以学院的财务管理也应当有别于 XX 大学其他 12 个学院。新宏兴公司认为，XX 大学出台 83 号文件属单方违约行为。

新宏兴公司诉状指 XX 大学多次违约。除上述事实外，还包括：从 2000 年 11 月至今，一直不予拨付学院“生均综合定额”拨款共计 1800 万元；2004 年，XX 大学与吉利集团签订了《合作创建 XX 大学三亚学院协议书》并开办旅游专业，违背了协议中约定的“合作期内不再与其他单位进行旅游产学研方面的合作”的约定。

据记者了解，虽然进入了诉讼程序，但双方的矛盾似乎愈演愈烈。新宏兴公司说，由于学生收费被扣，旅游学院100多名教职员工过了一个领不到工资的教师节。①

独立学院契约签订的过程是母体学校与投资方多次博弈的结果，也是双方根据现行的法律法规进行的制度选择，契约明显是不完全的，存在着一些亟待解决的问题。

1. 产权不明晰

产权不明晰使得双方难以产生稳定的预期利益，特别是独立学院投资方较少地从长远利益考虑办学，而是强化了机会主义行为，这是由于产权不明晰未能达到对各主体的行为负责和相应约束，同时，独立学院的增值部分（如土地、建筑物等）没有明确的界定。在实际的操作中，投资方主要采用货币及实物资产投资，母体学校则主要以无形资产投入，双方以契约的形式明确责、权、利，这就将资金优势与办学优势得到了充分发挥。但是，独立学院的资产增值不是靠投资方原始资本的增值，而是国家的相关优惠政策，如土地划拨、税收减免等多种政策倾斜的作用，以及母体学校的品牌资源，管理、教师等多方因素，不是简单的资本投入与收益问题。

2. 期限过长或过短

教育部在独立学院的审批上，存在着事实上的对公办高校举办独立学院数量及资质的限制，具备申办独立学院的高校为有硕士培养权的单位且最多能举办两所独立学院。因此，独立学院这块招牌已成为了稀缺资源，独立学院各方由于担心学生的稳定及收益等诸多因素，倾向于形成长期的合作，而投资方做出专用性资本关系投资后，担心事后重新谈判被迫接受不利于自己的契约条款或担心由于母体学校违约使他的投资贬值，通常也强调较长的契约期限。独立学院的契约期限有长有短，一般都在二十年以上，多则四十年以上。过长或过短的期限，其实都不能形成有效的激励。

3. 管理费比例过高或过低

从全国的情况看，绝大部分学院主要是按学费比例上交管理费，这种分

① 见 http：//news. sohu. com/20051109/n227440401. shtml。

配方式简单，可操作性强。但是，由于没有进行相应的成本核算及具体的制度规范，管理费上交的比例没有一个客观的标准，导致交纳管理费的比例出现了过高与过低的两种倾向。根据对全国 17 所独立学院管理费的抽样调查，发现上交学费 30% 的 2 所，20% 的 7 所，15% 占 3 所，股份占 20% 的 1 所，结余 40% 上交的 7 所，未上交的 3 所均为母体学校投资兴办的。这显然也不利于独立学院的建设与发展。随着独立学院的发展，未来之路必然会转向提高质量的道路上，这就要求加大对独立学院的投入，加强内涵建设，提高办学质量，提升独立学院的核心竞争力，因此，从长远看，交纳管理费应是一个时代的产物，转设后管理费将消失，这对于独立学院的健康发展将是一个很好的支撑。

二、转设将导致举办方进行利益博弈，重新构建新的利益格局

独立学院双方签订的契约是当时政策环境下的产物，双方按照国家的有关政策法规，规定一个大致的约束框架，就双方责任与义务、收益等做了粗略的规定。正因为如此，契约显然存在着漏洞与缺陷，要么缺少激励，要么疏于约束，必然会产生效率较低的问题，甚至是严重的问题，这就需要双方根据独立学院发展的实际及现行有关政策的规定，进行谈判与补充契约，以形成有效的激励与约束。“26 号令”以后，国家要求独立学院举办各方按照文件的精神重新签订合同，这给举办各方进行新的利益博弈一个机会，当时新建独立学院时，由于政策法规不健全，没有对独立学院的重大问题做明确的规定，导致在实践过程中出现了无法可依，尽管一些母体学校试图完善契约，但囿于政策的缺失而被迫放弃。如独立学院产权的不明晰导致了双方责、权、利不明确。独立学院本身融入了母校高校的无形资产和有形资产，又有各种性质的不同资金投入，多种不同性质的资产，成分融合在一起，使得独立学院产权本身十分复杂。按照国家的政策规定，独立学院的终极产权属学校所有，没有将财产主体人格化，独立学院的产权关系事实上处于待定状态。由于国家的政策只是对独立学院资产中的国有资产和受赠资产的监督，使用和管理做了原则规定，完全回避了对投资方投入和办学积累增值部分的产权及独立学院终止时清偿债务后剩余财产的分配问题，产权纠纷将无法回避，导致投资方事实上的缺乏动力及机会主义倾向。因此，举办各方将就学院的

财产权享有的比例存在较大的分歧，从已转设的独立学院来看，如三亚学院是通过为母体学校捐赠的方式实现公办高校完全退出，有的独立学院则是一次性支付高额的费用，有的独立学院是母体学校继续持有股份等。

独立学院是新事物，其契约也是当时政策环境的产物。2003 年，教育部对原有公办民助二级学院进行了清理和规范，设置了申报独立学院的相关条件及审批程序，最后批准了 187 所独立学院。由于当时申报时间紧，双方的契约的订立，对未来学校的发展及国家的政策并不清楚，不可能在事前把与契约相关的全部信息写入到契约的条款中，也无法预测到将来可能出现的各种不同的偶然事件，更无法在契约中为各种偶然事件确定相应的对策以及预知事后的效用效果，双方对一些政策缺失的问题采用模糊的语言来暂时达到一种平衡，如契约的期限等。也许契约安排在开始时是理想的选择，但它发展下去就可能阻碍发展。独立学院的发展都是借助契约进行协调和激励的，交易各方通过契约作出承诺，对未来的行为进行约束，各方就能以较低的交易成本实现各方目标。但是，在契约签订后，随着各方面的变化，需要举办双方就责、权、利重新签订合同，转设实际上是将母体高校完全退出独立学院，从而实现独立学院真正独立的目标。

第七章　转设后的路径发展：以应用科技大学为导向，全面提高独立学院的办学水平与质量

第一节　民办高校发展面临着重大的机遇

民办高校已经成为当前我国高等教育的重要组成部分。潘懋元、林莉通过对宏观环境的中外比较，预测到2020年，我国多种模式的民办高等学校及其学生，可能达到高等教育总数的2/3左右。因此我们不难看出，民办教育在政策到位及社会支持的前提下，民办高等教育将成为我国高等教育系统不可忽视的重要组成部分，国家对于民办高等教育的发展，应予以极大的重视与支持。2010年5月6日，国务院常务会议通过了《国家中长期教育改革和发展规划纲要（2010—2020年）》，其中第十四章第四十三条指出，大力支持民办教育。民办教育是教育事业发展的重要增长点和促进教育改革的重要力量。制定完善的促进民办教育发展的优惠政策。健全公共财政对民办教育的扶持政策。政府委托民办学校承担有关教育和培训任务，拨付相应教育经费。县级以上人民政府可以根据本行政区域的具体情况设立专项资金，用于资助民办学校。

2010年12月12日，教育部在其官网上公布了《关于开展国家教育体制改革试点的通知》（国办发〔2010〕48号），确定了国家教育体制改革试点的主要任务和试点单位，专项改革包括10大试点任务，其中一项试点任务即为改善民办教育发展环境，深化办学体制改革。关于改善民办教育发展环境方面，其中的一项就是完善民办教育发展的政策措施，探索公共财政资助民办教育的具体政策。可见，国家各级教育部门已经意识到民办教育的发展困境，

并且国家在这方面将有所作为，从而保障民办教育健康、持续的发展。

民办高等教育作为我国高等教育的重要组成部分，为我国高等教育大众化作出了很大的贡献，但是面对公立高校与民办高校不平等的竞争地位，民办高校办学经费的短缺是其健康发展的一大瓶颈。虽然我国法律法规作出了关于政府扶持与资助民办高校的一些规定，但没有明晰资助的具体实施办法，多数只具有号召性，不具有强制性，要创新民办教育发展体制机制，改善民办教育发展环境。从世界各国发达的私立教育来看，每个国家民办高等教育能否得到蓬勃的发展，完全受政府教育政策的影响，政府的态度与政策导向，对民办高等教育的存在与发展至关重要。由于教育的准公共性及教育存在外部效应，需要政府为民办教育买单，从教育的公平性出发，民办高等教育需要得到国家的财政政策的扶持。特别是独立学院转设成为民办高校后，原有的光环效应没有了，招生形势更加困难，需要独立学院在政府的支持和引导下，坚持走应用科技大学之路，全面提高办学质量与办学水平。

西安交通大学城市学院院长陈光德说，陕西省之前出台了《进一步支持和规范民办高等教育发展的意见》，省财政从 2012 年起每年设立 3 亿元民办高等教育发展专项资金，重点用于民办高等教育内涵建设，其支持力度在全国都是罕见的，但是独立学院却享受不到这样的优惠政策。

当前，政府对公办高校教育投入力度不断加大，很多省市的生均财政补贴都达到了 12000 元以上，加上学生的学费，高校生均的费用接近 2 万元，而独立学院的学费收入已不占优势，特别是在人才队伍建设上面，公办大学加大了福利待遇的改善，而独立学院也客观面临着优秀师资的流失。类似的歧视和不平等待遇还有很多。除了政策环境影响独立学院发展外，独立学院自身也存在诸多问题。例如，专业设置趋同，缺乏特色；教师队伍呈现“倒纺锤形”，老的老，小的小，中年骨干和学科带头人匮乏；教学模式陈旧，照搬或复制母体高校人才培养方案，没有突出实践教学环节；教学经费投入不足；等等。

一、民办高校发展面临着重大的机遇

党的十八大提出深化教育领域综合改革，是对教育改革提出的新要求。教育改革重点在深化，关键在综合。2013 年年初，教育部出台了《关于 2013

年深化教育领域综合改革的意见》，提出以加快推进教育现代化、努力办好人民满意的教育为目标，以破解制约教育科学发展的关键领域和薄弱环节为突破口，以加快转变教育发展方式、完善推进教育改革的体制机制为着力点，深化教育领域综合改革，从改革人才培养模式、办学体制、管理体制、保障机制四个方面对教育改革作出部署。独立学院应抓住这次改革机遇，在政策的引导下，找准问题、深化改革、攻坚克难，努力探索具有独立学院自身特色和优势的发展新方向、新模式。

十八大报告提出“鼓励引导社会力量兴办教育”，教育规划纲要提出“大力支持民办教育”。为了贯彻落实国务院出台的新36条，教育部出台了《关于鼓励和引导民间资金进入教育领域促进民办教育健康发展的实施意见》，明确了22条政策。“22条”以现行法律法规为依据，吸收了地方民办教育改革发展的经验，以准入条件就宽、扶持力度就强、规范管理依法为原则，进一步明晰民间资金进入教育领域的相关政策，拓宽民间资金参与教育事业发展的渠道。目前，教育部正在组织力量研究制定《关于进一步促进民办教育发展的若干意见》，着力破解长期以来制约民办教育发展的法人属性、财政扶持、分类管理等关键问题，进一步改善民办教育发展的政策环境。民办教育改革发展为独立学院健康发展提供了良好的历史机遇。

2012年，教育部出台了《全面提高高等教育质量的若干意见》，提出了促进高等教育内涵发展的30条政策措施。从优化学科专业和人才培养结构、创新人才培养模式、强化实践育人环节、加强创新创业教育、健全质量评估制度等方面提出了明确要求。独立学院作为高等教育一种新型的办学模式，发展历程短，基础薄弱，更要按照上述要求，把握机遇、强化内涵、错位发展、办出特色，为新时期高等教育改革发展探索新模式和新经验。

二、政府要创设一个公平竞争的环境

目前，歧视性政策集中体现在教职工待遇、各种减免和用地审批等方面，造成这种歧视的原因是多方面的，一方面，国家对民办高校法人属性定位还不够清晰，如民办高校在民政部门注册的是“民办非企业单位”，导致民办高校的办学主体、学生、教师等与公办高校事业单位相比就存在很大的差异，如退休后的各类待遇存在较大的差别。另一方面，各地政府对民办高校也存在偏见，存在着差异化政策。因此，国家应明确民办高校的法人属性及其应享受的平等政策待遇，确保享受同等的权利。可喜的是一些地方政府出台相应的措施，积极支持民办教育的发展。如天津市将所有独立学院列为事业单位法人，真正实现了与公办的平等；同时，减免过户产生的所有费用，在土地问题上，也专门划拨五千亩土地，用于支持独立学院的办学等。

转设为民办高校后，需要政府创设一个公平竞争的环境。随着《中华人民共和国民办教育促进法》《中华人民共和国民办教育促进法实施条例》《国务院办公厅关于加强民办高校规范管理引导民办高等教育健康发展的通知》（国办发〔2006〕101号）及《国家中长期教育改革和发展规划纲要（2010—2020年）》的出台，以及各省市陆续出台了关于促进民办教育发展的法规条例，这些法律法规都指出要扶持民办高校的发展，给予民办高校税收优惠政策、信贷优惠政策及设立民办教育发展专项资金等扶持与奖励措施，但是资助和扶持的具体办法，却都是由国务院教育行政部门、国务院劳动和社会保障部门及其他有关部门与省市教育、劳动和社会保障行政部门会同有关部门共同制定。然而，扶持政策却迟迟不出台，没有具体、可行的操作政策，让民办高校处在法律保护的边缘，经费短缺给教学质量的提高、民办学校的正常运转带来了严重的影响。国家对民办高校进行财政扶持具有理论的和现实的依据，解决民办高校的经费困境，有助于促进民办高校良性的发展。

2011年10月17日，国务院学位办委员会颁布《关于下达“服务国家特殊需求人才培养项目”——学士学位授予单位开展培养硕士专业学位研究生试点工作单位名单的通知》，在一共批准的52所高校中，包括5所民办高校，分别是北京城市学院、陕西西京学院、河北传媒学院、吉林华侨外国语学院、黑龙江东方学院。尽管只有5所，但对于民办高校的发展前景来说，却是意义非凡。一方面，民办高校可以培养研究生了，打破了中国797个研究生培养单位全都是公办高校和科研院所一统天下的局面；另一方面，肯定了民办高校的办学质量、办学特色，办学层次也更上一层楼，将来还有可能招收博士生。因此民办高等教育将成为我国高等教育不可忽视的重要组成部分，国家对于促进民办高等教育的发展，在平等对待公办高等教育与民办高等教育的基础上，给予经济资助、政策扶持与引导等各方面的社会支持，并予以极大的重视，将为民办高等教育的健康发展铺平道路。

(一) 公共财政资助民办高校的理论基础

1. 教育公平理论

现代社会，教育为不同阶层的人们提供了公平竞争、向上层社会流动的机会，帮助弱势群体改善生存环境，对减少社会性的不公平起到了重要的作用，从而教育被视为实现社会平等的“最伟大的工具”。1948 年，联合国大会通过《世界人权宣言》，这成为教育公平发展的最重要阶段，其中论述了高等教育的入学，应该根据才能对所有人完全平等地开放，也就是说，只要具备接受高等教育的能力都应该平等地为其提供接受高等教育的机会。至此，人们对教育公平的关注更多地落在了教育机会平等上。

科尔曼在《教育机会均等》中通过对“均等”的对立面“不均等”来阐述“教育机会均等”。科尔曼的报告揭露了五类不平等的现象：第一类，以社区对学校的投入加以定义，如生均经费、学校设备、图书馆、教师的质量以及其他类似的数量上的不均等；第二类，源于最高法院对学校隔离教育的司法规定而制定的有关种族歧视的学校教育条款；第三类，包括学校在内的许多无形因素及可以直接追溯到社区的投入因素；第四类，学校对具有同样背景和能力的学生的影响；第五类，学校对具有不同背景与不同能力的个人的影响。五种定义可分为两类，前三种定义关注的是投入资源，后两种关注的是学校影响。科尔曼认为：“教育机会均等 = 教育资源投入均等 + 教育资源对学生成就产生的效力均等 + 教育产出的均等。完全的机会均等只有当全部差别性校外影响消失时才可能出现，但由于存在差别性校外影响，机会均等只能是一种接近，永远都不可能完全实现。”科尔曼将研究的重点主要放在第四类定义上，理由是它能最佳地转变为提高教育效果的政策。

瑞典教育学家托尔斯顿·胡森认为教育的平等包括个体起点的平等、中介阶段的平等、最后目标的平等，形成了效率优先之起点平等论、公平优先之过程平等论和突出个性发展之结果平等论三种理论形态。通过每个人在法律面前一律平等、制定社会政策以及建立统一的学校教育系统实现教育机会均等。胡森指出为了使入学机会更加平等，进而使学业成就的机会更加平等，在制定和实施的教育政策时应列入一些措施，教育面前机会均等可以被视为一项目标，或者被确定为一个总的指导原则。

科尔曼和胡森都认为“教育机会均等”受到校内外各种因素的影响，不仅局限在追求所有人都享有入学机会均等的权利上，而是要追求教育效果均等的目标。但我们在制定和实施教育政策时，应把教育机会均等、以提高教育的效果作为政策的目标。

《国家中长期教育改革和发展规划纲要（2010—2020年）》指出把促进教育公平作为国家基本教育政策。教育公平的主要责任在政府，全社会要共同促进教育公平。从教育经济学的视角来看，民办高等教育公平主要体现在受教育者对公共教育资源占有的平等。从历史和国际比较的视角看，大多数民办高校都是主要依靠学费来维持的，但是依赖学费收入并不应该成为民办高校的宿命，一流大学的学费收入占其总收入的比例都比较低。但相对民办高等教育而言，我国的公办高等学校的生均教育经费资助每年在6000—8000元之间。江西财政部门下达资金3.2亿，从2007年开始，连续两年增加公办高校生均经费200元。从2011年1月1日起，深圳实施公办高校生均综合定额拨款标准调整为财政预算内生均定额拨款标准，变为：深圳大学、深圳大学师范学院2.03万元/生/年，深圳信息职业技术学院、深圳职业技术学院1.65万元/生/年，深圳高级技工学院1.45万元/生/年。《四川省中长期教育改革和发展规划纲要（2010—2020年）》中对公办学校的生均拨款已经明确：到2011年每个学生获得除学费外的9000元的教育拨款，2012年生均拨款达12000元。民办高等学校的学生也应享有与公办高校学生同等机会的高等教育资源，得到国家财政、政策的资助，不仅要体现为金钱、物质、地位的分配平等，还要体现为每个人身心的发展权利、发展机会和发展条件的分配平等，从而实现教育利益分配的公平。民办高等教育产品在一定的范围内，可以同时被许多人共同享用，但超过一定限度后，一个人接受高等教育就相应地减少其他人接受教育的机会。如果不对民办高校采取资助，可能导致民办高校的学费大幅增加，就会大大减少社会低收入群体接受高等教育的机会，造成入学机会的不平等，影响高等教育大众化的进程。因此要平等地对待公办高等教育与民办高等教育，这不仅可以提高全国的教育效率、教育经济效率，还可以提高个人经济效率，即个人的教育成本与所获得的收入比，从而促进全国公办、民办高等教育的共同繁荣。

2. 高等教育成本分担理论

教育成本分担理论是美国纽约大学校长 D. B. 约翰斯通在《高等教育的成本分担：英国、联邦德国、法国、瑞典和美国的学生财政资助》中提出的，成为各国收取高等教育学费的理论依据，也促使世界各国进行高等教育财政改革。教育成本分担与补偿的理论依据是：一是利益获得原则，以个人与社会收益的大小确定每个人分担的份额大小，即谁受益，谁承担；收益多，多承担；收益少，少承担；二是支付能力原则，以分担能力作为确定高等教育成本分担与补偿的标准，谁的能力大，就多分担一点；谁的能力小，就少分担一些。另外，政府的公共财政来自于全体公民的纳税，纳税人应该公平地享受公共财政。用一定的公共财政来资助民办教育，政府分担一部分教育成本，让作为纳税人的民办学生家长也能分享公共财政所带来的利益，这也是合情、合理、合法的。

另外，从经济的角度讲，我国已有较强的经济实力资助民办高校，我国财政收入一直保持着超 GDP 的增速增长。据《2010 年国民经济和社会发展统计公报》，2010 年全国生产总值 397983 亿元，比 2009 年增长 10. 3%；国外外汇储备 28473 亿美元，比 2009 年增加 4481 亿美元；全年的财政收入 83080 亿元，比 2009 年增加了 14562 亿元，增长 21. 3%；其中税收收入达 73202 亿元，增加 13680 亿元，增长 23. 0%。2012 年 2 月 2 日，教育部公布 2012 年的年度工作要点，为了确保国家财政性教育经费支出的比例达到 4% 的目标，国家教育体制改革领导小组办公室将成立落实 4% 工作办公室。以我国的财政收入，达到 4% 后，教育经费将是一个不小的数字，国家拿出一小部分经费用于资助民办高校是有能力的，让民办学生的家长同样地享受纳税人应享有的权利。从经济学的效率原则出发，增加对民办高校的资助，将促使公办高校提高资金的利用效率，从而较大地增加全国人民的教育福利，这也是一举多得的事情。

（二）公共财政资助民办高校的认识论基础

学者对于教育政策的建议是基于学者背后的认识论基础，在此基础上去认识教育问题及其相关政策的。哈贝马斯认为，人类存在技术认知旨趣、实践认知旨趣与解放认知旨趣三种基本认知旨趣，之后发展出三种科学形态：

经验—分析科学、历史—诠释科学和批判社会科学，不同的旨趣与科学形态是基于不同的认识论。经验—分析科学认为世界是客观存在的，规律是能准确认识的；历史—诠释科学认为客观准确的认识是相对于特定群体而言的；批判科学认为任何认识行为与结果都只是在特定“话语”下才会发生，一旦背景变化，以前被认为是正确的认识行为及其结果都不再准确。

这里基于经验实证主义认识论的提出公共财政资助民办高校政策的建议。以经验实证主义认识论为基础的学者认为，特定的教育政策问题是不依赖人们的意识而客观存在的，问题背后的原因是可以被人们“分析”出来的，即规律。这些原因分析出来后，便能根据人们已有的知识与能力对其中的一些变量进行“技术”上的改进，从而得出政策问题的有效解决方案。因此，构建政府资助民办高校的政策建议的核心就是首先要明确政策的问题，再分析哪些措施能够解决这些政策问题，对比政策措施之间的优劣，从而选择最佳的政策措施作为主要的政策内容。目前看来，基于经验主义认识论为基础的政策建议占据主导地位，但在实际的、健康的教育政策制定环境中，我们要平衡三种认识论基础，争取提出符合规律、更具操作性的政策建议。

（三）公共财政资助民办高校的价值论基础

政策分析是关于选择的科学，人们的选择行为受制于人的价值判断或价值观。而价值观是决策过程的内在组成部分。在选择的过程中，决策者和分析者的价值判断起着非常重要的作用。

政策的制定者在制定政策的过程中，要遵循自身的价值观，也要遵循教育政策伦理。狭义的教育政策伦理就是教育政策主体制定教育政策所遵循的道德准则体系以及道德准则体系所体现和蕴含的伦理道德准则和价值取向。它既包括道德准则体系，也包括价值取向，并由“准则”上升到“价值”。石火学认为，教育政策伦理的内容构成包括：教育政策伦理价值、教育政策伦理规范与教育政策伦理实践。

教育政策伦理价值，是体现教育政策特点的社会主流价值的重要构成部分，是各种教育政策规范的最高指导原则、依据及其抽象化和原则化。教育政策伦理价值要把社会的期待转化为自己自觉的要求，并且贯穿到实践中去，教育政策伦理实践就是教育政策伦理教育的落脚点与归宿。教育政策作为国家调节利益、资源分配的政治工具，要体现社会的主流伦理价值观念。在制定公共财政资助民办教育的政策时，既要考虑到社会广大群众的切身利益，公共教育政策的制定起于民意、给予民意、归于民意，还要遵循民办高等教育发展的规律，从公平与效率的角度出发，资助民办高等教育，促使民办与公办高等教育共同发展。

教育政策伦理规范是教育政策伦理价值的具体化和规则化，是教育政策伦理价值实现的必要条件与基础，是伦理价值与伦理实践相结合的产物。教育政策伦理规范本质上是社会对教育政策主体的价值期待，形式上是教育政策伦理的具体化和文本化。在制定资助民办高校的政策时，要符合公平与效率的要求与精神，为教育政策的主体提供客观的具有道德基础的准则体系，不断总结教育政策伦理实践中的经验，遵循民办教育的规律，兼顾社会经济与学生个体发展的规律，且要具有可操作性和可行性。

教育政策伦理实践是将教育政策伦理应用于实践的过程中，把“应然”的价值与规范转化为“实然”的行为。由于教育政策伦理实践的多样性、复杂性和生动性，其中出现的各种道德关系，规范不可能面面俱到，因此我们应该把握教育政策伦理规范的基本精神，并且灵活地贯彻规范，从而制定符合实践规律的教育政策。即在制定、执行与评价资助政策时，要贯彻公平与效率的原则。

总之，教育政策的每一个过程：公共财政资助民办高校政策的问题的确认、目标的制定、方案的选择、政策的合法化、政策的执行以及政策的评估，都会涉及教育政策的伦理。在此过程中，既要坚持理论与实践的统一，现实与理想的统一，还要注重社会的主流价值的一般属性与教育政策的特殊属性相统一，体现社会的公平与正义，取得社会主流价值观的支持。民办高等教育作为我国高等教育系统中的重要组成部分，为国家培养了一大批为社会主义建设做贡献的高素质的应用型人才，传承、创造了中华文化；另外，民办高校的不断发展，培育了高等教育市场，在我国高等教育领域内引入了公办与民办两种不同办学体制的竞争机制，通过市场调配、国家宏观调控教育资源的配置发展高等教育，从而提高了整个高等教育市场的办学效率，促进公办高校与民办高校共同、健康有序的发展。依据教育成本分担理论的利益获得原则和支付能力原则，各级政府、受教育者个人、用人单位以及院校自身应该为民办高等教育买单，政府理应根据自身的财政状况对民办高校及其学生提供一定的资助。并在制定政策的过程中，遵循政策价值的取向，制定出符合高等教育发展规律的政策。

（四）公共财政资助民办高校与公办高校的政策现状

民办教育的复苏是因改革开放政策的实施，并随着改革开放的不断深入而发展壮大的。我国民办教育的发展，从教育需求的角度来讲，主要是受过度教育的影响。

2008 年全国共有 10 个省份民办高校的在校生人数超过当地普通高校在校生的 20%。其中比例最高的是浙江省，已达到 33% 左右。在近三十年来，民办高等教育已由当初社会主义高等教育的有益补充成长为社会主义高等教育事业的重要组成部分，并取得了令世人瞩目的成就。

表 7－1　2008 年全国民办高校比例最高的十个省市数据

	浙江	海南	湖北	广东	福建	陕西	江苏	河北	云南	江西
在校生数（万人）	26.65	3.5	31.24	31.87	14.03	20.86	38.38	23.43	7.76	16.22
占本地普通高校在校生比例（%）	32.7	27.72	26.3	26.20	24.93	24.84	24.38	23.43	22.32	21.23

资料来源：徐绪卿：《我国民办高校发展趋势分析——〈国家中长期教育改革与发展规划纲要(2010—2020 年)〉颁布后的思考》。

在肯定民办高校取得巨大成就的同时，不可否认的是民办高等教育的发展仍步履维艰、困难重重，要成长为公立高校的竞争对手、发展成为我国高等教育大众化的战略性支撑力量还有相当长的一段路要走。对民办高校发展的内外环境进行分析，我们不难看出，除了民办高校内部管理不善、办学质量不高外，办学资金的不足与不平等的教育市场竞争是制约我国民办高等教育稳定、健康、可持续发展的根本原因。支持民办高等教育的发展是政府的法定责任。近年来，国家在与时俱进的转变对民办高等教育的态度，不断健全、完善民办高等教育发展的制度环境。从 1982 年颁布了《宪法》明确规定允许社会组织或公民个人办学，到 1987 年的《关于社会力量办学的若干暂行规定》、1997 年颁布的《社会力量办学条例》，再到 2002 年的《民办教育促进法》、2004 年公布的《民办教育促进法实施条例》，显示了我国政府在为改善民办高校办学环境方面所付出的巨大努力。但目前，我国民办高等教育发展的制度、政策还是有一些不尽如人意的地方。

（五）公共财政资助民办高校的文本分析

高等教育的成本分担理论认为高等教育的成本应该由政府、纳税人、家长、学生以及机构捐助者分担，但是我国民办高等教育的成本几乎全部由学生承担。

表7-2　我国中央所属的、地方所属的高等学校和民办高校的教育经费构成

	中央部门所属高等学校	地方普通高等学校	民办高等学校（样本学校的平均值）
教育经费收入合计（万元）	4894905	6523374	
财政预算内拨款	54.99%	48.99%	5.4%
学杂费	19.37%	38.94%	90.2%
校办产业、勤工俭学、社会服务中用于教育的经费	2.34%	2.39%	0.8%
社会捐、集资办学经费	2.21%	2.78%	1.2%
其他教育经费	21.09%	6.90%	2.4%

资料来源：姜华：《政府对非营利性民办大学的财政援助》。

从上表我们可以看出，公立高校的财政预算内拨款占总经费的比例大约50%，学杂费在20%—40%之间，但民办高校的学杂费却超过90%。我国民办高校的办学经费大多依赖于学杂费，通常走的都是一条“以学养学”的道路，90%以上的民办高校的90%以上的办学经费都源自于学杂费的收入，办学经费的缺失严重影响了民办学校的发展。2000年，厦门大学邬大光教授对选取的38所民办高校进行了调查研究，结果表明：学费收入占学校总收入80%的有8所，占90%的有9所，占总收入100%的学校就有14所，这三项一共多达31所，一共占被调查总数的81.6%。2000年，国家教育发展研究中心和教育部发展规划司社会力量办学管理办公室也对全国的民办高教机构进行了一次问卷调查，从他们的经费来源结构看，主要的收入都是学杂费，占总收入的90%，贷款5.6%左右，社会捐赠、服务收入、校办产业等收入只占很小的比重。同时也对公共财政资助全国民办高等教育机构的情况进行了问卷调查，结果显示：民办高等教育机构享受政府公共财政资助的比例平均仅为5.4%。

邱晓健以江西作为个案，对公共财政资助民办高等教育的情况进行了调查。从2004—2007年，政府财政资助的总额从400多万元增至1000多万元，占学校总收入的1%—5%。2004年、2005年资助金额占总收入的比例分别为0.94%和0.79%。2006年后得到改善，2008年为4.26%。从被调查的民办高校来看，88.9%的学校在公共财政资助总额方面均在2000万元以下，11.1%的学校为2000万—5000万元，没有一所学校达到5000万元。在优惠政策方面，调查结果显示，33.3%的高校享受过配套建设费减免政策；44.4%的民办高校享受过所得税减免；88.9%的高校享受过学校收益的各种税费减免政策；全部民办高校都免交办学的土地征用费。但是，目前我国仍没有制定专门的民办高等教育财政资助法律法规，对民办高校的财政资助缺乏法律和制度的保护，政府应把扶持与资助民办学校作为自己的一项义务，这方面的政策还有待国家落实和完善。

下面将主要对政府资助民办高校政策文本的制定、执行及其效果等方面的现状进行深入地论述、分析。

1. 国家法律法规政策文件

1982年的《宪法》第一章第十九条明确规定："国家鼓励集体经济组织、国家企事业组织和其他的社会力量依照法律规定举办各种教育事业。"但是没有出台相关的法律法规，社会力量办学有待规范。1987年7月8日国家教委颁布的《关于社会力量办学的若干暂行规定》，是为了鼓励与支持社会力量办学，加强国家的宏观管理，促进其健康发展而制定的本规定。但此时的社会力量办学却被认为是我国教育事业的组成部分，地位是国家办学的补充，民办教育的地位得到一定程度的提高。第十条指出："社会力量办学的经费自行筹措。可向学生收取合理金额的学杂费。"此时的办学经费来源主要依靠学杂费的收入，自行筹措，并没有得到国家公共财政的补助。1995年3月18日公布的《教育法》第七章第五十三条指出："由企事业组织、社会团体和个人依法举办的学校或是其他的教育机构，办学的经费由举办者负责筹措，各级人民政府可以给予适当支持。"这里首次提出各级政府可以给予适当的支持，但不是强制性的硬性要求，很难得到具体的落实。1997 年 7 月 31 日颁布的《社会力量办学条例》第六章中规定了保障与扶持的具体措施，第四十五条要求县级以上各级政府对社会力量办学给予扶持。紧接着的四条，社会力量举办的教育机构的各项管理活动、教师与学生的权利等和国家举办的教育机构，国家应同等地对待两者；在使用土地方面，按照公益事业用地办理，并优先安排。可见，依据教育的发展规律和社会力量办学的不断发展、壮大，国家开始意识到应承担部分的促进社会力量办学机构发展的责任，并从各方面进行落实、完善。

2002 年 12 月 28 日公布的《中华人民共和国民办教育促进法》，对于民办教育在立法上是一个重要的转折点。我国的政策制定一般经过公众关注、到政府关注、再到政府审议而通过、实施，《民办教育促进法》通过人大会议四次审议，最终由国家主席江泽民颁布。此法首次从三个方面对“民办教育”进行了明确的界定：（1）举办者，举办的主体是国家机构以外的社会组织和个人；（2）经费来源，主要源于非国家财政性经费；（3）服务对象与范围，面向全社会，但不包括企事业单位、社会组织面向自身的职工而举办的教育、教学活动。第七章也规定了公共财政对民办教育的扶持与奖励。其中第四十四条规定：“县级以上的各级人民政府可以设立专项资金，用于资助民办学校的发展。”第四十六条规定：“民办学校均享受国家规定的税收优惠政策。”第四十八条规定：“国家鼓励金融机构运用信贷手段，支持民办教育事业的发展。”另外，第五十条也规定：“新建、扩建民办学校，政府应当按照公益事业用地及建设的有关规定给予优惠。”《民办教育促进法》明确了通过设立专项资金、税收优惠、信贷手段等方式对民办学校进行资助，以促进民办学校的发展。与《条例》相比，《民办教育促进法》对民办教育的政策扶持措施有所加强且较具体，范围逐步扩大。继《促进法》之后，2004 年 3 月 5 日国务院公布了《中华人民共和国民办教育促进法实施条例》，该条例共八章五十四条，对民办学校办学优惠政策的规定更加地具体、明确，更有利于民办学校的发展。在此条例中，第六章中的第十一条详细地规定了对民办学校的扶持与奖励的政策措施。第三十八条规定：“捐资举办和出资人不要求取得合理回报的民办学校，也可依法享受与公办学校同等的税收及其他的优惠政策。”对享受优惠政策的民办学校的对象进行了确定，是非营利的民办学校，也即营利性的民办学校则不在此之列。另外，第四十一条也明确了，县级以上的人民政府可以根据本行政区域的具体情况而设立民办教育发展专项资金。第四十三条规定，行政部门要逐步建立、完善制度，从而保证师资在公、民办学校之间的合理流动，进而保证民办教师的合理权益。虽然各项法律都指出应给予民办学校优惠，如设立专项金、土地税收优惠、教师与学生的地位和公立学校的平等等，但都是要求各相关部门建立相关的制度，既没有强制性，也没有具体的操作性，以至于制定资助民办高校的政策迟迟没有得到落实，各相关部门也在相互观望。对于民办高校而言，给予了他们希望得到的却是巨大的失望。

2010 年 7 月 29 日备受关注的《国家中长期教育改革和发展规划纲要(2010—2020 年)》正式发布。《纲要》第十四章（办学体制改革）第四十三条提出了："大力支持民办教育，把民办教育作为教育事业的重要增长点与促进教育改革的重要力量"，"清理并纠正对民办学校的各类歧视政策"，"制定并完善促进民办教育发展的优惠政策"，"提高民办学校的地位，则有利于公办与民办学校的公平竞争"，"健全公共财政对民办教育的扶持政策"等。第五十六条规定，要加大对教育的投入：教育投入是公共财政的职能，要健全以政府投入为主、多渠道筹集教育经费的体制，大幅度增加教育投入。在增加教育经费的基础上，逐步地健全、完善公共财政对民办高校的扶持政策。《纲要》指出 2012 年国家财政性教育经费支出占 GDP 的比例要达到 4%。继《纲要》之后，国家教育体制改革试点方案发布，提出一些针对民办高等教育发展的具体措施，从国家的层面建立起支持民办高等教育发展的基本制度框架，又从实践层面完善民办教育的发展环境，改革我国的办学体制，明确办学体制改革的试点地区和学校。如完善支持民办教育发展的政策措施，探索公共财政资助民办教育的具体政策与民办学校创新体制机制和育人模式，办好一批高水平的民办学校的试点地区与学校，包括：上海市、浙江省、福建省、江西省、广东省深圳市、云南省、宁夏回族自治区和武汉科技大学中南分校。《纲要》为我国民办高等教育的发展带来了新的机遇，各级政府把发展民办教育作为自身重要的职责，逐步理顺我国民办与公办高校的关系，建立与完善符合中国国情的民办高等教育发展的新体制，促使民办高等教育健康、持续地发展，形成一批高质量、有特色、高水平的民办高校。

（六）公共财政资助民办高校与公办高校的比较

目前中国公办高等教育的多元化投资体制已经基本形成，以政府投资为主，学费、企业、社会力量和捐资资本等多个投资主体为辅的投资体制，但教育是一个需要大量资金的事业，仍没从根本上解决公办高校教育经费短缺的现实问题。但相对民办高校来说，民办高校的情况却更不乐观，既没有政府的直接资助，又缺乏相对宽松的融资、捐资环境，这对于民办高校的发展来说更是雪上加霜。下面从政府对公办高校和民办高校的直接资助与间接资助两方面进行比较。

1. 直接资助

公办高等教育直接财政投资总量逐年在不断地增长，特别是1999年党中央和国务院作出了扩大高等学校招生规模的重大决定之后，教育经费投入也相应地大幅增加。从1999—2002年4年间，普通高校总投入达4276.52亿元，年均增长为28.29%，但财政性高等教育经费占GDP的比重太低，远没达到世界的平均水平。目前，公办高校的财政教育投资政策虽然实现了从一元化到多元化集资的转变，但是政府的财政性拨款仍然占据着十分重要的地位，约在40%，可见政府仍承担着公办高等教育发展的主要筹资责任。从高等教育直接财政投资的结构来看，生均事业经费从2001—2010年的十年间，2002年开始连续5年的投资绝对数下降后逐步增长。

表7-3　2001—2010年高等学校生均预算内事业经费统计情况

（单位：元）

年份	2001	2002	2003	2004	2005	2006	2007	2008	2009	2010
金额	6816	6178	5772	5553	5376	5689	6546	7578	8542	9590

资料来源：2001—2010年教育部、财政部全国教育经费执行情况统计公告。

地方各级政府也在加大对公办高校的投入。如2008年年底江西投入3.2亿补助公办高校，其中2.2亿用于公办高校的生均经费，较2007年相比再次提高200元；另外的1亿，则是对财政拨款水平较低的公办高校进行补助。2010年12月21日，《四川省中长期教育改革和发展规划纲要（2010—2020年）》正式颁布，明确2011年每个学生获得除开学费外的9000元的教育拨款，2012 年每生拨款达 12000 元。2012 年四川公办高校学生的生均拨款达到 12000 元。重庆市根据《财政部、教育部关于进一步提高地方普通本科高校生均拨款水平的意见》（财教〔2010〕567 号）的要求，2011 年统筹 7.5 亿资金用于提高对重庆市属公办高校生均定额的补助，以确保实现市属公办本科院校平均生均财政拨款的标准从 2010 年的平均 6500 元提高到 2012 年的平均 12000 元。

2000 年，国家教育发展研究中心和教育部发展规划司社会力量办学管理办公室对全国的民办高教机构进行了一次全面的问卷调查，他们的主要收入来源是学杂费收入，占总收入的 90%，贷款 5.6% 左右，社会捐赠、服务收入、校办产业等收入只占很小的比重。从被调查学校的公共财政情况来看，88.9% 的学校资助总额都在 2000 万元以下，有 11.1% 的学校为 2000 万—5000 万元，没有一所学校的资助金额达到 5000 万元。2000 年国家教育发展研究中心对财政资助全国民办高等教育的情况进行了问卷调查，结果显示：民办高等教育接受公共财政资助的比例平均仅为 5.4%。

民办高校没有得到中央政府划拨的国家财政性教育经费资助，但目前有一部分省市根据当地民办高等教育的发展，为了促进本地区民办高校的进一步发展，设立了民办教育发展专项资金，用于改善教学条件、改善教师的待遇以及购置教学设备等。从 2009 年开始云南省政府每年设立 2000 万元民办教育发展专项资金；从 2008 年开始，湖南省政府在教育事业经费外，每年都划拨 500 万元作为民办教育发展的专项资金，并应随同级财政收入的增长而逐年增加；2010 年，上海民办高校、民办教育管理及评估机构获得民办教育发展专项资金的拨款达 5000 万元。民办教育发展专项资金的设立将有助于本地区的民办高校的发展。

公、民办高校均是我国高等教育事业的重要组成部分，但由于传统的公私观念、民办高等教育在目前缺乏相当的竞争力、发展困难以及国家财政力量的有限，没有得到国家财政性教育经费的资助，但对于本来就处于弱势地位的民办高等教育，无论是从促进民办高校发展的角度还是从公办高等教育的角度出发，都应该对民办高校进行资助，使公办高校形成发展的危机意识，激发公办高校发展的动力与活力，才能促进整个高等教育系统的发展。

2. 间接资助

我国高等教育的间接财政资助是指关于学费、高等教育的地方税、科研经费、社会捐赠和设立教育基金以及校办产业等方面的优惠政策。由于这些政策比较分散、凌乱，没有形成统一的政策制度，也给具体的操作带来了一些问题。

在高等教育的间接财政投资政策中，学费政策作为很重要的内容。自从1989年实行收费制度以来，高校的学费呈现出快速上涨的趋势。到目前为止，大学的学费约为5000—10000元不等。2007年，公办高校的学费收入为1277.45亿元，占学校经费来源的34%，成为财政预算拨款外的第二大来源。我国民办高校的办学经费大多依赖于学杂费，走的是一条“以学养学”的道路，倘若学校哪一年招生不理想，那将严重影响到当年办学经费的收入，依靠学杂费作为办学经费就会严重地影响民办高校的发展。

高校的税收政策在解除自身经费缺失的困境中起到了重要的作用。目前对高校开征的税收主要有四种：流转税、所得税、财产税和行为税及关税，第一种流转税，是指高校提供的教育劳务、科技服务、举办校办产业等经济行为在营业税、增值税作出的规定；第二种所得税，是指对高校接受的社会捐赠、经营校办产业等形式的收入免征所得税；第三种财产税和行为税，是指免征城镇所得税、契税、印花税和房产税等，但转让国有土地则需缴纳土地增值税；第四种关税，对于以合理理由进口国内不能生产的教学与科学研究用品，免征进口关税和增值环节的增值税及消费税。对于高校税收政策的工具主要是采用税收优惠，出于高校公益性的特点，运用税收优惠尽可能地为其减轻税负。对于民办高校而言，《民办教育促进法实施条例》中，明确对要求不取得合理回报的民办高校，享受与公立高校同样的税收和其他优惠等。但在实际的操作中，民办高校与公办高校的税收待遇却不平等。税法规定对学校经批准收取、纳入财政预算管理或预算专项资金专户管理的收入，免征企业所得税，但民办高校的收费没有纳入相应的财政预算或是专户管理，不能享受税收优惠；对教育部所属的普教性的高校的校办工厂的经营所得，免征企业所得税，民办高校不在此之内，享受不到此项优惠；对于国家财政拨付事业经费的高校自用的车船、土地及房产等，免征车船使用税、城镇土地税和房产税等，民办高校的资金不是财政拨款，因此又不能享受这项税收优惠等。民办教育的税收问题，不仅困扰着民办学校及其举办者，税务部门和司法部门也在实际工作中缺乏执法和司法裁判依据，实践中常出现因民办学校的税收问题而引发的纠纷争议。加之人们对民办教育的认识不够深入，民办高校的应税项目比公办高校多，税务机关对民办高校的管理也比公办高校严格得多。目前，尽管国家已经明确对民办学校免收营业税，但是民办学校的学费收入还没有纳入非营利组织的免税收入予以减免企业所得税；对民办学校是否征收所得税问题上由于认识的不一致，导致管理举措、办学行为上的分歧，有些地方部门认为目前没有法律明文规定需要征收，但从扶持民办教育的角度出发，应该暂时给予免征，但另一种观点则认为既然法律没有明文规定可以免征，就一律按企业所得税计征。目前我国仍没有制定专门的针对民办高等教育财政资助的法律法规，对民办高校的财政资助缺乏法律和制度的保护，对税收优惠缺乏相应的制度建设，政府应把扶持与资助民办学校作为自己的一项义务，这方面的政策还有待国家落实和完善。

民办高校的信贷政策也不完善，民办高校很难取得银行和其他金融机构的贷款。银行贷款看重的是信贷的风险，公办高校有国家的信誉作为保障，而民办高校却很难提供相应的担保，民办高校的资产即教育设施不能抵押，就算通过信贷取得贷款，额度也很小。

随着国家财政压力的增加，社会捐赠作为公办高校集资的一种途径被人们日益重视起来。但是高校能吸收到的总额是有限的，没有形成一定的规模。不仅占高等教育经费的比例偏低，而且极具不稳定性。民办高校二十多年的发展历程，不能和公办高校拥有相对较大的名气和成功的校友相比，捐赠的收入少且极不稳定。

通过对公办高校与民办高校的资助现状进行对比研究，可以发现，民办高校始终处于弱势地位。究其原因：一是社会观念的束缚，民办教育经历了二十多年的发展，虽然为青少年提供了很多接受高等教育的机会，在高等教育大众化方面作出了重大贡献，但是它的社会接受程度仍然不高，受制于“公立最优”的思想束缚，学生不愿意去民办高校；许多就业单位在招聘毕业生时，表现出明显的歧视，这种观念严重地制约了民办高校的发展；缺乏公平竞争的制度环境。我们应给予民办高校宽松的发展环境，为高等教育大众化作出更重要的贡献。

第二节　公共财政资助民办高校与公办高校的对比分析

随着国家教育财政拨款体制的改革、实施高等学校收费的制度以及高等教育的扩招，高等教育的经费收入来源的结构发生了变化，形成了教育经费由政府、社会以及个人共同投入的新格局。

一、公共财政资助公办高校与民办高校差距的原因分析

2009 年普通高等学校的国家财政性教育经费为 2264.51 亿元，而对于民办普通高校，中央财政没有拨款，只有地方政府的财政资助 33.10 亿元，只占普通高校财政拨款的 1.5%。2009 年，民办普通高校毕业 109.69 万人，招生人数 146.74 万人，在校生人数为 476.68 万人，普通高等教育本专科毕业生 531.10 万人，共招生 639.49 万人，在校生 2144.66 万人，民办普通高校毕业生、招生人数、在校生人数分别占普通高校的毕业生、招生人数、在校生人数的比例分别为 20.65%、22.95%、24.76%，民办高校的发展规模约为公办高校的四分之一，而国家对民办高校的财政拨款只有 1.5%，却承担了国家四分之一的高等教育培养任务。国家对于公办高校和民办高校资助存在如此大的差距，我们可以从文化因素、制度因素进行原因分析。

1. 文化因素

“文化”源于拉丁文“Cultura”，原意为种植、耕作，通过劳作获取成果的意思。16 世纪，演变为栽培、培育、有教养的意思。18 世纪以后，就逐步演变为个人的素养，整个社会的知识、思想，艺术、文学作品的汇集，以及引申为一定时代、一定地区的全部社会生活内容等。在我国大多数学者认为，文化是指人类在与大自然、人与人之间的相互交往、相互作用过程中所创造的一切成果。这个成果中包含着人们所拥有的信仰，以及由此而形成的社会行为规范和制度等。

教育是在人类社会发展的过程中逐渐形成的一种培养人的社会实践活动，并对文化的发展起着重要的作用。人类社会有着教育系统无法比拟的丰富的

文化原料，教育系统通过吸收社会上大量的、自然状态下的、比较粗糙的文化，经过教育系统的整理、加工，为社会创造出更具普遍性、为人们所普遍接受的文化。教育通过传递—保存、传播—丰富、选择—提升、创造—更新文化，加速教育与文化的发展，充分地发挥了教育的文化功能，从而促进社会的发展。公办高等教育与民办高等教育都在各自的领域发挥着文化功能，促进社会的发展进步。

教育在发挥着文化功能的同时，对整个国家的发展起着重要的作用。教育通过对政治、经济的作用，担负着复兴民族的重大使命、促进社会的发展、国家繁荣的重担。教育通过人才培养及科技创新，在国际竞争中，处于优势地位。由于几千年封建传统思想、文化、中央集权制以及现代计划经济体制、集体政治体制的影响，一直是由国家在办教育，国家也理所应当地举办系统的教育，政府在发展教育方面一直承担着最主要的责任，即“国办教育”，所以一直以来，国家一直通过公共财政资助公办高等教育的发展，国家财政性教育经费一直是公办高等教育的第一经费来源，而民办高校则与财政性教育经费无缘。另外，面对着民办高校的教育经费主要是办学者自筹，政府没有筹集经费的职责以及在公办教育质量一定高于民办教育的传统观念的影响下，民办高等教育无奈地接受着不公正的待遇的现实，但又通过自身的努力试图改变这一现状，改变人们对于民办教育的偏见，为社会培养更多的高层次的应用型人才，为社会主义现代化建设奉献民办高等教育者们的一份力量。

2. 制度因素

从新中国成立到1978年的近三十年，中国高等教育一直都是“免费的午餐”，国家财政全面负责公办教育系统内各级教育的经费开支。我国中央政府实行的是高度集中的计划经济，高等教育也实行了“统包、统分、免费入学、毕业分配”的招生就业制度。免费的同时，学生家庭经济困难的还可以申请人民助学金。在1955年颁布了《全国高等学校一般学生人民助学金实施办法》，对经济困难的学生进行经济资助。完全福利型的高等教育反映了高等教育为国家政治服务的价值取向。1978—1984年为过渡时期，由于经济体制的变化，国家财政压力及高等教育的发展规律，逐步过渡到收费阶段。1984年，原教育部、国家计委和财政部联合下发《高等学校接受委托培养学生的试行办法》，这是免费向收费教育的过渡阶段。1985—1996年，收费制度正式确立，意味着国家财政不是高等教育唯一的经费来源，学杂费成为办学经费的第二来源。1985 年 5 月《中共中央关于教育体制改革的决定》，肯定了招收自费生及委培生的政策，接着 1989 年，原国家教委、物价局和财政部联合发文《关于高等学校收取学杂费和住宿费的规定》，此将高等教育的成本转变为国家和个人共同分担。此后，国家颁布了一系列的政策法规，明确要提高财政性教育经费。例如，中共中央、国务院 1993 年 2 月 13 日印发的《中国教育改革和发展纲要》、1995 年颁布的《中华人民共和国教育法》。《全国教育事业“九五”计划和 2010 年发展规划》中再次提出，在本世纪末要使财政性教育经费支出达到国民生产总值的 4%。《全国教育事业第十个五年计划》明确了要建议制定《教育经费保障法》。《国家中长期教育改革和发展规划纲要(2010—2020 年)》指出：“教育投入是公共财政的重要职能”“2012 年达到 4%”“健全国家资助政策体系”等一系列的政策法规，保障我国教育事业的发展。在此期间收费制度的兴起，是在教育经费严重短缺、教育规模急剧扩张的情况之下，高等教育的成本的一部分转向受教育者个人，以此来弥补教育资金的不足，缓解两者的矛盾，这为民办高等教育解决现阶段的资金短缺的困境带来了一些启示。

民国时期，在北洋政府和南京国民政府的财政资助下，产生了一批著名的私立高等学校。民国时期，战乱不止，政府财政奇窘，但民国政府仍然不遗余力地资助私立高等教育的发展。北洋政府统治的 1912—1927 年期间，在“注重自治的教育”影响下，产生了很多的私立学校，并规定以物质支持私立大学。如南开大学，1919 年创办初期就得到北洋军政人物的大力支持，1922 年，政府财政拨付 90 万元的利息，每月 4500 元；厦门大学，1922 年创办，获得一块办学的校址；1925 年，大同大学，北洋政府教育部将庚子赔款 1 万元拨给该校等。

1934 年，南京国民政府制定《私立专科以上学校补助费分配办法大纲》和《支给细则》，设专门经费补助办学效果良好但经费困难的私立大学。当年，专项拨款 76 万元资助私立大学和教会大学共 32 所。国民政府资助的重点是办学优良的私立大学，如 1931 年，中央政府与地方政府对南开大学的经费投入占该校总经费的一半以上；1934 年、1935 年对南开大学分别拨付 40000 元、43015 元；对厦门大学拨付 90000 元、98861 元。抗战爆发后，私立大学迁往西南后，仍受到非同寻常的物质照顾。1945—1949 年，南京国民政府处于风雨飘摇中，仍拨付经费，帮助私立大学修建校舍、添置教学设备和教师。国民政府对私立大学积极支持的立场以及资助政策的落实，是民国时期私立大学取得辉煌成就最主要的原因。对于目前我国通过财政政策资助民办高等教育具有重要的借鉴意义。

“文化大革命”结束后，民办教育得到恢复并逐步发展起来。1978—1992 年，允许兴办民办高校，但受到政府的严格限制。1978 年后，由于国策的变化，国家大力发展高等教育，此时中学后民办教育机构应运而生。1982 年《宪法》，第一次以法律形式确立民办教育的地位；1987 年，原国家教委颁发《关于社会力量办学的若干暂行规定》，仍然对民办教育进行了约束和规范，社会力量被明确界定为国家和集体经济的范围内；1993 年 8 月国家教委发布《民办高等学校设置暂行规定》明确指出，国家鼓励设置专科层次的民办高等学校；1997 年颁布了第一个专门规范民办教育的行政法规《社会力量办学条例》，是社会力量办学走向法治化，民办高等教育才逐步获得合法的地位；2002 年 12 月 28 日第九届全国人民代表大会常务委员会第三十一次会议通过的《中华人民共和国民办教育促进法》以及 2004 年 3 月 5 日公布的《中华人民共和国民办教育促进法实施条例》，民办高校办学逐步规范化，和后来的《国家中长期教育改革和发展规划纲要（2010—2020 年）》，其中不少政策都提出要对民办教育进行资助、扶持，但由于我们对民办高校的公共属性认识不到位，有意无意地回避了国家对发展民办高等教育的责任，以及民办高校自身对民办高校的产权属性缺乏明确界定，使得民办高校不仅得不到国家的投资，也很难获得社会的捐赠，资金缺乏成为民办高校发展的瓶颈。

二、政府财政缺失对民办高校的影响

1. 政府财政资助民办高校不力的原因分析

虽然《民办教育促进法》及其《实施条例》中，明确规定了对民办教育的发展给予财政政策上的支持，但由于社会观念、民办高校自身产权以及政策制定中的具体问题，导致了公共财政资助民办高校的目标难以实现。

（1）对民办高等教育的不公正

从公共政策的角度来看，与公立的组织相比，民营或是私有的组织只是一种不同的所有制组织形式而已，它的发展仍然可以纳入到公共事业目标的体系中加以评价。民办高等教育作为一种准公共产品，它既可以满足人们接受高等教育的需求，以弥补公共教育机会的不足，还可以满足社会上某些成员的职业偏好的特殊教育需求。作为满足了社会公共目的的民办高等教育，人们应该摒弃对民办教育的偏见与歧视，为民办高等教育的发展铺平道路，为它的发展提供一定的教育经费保障。政府要积极推动中央财政和省级政府设立民办教育发展专项资金，并且创造环境，逐步地引导民间资金捐资民办高等教育。

（2）教育经费的总量与分配

2011 年，全国人大教科文卫委员会调研组在最新一期《求是》杂志撰文指出，我国教育经费的投入不足，严重地制约了我国教育事业的发展。这几年我国高等教育阶段的经费虽有较大幅度的增长，但目前的保障还是低水平的。在“十二五”期间我国仍需努力增加教育经费的总量，不仅要大力增加财政性教育经费，还要积极鼓励社会资金投入教育。

文章指出，“十一五”前四年，即 2006—2009 年全国教育经费总投入达到 52937 亿元，其中财政性教育经费总投入达到 37285 亿元，占经费总投入的 70.43%。2009 年，全国教育经费达 16502 亿元（2005 年为 8419 亿元），财政性教育经费达 12231 亿元（2005 年为 5161 亿元），财政性教育经费占国内生产总值的比例从 2005 年的 2.82% 提高到 3.59%，但仍没有达到 4%。尽管这几年，我国教育经费有了很大增长，但相对于教育事业发展的实际需求，教育投入仍然不足。和国际相比处于较低水平。2008 年我国人均教育经费为 160 美元，不到 2006 年世界人均教育经费 400 美元的一半，不到经济合作组织国家人均 1800 美元的十分之一。财政性教育经费占国内生产总值的比例 2004 年世界平均为 4.7%，2009 年我国仅为 3.59%。在教育经费总量不足的情况下，高等教育又在面临连年扩招和办学要求不断提高的现状，民办高校要想从高等教育经费中分一杯羹，困难可想而知。

《国家中长期教育改革和发展规划纲要（2010—2020 年）》提出的财政性教育经费 2012 年要达到国内生产总值 4% 的目标。有关部门根据《教育规划纲要》所确定的 4% 的发展目标，测算出 2012 年我国教育经费总需求为 27123 亿元，财政性教育经费需求为 20222 亿元，财政性教育经费需求占国内生产总值的比例应达到4.41%，高于4%，国家就有财政能力为民办教育的发展作出一定的扶持，对民办高校进行一定的资助，同时放低对社会资金准入民办教育的门槛，以协助缓解民办高校办学经费的不足，达到稳定发展的目的，同时也出于提高民办高校的公共性，提高其教学科研质量，也有利于国家利益和社会利益目的的实现。

（3）政策规定模糊，实施困难

民办高校的产权界定不清。现代产权经济学认为，任何一种社会组织的存在和运行都必须以拥有一定的财产为基础，都需要对财产的归属、占有、支配、使用等问题作出明确的规定，形成一定的产权制度。产权制度的建立不仅明确了人们用于交易物品或劳务权利的边界及类型，而且能够被有关交易者乃至社会识别和承认，交易也才能够得以顺利进行。产权清晰是民办学校健康、顺利发展的重要保障。然而民办教育的产权归属问题受到人们的质疑。有人认为产权公有，在于学校的办学目的是为了全体公民素质的提高；有人认为产权私有，符合“谁投资，谁受益”原则；有人认为依据学校的财产来源和收益处理权将民办学校分为“营利性的民办学校”和“非营利性的民办学校”，前者产权私有，后者则公有，并且学校的收益只能用于民办学校的发展，不能归私人所有。但《民办教育促进法》及其《实施条例》只是表面上把民办学校分为了“要求取得合理回报的民办学校”与“不要求取得合理回报的民办学校”。不同的划分使得民办学校的产权仍然不清晰，在区别对待不同性质的民办学校上带来了一系列的问题，还是需要进一步立法规定的。

民办教育财政政策制定的规则不够明确。虽然《民办教育促进法》对民办教育的发展给予了政策上的支持，但对民办教育扶植的具体办法，尤其是用于支持民办教育发展的财政资金的来源、资金支持的具体对象、条件、方式、标准、效果评价都没有作出具体的规定，以及对“营利性学校”和“非营利性学校”的区分，民办教育政策实施缺乏统一的规定，实施起来十分困难。

2. 公共财政的缺失对民办高校发展的深远影响

记者从武汉部分民办高校了解到，在本轮融资难的大潮中，银行缩紧银根导致抵押方式单一的民办高校向银行贷款比以往更难，部分高校甚至通过压低教职工的工资等方式维持生存。李耀（化名）是一所有着一万多名学生的武汉民办高校的财务处长，他说："学校刚收完学费，我们的资金暂时可以周转，但到了下学期就面临着严重的资金短缺。下学期，在没有任何学费收入来源的情况下，学校履步维艰。"李耀说，民办高校的"特殊企业"身份，一方面没有像公办高校那样得到政府的拨款；另一方面又不能向企业那样，把学校的教学设施、土地等资产作为抵押贷款，对于银行来说，给民办高校的贷款风险很大，使得民办高校获得贷款的成功几率很小。李耀平时很少待在办公室，多数时间除了跑银行就是跑贷款，自己向银行贷款能依靠的就是信誉、关系或是寻找企业做担保。目前，民办学校的资金或融资或多或少都存在一定的难题，如果还有其他产业做依靠，融资相对容易；但如果是单一的教育产业，融资难度相对较大。中国银行副行长岳毅表示，在助学贷款方面，民办高校与公办高校享受同等的待遇，但除此之外，民办高校要融资的话，只能以企业的方式对待，需要具备和企业申请贷款时同等的担保条件，如一定的财产做担保。但《物权法》第一百八十四条明确规定，学校、幼儿园等机构的财产是不能用来抵押的。在现实中，民办高校资金、融资存在很大问题，一部分教学质量差、管理经营不善的民办高校，将不可避免地面临破产。

在教育逐步市场化的大浪潮下，不少的民办高校以追求办学利润的最大化为目标，以此来弥补自身办学经费的不足，致使教育的公益性受到了严重的损害，对金钱、名利、数量的追求导致民办高等教育功利化、肤浅化、短期化，使得追求培养高质量、高素质人才的目标和为了追求真理而严谨治学的合法性变得模糊不清了，对民办教育的公益性造成了极大的损害；另一方面，由于办学资金的短缺，民办高校出现了倒闭的现象。如 2005 年，南洋教育集团，作为全国最大的教育集团倒闭了，震惊了整个教育界；1996 年 5 月 18 日，在北京钓鱼台召开了全国民办高等教育委员会第二次会员大会，出席的共有 400 多所民办高校，但是到了 2002 年，当年与会的 400 多所民办高校仅存 40 所。兼并现象也在民办普通高校中初露端倪，如 2004 年西安欧亚学院收购四川最大的民办高校——四川天一学院，这是国内第一所民办高职收购民办高职的院校；2006 年 3 月，海南的第一所民办高校——海南三亚卓达旅游职业学院在其创办了 5 年之后重蹈覆辙，由广东潮汕职业技术学院全面接管。从以上的案例可以看出，办学经费的不足使得这些民办高校缺乏发展的后劲，又因资金链的断裂陷入难以为继的境地，在此种状况下，有的学校也不得不选择这种出路。

目前，我国的民办高等教育面临着严重的生存性危机，资金的发展性短缺已是不争的事实，美国私立高等教育蓬勃发展的历史表明：对我国民办高等教育的资助是有必要的，政府制定并且逐步完善国家财政性教育经费资助、扶持政策是解决我国民办高等教育发展困境的有效途径。公共财政资助民办高校的政策可以惠及大多数人的利益，使更多的人接受高等教育，为社会提供更多的高素质应用型人才；2012 年，国家财政性教育经费的比例已达到 4%，这对于民办高校来说是一个契机，为民办高校提供直接的财政资助是可能的；另外，制定资助民办高校的政策，目的是促进民办高校的发展，借鉴国外的经验，是可行的；最后，还要制定一系列的措施，对政策进行评估、监督以及保障政策的顺利实施。要制定政策，就要明确向哪一类民办高校提供资助、如何资助，通过资助的形式要达到民办与公办高校的协调发展，创造竞争有序、发展良好的高等教育发展环境。

公共财政资助民办教育政策的目标定位应该超越教育的所有制约束，应与社会的发展目标相统一，否则就会把不同所有制的教育形式对立起来，难免出现不平等的教育政策。我国政府在制定民办教育的资助政策时，要考虑四个目标：有利于扩大学生教育选择的机会，提高高等教育资源配置的效率，增加社会的公平，提高社会凝聚力。为了实现这些政策目标，通常可以采用管制、财政和建立公共服务体系的政策工具。公共财政资助民办高校的政策是采用财政的政策工具资助民办高校、采取宏观调控的方式使民办教育朝着有利于社会发展的总体目标前进。

第三节　公共财政资助民办高校的政策建议

世界私立高等教育的发展大致存在着两种制度安排：市场主导型和国家主导型，两种不同的制度使高等教育产生两种不同的命运。国际的经验表明，在国家主导型的教育系统中发展私立高等教育，国家的态度是从“排斥”到“不得已接受”再到“接受乃至完全接受”，这三种状态分别出现在精英教育阶段、大众化起步阶段、后大众化或普及化阶段。我国的高等教育刚进入大众化阶段，同样遵循着这样的规律，民办高等教育的发展正面临着深层次的制度与政策建设、改善问题，大力优化民办高等教育的发展环境，将有利于我国高等教育从大众化阶段顺利地迈入普及化阶段。

提出一项好的、可行的民办教育政策的建议，首先是要满足社会上大多数人受教育的权益，对社会的持续发展产生积极的促进作用；其次是此项资助政策要有明确的实施目标、范围与方案，具有可操作性；再次是要充分考虑政府的财政成本及社会成本、政治成本；最后，还要考虑到实施政策的一些配套措施。

我国各级政府及有关部门在制定民办高等教育公共财政资助的政策时，通过对非营利民办高校采取直接资助、间接资助的方式，把民办高等教育的发展目标与社会发展的总体目标相统一，注重公平与效率；采用财政调节的手段，加强对民办高校的间接控制，保障民办高校的办学自主权，切实履行政府在发展教育方面的责任；另外，这项教育政策应该具有相当的稳定性与可操作性，这样才有利于民办高校的长远发展。

一、公共财政资助的主体、对象与条件分析

公共财政资助民办高校，要明确资助的主体，规定哪一级的政府对哪些层级、类型的民办高校进行资助，中央政府和地方政府分工负责，避免不同级政府之间的相互推诿，共同促进民办高校的发展。中央政府应统筹制定民办高校的资助政策，地方各级政府根据本区域经济发展及民办高校发展的实际情况，资助、引导民办高校的发展。政策要以义务性规范明晰政府投入的责任，资助民办高校作为政府必须履行的义务，不履行义务则要实行追究制度。

基于目前中国教育经费总体不充裕的现实情况，我们应该区分营利性民办高校与非营利性民办高校，对非营利性民办高校采取积极的财政资助，提供必要的财政补助与政策引导、支持，从而提高其办学的质量与社会的公平。接受资助的应是非营利性的民办高校，作为非营利的组织的基本属性有三，第一是不以营利为目的；第二是不能对剩余的收入进行分配；第三是不能将组织的资产以任何的形式转变为私人财产。民办学校的“民办非企业”的性质，困扰着民办学校的发展，也困扰着促进民办教育发展的相关政策的制定

及执行。因此，首先应该立法明确民办学校的民办事业单位的性质，进而制定与完善适合我国国情的教育法规，梳理、制定相关的资助政策，并制定统一的、内部一致的民办教育税费政策的优惠办法，逐步解决民办高校教师、学生的权益。

对于资助的非营利性民办高校而言，要以具备基本的办学条件、健全的民办高校的财务管理和会计核算制度为条件。要落实民办高校的法人财产权，确保政府公共财政的支出不与办学者私人的利益相混淆；民办高校健全的财务管理办法与会计核算制度在于加强财务管理的规范和提高会计核算质量，从而实现民办高等学校的预算、核算、专项以及报表的统一管理，奠定了民办高校的办学成本核算和政府经费监督的基础，也提供了技术保障。民办高校在这些方面的管理状况，都作为公共财政扶持考虑的条件。另外，民办高校的日常运作、教学管理、教学质量、学校建设以及运营效果等也作为资助考虑的基本条件。

二、公共财政资助民办高校的方式

从目前我国高等教育内部的国家资源和社会民间资源配置的比例情况来看，民办高校在整体中的比例还不高，但是资源配置的转型倾向已十分明确。高等教育资源配置主要受制于政府、市场和学术三方面配置力量的影响，三者力量的博弈与制衡是属于高等教育系统内生性影响。另外，高等教育资源配置的公平与效率取决于资源配置的制度安排，也体现为资源配置的转型程度，但有时高等资源配置的公平和效率与资源配置的制度安排并非严格的正相关。民办高校在公共高等教育资源配置中，通过政府、市场与学术的力量，争取到政府的经济资助与政策资助，以促进民办高等教育可持续的发展。

1. 经费资助

根据《民办教育促进法》与《民办教育促进法实施条例》，政府在民办教育立法上，在一定程度上确定了政府经济资助的内容，为民办高校取得政府的资助提供了法律依据。政府财政资助的主要方式与途径是教育经费资助。

政府提供经费资助是美国私立高等教育发展的重要措施，政府的经费资助不仅是私立高校稳定的经费来源，而且有利于规范它的办学行为，引导其办学的公益性。正是由于民办教育属于准公用产品，所以现实中有许多人支持对民办教育提供财政资助，其理由有五个方面：一是基于民办教育的财政贡献；二是基于学生的权利；三是基于教育的外部性；四是基于民办教育的效率；五是基于教育制度创新和保持国家教育竞争力的战略成本。民办教育能够带来广泛的公共利益，它能使我们的教育系统更加健康和更有活力，能够为社会提供更加丰富的教育产品和更加多样化的教育机会。其实，公共财政不等于公办财政，我国的教育财政经费紧张并不应该成为政府不能向民办高校提供经费资助的借口，通过有条件的、有针对性的，在公、民办高校公平竞争的基础上提供经费资助，不仅能够促进民办高校的发展，而且促使民办与公办高校共同发展。首先，政府应从立法的角度，制定具有硬性的、实质性的与可操作性的政府资助措施，明确各级政府的责任与义务；其次，要完善民办高等教育的资助机制。中央政府各部门制定民办高等教育发展的大政方针与直接的财政拨款，如颁布教育法律法规、制定财政扶持的政策、原则与条件、编制民办教育事业发展的规划等；省级政府各部门协调、监督与管理民办高等教育的发展；市级地方政府部门具体实施资助、扶持及管理，确定本地区的财政扶持、税收优惠政策及民办教职工的待遇等。对于民办高校的经费资助，中央政府一般可通过拨付一定的财政经费资助贫困地区及国家建设、发展急需的专业人才；省级政府对本地区的民办高等教育承担主要的资助责任，地方各级政府则主要是拨付中央政府规定的民办高等教育发展专项资金。省级政府应该在每年的财政预算中设立资助民办高校的财政预算，地方政府根据对民办高校的评价给予不同的拨款。中央设立民办教育管理委员会，负责管理财政拨款；地方各级政府设立专门的机构——民办教育发展基金会负责对民办高校的考核、经费的分配及监督、管理。

目前，我国公办高等教育财政拨款的模式采用“综合定额 + 专项补助”的形式，综合定额拨款刺激了公办院校盲目的扩大招生规模。民办高等教育的财政拨款的模式要克服公办高等教育财政拨款模式存在的弊端，应提出创新的拨款模式。在考虑我国民办高校的办学现状、不同地区和不同的办学阶段以及遵循公平性、效率性的原则，为提高资金的使用效率，民办高校提出“综合定额 + 专项补助 + 绩效拨款”的模式，建立合适的财政拨款模式。“综合定额”是保证民办高校的基本财政资助，用于加大民办高校的教育事业经费开支及基础设施建设；“专项资金”是提高民办高校的教学质量、科研及与之相关的活动，学校提出申请，教育部门批准后拨付；“绩效拨款”是奖励通过评估、对发展较好的学校给予的财政拨款，有利于激励民办高校的办学热情，提高办学质量，从而优化民办高等教育的财政拨款的机制，提高资金的使用效率。

目前，全国已有多个省、市根据本区域经济发展状况和财政能力设立了民办教育发展专项资金，用于支持鼓励民办学校发展。如陕西省提出从 2012 年起每年拿出 3 亿元对民办高等教育进行扶持；山东省从 2014 年起设立 1. 1 亿元支持民办教育发展；广东省从 2005 年开始每年安排专项资金 3000 万元，2008 年还启动对民办技工学校的专项资金支持，当年即投入 1500 万元；上海市级财政自 2005 年以来对民办教育的投入累计接近 7 个亿，从 2011 年开始已经按生均 2000 元的标准给民办高校补助生均公用经费，上海杉达学院 2013 年获专项资金 4381 万元；浙江省宁波市 2007 年开始每年拿出 6000 万元作为民办教育发展专项资金；北京市在 2004 年市财政支付 800 万元民办教育奖励资金基础上，从 2008 年起市财政每年拨付 1000 万元民办高校引导性专项资金；云南省自 2009 年设立民办教育专项资金以来，省级财政每年安排 2000 万元专项资金用于发展民办教育，5 年来共安排项目资金 1 亿元；贵州省从 2011 年开始，每年安排 2000 万元用于支持民办教育发展；河南省从 2012 年起每年拿出 2000 万元用于奖励各级各类民办学校；四川省从 2012 年起每年从全省教育经费中拿出 500 万元作为省级民办教育专项资金，主要用于资助民办学校改革和发展项目；昆明每年拨款 1300 万元作为民办教育发展专项资金，用于支持民办学校的规模发展、示范性民办学校建设、表彰奖励有突出贡献的集体和个人、民办学校办学经费补助以及新建和扩建项目贷款贴息等；深圳市 2012 年安排 8500 万元的专项资金，扶持民办教育发展；郑州市 2011 年起设立专项资金，每年拿出 5000 万元用于支持民办教育；吉林华桥外国语学院从 2012 年起，每年获政府财政扶持，标准为生均拨款每年每生 3000 元。

2. 政策资助

政策资助应成为我国政府扶持民办高等教育的另一种形式，经费资助是为民办高校的发展直接输血，而政策资助则从根本上为民办高校的发展扫除制度性的障碍，当前的政策资助相对于民办高校的发展现状来说，更为重要，迫在眉睫。民办学校的优惠政策涉及税收、收费、金融、人事、社保等多个政策领域、多部法律规定，并且与民办学校法人属性认定、营利性与非营利性界定等问题直接相关。基于民办教育的重要性，中央政府极有必要制定颁布《民办教育资助扶持法》，从而促进民办高等教育的健康、稳定、快速的发展。

（1）民办高校的地位确认

一些地方政府和部门对民办教育作为教育事业发展的新的增长点和推动教育体制改革的重要力量的地位与作用缺乏足够的认识，就认为教育公益性等同于公办学校教育、将民办教育定势为营利性，不同程度地轻视民办教育。要从根本上解决民办高等教育的发展难题，首先就要突破思维定势与认识局限摆脱观念束缚，清理并纠正歧视性政策，消除社会上存在的对民办教育的偏见。国家的法律、法规政策必须保证民办高校与公立高校享有平等的法律地位，建立公平、合作共赢的发展机制。目前法律、法规对民办高校产权的规定仍十分模糊，产权模糊意味着对投资利益分配的不确定性和不安全性，对于独资办学和合资办学区别对待。独资办学，举办者完全拥有对投入资产的完全所有权及其附属权利，并要有完善的监督机制；合资办学，通过股份制确定产权的归属及收益权利，所有权归股东，经营权归学校法人所有。另外，在政策上应明确，民办高校的性质是属于事业单位而不是民办非企业性质，经批准设立的民办高校同样享受与公立高校同样的税收减免优惠待遇。

（2）减免税费

在观念上应同等地对待民办与公办高等教育的税收问题，尽管《民办教育促进法》已明文承认并且规定了民办教育与公办教育之间平等的法律地位，但在实际的发展环境中，民办高校仍面临着一些歧视性、区别性的对待。“在制定具体的税收政策时，财务部门和税收部门应对教育的公益性、教育的主体特征、教育的地域差异性和教育的需求紧缺程度综合分析，实施不同的税收优惠政策。”由国家税务主管部门、财政部及国务院的有关行政部门共同制定、落实对于民办学校的税收优惠的政策，增强透明度和操作性。

对于非营利性质的民办高等教育的办学主体而言，与公办高校享受同等待遇的税费优惠政策，实行“税不进校”的原则；对民办高校取得的办学收入，经税务机关批准后，免收营业税、房产税、企业所得税和管理费等；对于新办的民办高校，自注册登记之日起就免交一切税收；对于新、扩建的民办高校，政府应当无偿提供土地，并免征土地使用税和建设配套税，民办学校的建设用地应纳入本区域的城乡建设规划，统筹安排，在减免土地征用和建设税费方面享受与公办学校同等政策优惠；对于因教学、科研的需要进口用于教学、科研的图书、实验仪器等教学设备，都免征进口关税。

对于受教育者的税收优惠，是针对受教育者本人及其家庭。在民办高校学费较高的情况下，要激发潜在的民办高等教育的消费需求为有效的教育消费需求，通过对受教育者的税收优惠，在一定程度上可以实现这个目标。美国在这方面做得较好，通过对就读于私立大学学生的家长实行税收优惠政策，促使更多的人选择私立大学。如我国可以对就读于民办高校的受教育者的家庭提高个税起征点；对于企业所得税，提高职工的教育经费的计提比例以及扣除的标准，鼓励通过这种方式扩大企业、家庭与个人对民办高等教育的消费需求等。

对于捐赠者的税收优惠，1999 年出台的《公益事业捐赠法》规定了企业对公益事业的捐赠，并且只对十几个社团的捐赠才可以减免税收，但又对于学校的捐赠却不能享受税收优惠，这不利于民办高校吸取社会捐赠资金进行办学。我国应提倡、鼓励社会对公益事业的捐赠，首先就要建立一个大环境，通过改革捐赠的制度、简化捐赠的程序、提高捐赠的免税额度等方式，建立完善的捐赠补偿机制，鼓励社会各个组织及个人向民办高等教育捐资。

学费是目前民办学校赖以生存和发展的主要资金来源，要保障民办学校的办学自主权，建议按照补偿成本原则，兼顾学校发展，与民办学校的办学特点、办学质量及服务标准相适应，核定及适时调整民办学校收费标准。

（3）民办高校教师的待遇

目前出现民办教师向公办高校回流的现象，原因在于公办教师能够享受退休后的事业单位的待遇，根源在于民办教育与公办教育的区别性对待。在政策上，鼓励民办高校为教职工缴纳年金并纳入办学成本核算，缩小与公办教职工的差距，并将此整个纳入政府投入扶持资金的先决条件；明确民办高校教师的事业单位的身份，享受与公办教师同等的社会保障，解除他们的后顾之忧。全国各省、市政府通过设立民办教育发展基金，以解决民办高校教师的“五险一金”问题，这不但有利于民办高校师资队伍的稳定，还可大大减轻民办院校发展的经济负担，确保公民办高校教师的合理流动。民办高校引进的教师，按照公办高校教师的同类人员调动办法办理落户、档案等有关手续。民办高校教师的科研、职称评定与培训、进修，与公立高校教师享受同等的待遇，并鼓励民办高校教师积极申报科研课题研究。

（4）对民办高校的财政贴息

财政贴息的前提是贷款用于发展民办高等教育事业，政府为民办高校支付部分或是全部的贷款利息，让民办高校享受成本价格的补贴政策，它是政府提供的一种较为隐蔽的财政补贴形式，通过制定政策对民办高校的贴息贷款进行规定，为民办高校的发展扩宽经费来源的渠道。其形式是专项资金，专款专用；方式是直接拨付给受益的学校或拨付给银行。民办高校在贷款的过程中，由于学校资产不能作为抵押、担保，给贷款带来了很大的阻挠，国家应鼓励银行向民办高校给予贷款，给银行一定的优惠，降低银行贷款的风险，激励向民办高校贷款。

（5）设立民办教育科研经费

政府应制定鼓励民办高校申报课题和成立研究中心的政策，促使民办高校的教师重视科研，促使学校培育出一批有强势的学科，快速提高学校的科研创新能力。民办高校的专业设置大多从学校实际出发，比较有特色，在专业优势的前提下，鼓励全校师生教学与科研相结合，鼓励服务于地方经济，应用型与实践性相结合。相对于公办高校，发挥科研优势，积极争取科研资金。如北京城市学院的社工专业，陕西西京学院的机械工程和控制工专业，河北传媒学院的艺术专业，相对于公办高校，这些专业有明显的科研优势。基于此，各级政府要设置科研发展基金，积极拓宽科研经费的筹资渠道，并对经费的划拨、使用与管理进行规范。

第四节　以应用科技大学为目标，准确定位，进一步提高核心竞争力

2010 年，《国家中长期教育改革与发展规划纲要》提出，“促进高校办出特色，建立高校分类体系，实行分类管理”。为加快发展现代职业教育，推动高等教育分类管理，2011 年，教育部启动了《现代职业教育体系建设规划》

编制工作，明确提出推动地方本科学校向培养技术技能型人才的应用科技大学类型高校转型发展，解决我国高等教育人才培养结构与社会需求结构性矛盾。2013年6月，在教育部推动下，由35所地方本科院校发起的应用技术大学联盟在天津成立，重庆邮电大学移通学院、重庆大学城市科技学院等独立学院也加入了该联盟。2014年2月，国务院总理李克强2月26日主持召开国务院常务会议，提出“引导一批普通本科高校向应用技术型高校转型。”2014年6月，《国务院关于加快发展现代职业教育的决定》（国发〔2014〕19号）指出，“采取试点推动、示范引领等方式，引导一批普通本科高等学校向应用技术类型高等学校转型，重点举办本科职业教育。”一项项改革新政密集出台，一步步创新举措坚定有力，正奏响地方本科院校转型的时代强音，开启新一轮转型大幕。地方本科院校转型对推进现代职业教育体系建设、促进高等教育结构战略性调整、明确独立学院发展定位都具有重要战略意义。从欧洲应用科技大学来看，这类学校具有四个显著特点，一是产教融合，直接融入区域产业发展。二是职业导向，专业设置、学习内容直接面向岗位需求。三是开放衔接，实现了职业教育、高等教育、继续教育的融合发展。四是以学习者职业发展为核心。

国家指明了发展的方向，就是要以应用科技大学为目标，将自身发展与促进区域产业发展特别是实体经济发展需求紧密结合起来，服务国家技术技能积累创新。独立学院要按照转型发展的要求，抓住此次高等教育转型发展的机遇，在规范中明确定位，实现定型发展。

独立学院转设后，能否可持续发展，主要还在于能否科学和准确地定位，事关其发展的成败。就大学而言，如何科学合理定位关系到建设什么样的大学和怎么样建设大学的问题，它为大学开展各项教学及教学管理活动、科研活动等指明了方向。就社会而言，大学为什么要存在，它对社会有什么价值，如何才能保证实现其应该具有的价值。科学的办学定位是独立学院转设后可持续健康发展的起点。高等教育大众化过程中，一方面是高等教育需求的迅速增长，另一方面是高等院校竞争的日趋激烈。确定办学定位的过程可以使我们深入思考独立学院的办学远景、服务对象、功能类型、竞争者等诸多方面，确立自己的发展目标。只有明确了发展方向，确定了具体发展路线，才能给实际工作以科学的指导，才能实现持续、健康发展，从而使独立学院能够在日益激烈的竞争中实现自身发展与社会发展的和谐一致。

独立学院作为我国高等教育办学体制改革创新的产物，是地方本科院校的重要组成部分，在促进高等教育大众化、服务地方经济社会发展中扮演着重要角色。截至 2015 年 6 月，全国有独立学院 287 所，约占全国本科高校数的四分之一，独立学院本科在校生约 250 万人，占全国本科在校生数的五分之一。

目前，中国正面临着世界第三次工业革命方兴未艾所带来的机遇，在打造"中国经济升级版"的今天，如何适应我国产业结构升级对本科层次以上技术应用型人才的旺盛需求，在高等教育结构调整中抢抓机遇，打破传统思维方式和办学模式，实现弯道超越，是独立学院必须深思的战略抉择。

欧洲应用技术大学是基于实体经济发展需求，服务国家技术技能创新积累，立足现代职业教育体系，直接融入区域产业发展，集职业技术教育、高等教育、继续教育于一体的新型大学类型。强调产业行业的专门性、针对性、实践性、与经济社会发展适配性，是发达国家和地区在知识经济社会和高等教育大众化背景下的共同选择，能很好地适应经济社会发展和高等教育大众化阶段产生的多样化需求，对于我国独立学院具有重要的借鉴意义。

应用型大学本身可以是一流大学，美国麻省理工学院（MIT）是世界公认的顶尖研究型大学，但它也是应用科学与技术大学。它的本科工程专业教育目标就是为职场培养创新和领军能力的工程师。MIT 的本科毕业生绝大部分都会读研，但不论他们最终学历是硕士还是博士，毕业后 80% 以上还是在产业做工程师，是典型的"工程师摇篮"。

俄国两所最拔尖的工科大学"莫斯科鲍曼技术大学"和"圣彼得堡工业大学"都是拥有几十个院士的研究型大学，但他们的官方分类都是"联邦国家预算高等职业教育机构"。俄国的各层专业教育都被划分入现代职教体系各层之中。

这里需要强调的是，应用不代表低水平；面向职场培养人才也不是低水平；强调应用研究更不是低水平。高等学校办学层次的不同体现在服务对象的差异，而办学水平的差异则反映服务质量的高低；办学层次不等于办学水平；低层次可以达到高水平，高层次也可能低水平。不同的学校有不同的定位，对于定位为应用型的高校，同样应该得到社会的尊重。

“应用型”最重要的内涵是让我们培养的学生更加符合社会的需要，让我们的学校更好地具备服务地方、服务行业和产业的能力，落脚点是办社会满意的教育。中国靠加工制造业发展了30年，廉价劳动力的优势已经过去。中国产业必须转型升级，关键是培养巨量的创新专业人才。而就中国调查的数据表明：十大缺口人才包括研发人员、设计师、工程师、技师技工等高中低各层；本科教育与人才缺口相关性最大，高职其次，研究生教育也有份。

这些都与全球调查的情况不一样，反映了中国现阶段发展对高端人才需求旺盛的特点。

中国现在每年有700多万新生进入高校学习，是全球最大的高教规模。但经过大学教育后，很多人面临“就业难”。大学生毕业即失业，也带来社会不稳定因素，成了社会关注的热点；另一方面，产业转型升级缺乏新鲜血液，企业面临“招人难”，成为国家发展的瓶颈。最近国务院常务会议指出，现代职业教育要“培养数以亿计的工程师、高级技工和高素质职业人才”，中国95%以上的大学本科都应是“应用型”本科专业教育，即“应用科学大学”或“应用科学与技术大学”。它可涵盖所有自然科学和社会科学的应用专业。中国把这一类学校称为“应用技术大学”，翻译有问题，容易引起误解。技术没有“应用”和“不应用”之分；只有科学才有应用和纯理论之分。“应用科学与技术大学”可以分为不同层次：教学型、教学与研究型和研究型，但都是面向职场的“应用型”。

学习借鉴欧洲应用技术大学，建设具有中国特色的应用技术大学，正是独立学院转型发展的战略选择。

其一，这是经济社会转型发展的需要。党的十八大报告提出，“加快形成新的经济发展方式，把推动发展的立足点转到提高质量和效益上来，更多依靠现代服务业和战略性新兴产业带动，更多依靠科技进步。”加快转变经济发展方式，走创新驱动、内生增长的发展道路，根本靠科技，基础在教育，关键是人才。当前，打造“中国经济升级版”急需大量应用型技能型人才支撑。调查显示，产业结构的调整和行业内技术结构的不断变化使职业岗位的能级和层次结构处于上升趋势，对技术应用型人才的层次要求也在不断提升，对本科层次以上技术应用型人才的需求量正在呈增长态势。独立学院作为应用型本科院校，在经济社会转型中义不容辞、肩负使命、大有可为。

其二，这是优化高等教育结构，破解人才培养与经济社会错位的需要。一项调查显示，在未来10年，只能有1/5的毕业生进入劳动力市场高端岗位就业，其他大多数毕业生将面向劳动力市场的中端岗位，其中少数人还可能面向低端岗位就业，蓝领将是大学毕业生新的重要的空间。政府主管部门必须痛下决心，根据人才市场需求，大规模调整高等教育结构的时候了，如果不调整结构，以后大学毕业生的就业问题将越来越严峻。眼下，面对“招工荒”和“就业难”并存的双重困局，必须提高应用型、技能型、复合型人才培养的比重，建立与产业发展相适应的金字塔型人力资源体系，这已成为我国高等教育的当务之急。独立学院建设应用技术大学，对于优化高等教育布局，破解教育结构失衡难题，加快现代职业教育体系建设，具有重要意义。

其三，这是独立学院自身健康可持续发展的客观需要。独立学院是高等教育大众化背景下诞生的一种新型办学模式，其既充分利用传统公办高校的优质资源优势、教学优势、师资优势、管理优势，又充分利用民间资本的资金优势、效率优势、机制优势、市场优势，从办学伊始就实现了高起点、跨越式发展。同时，由于独立学院办学历史短、底子薄、基础弱、资金投入不足，如果因袭守旧，跟随传统大学的步伐，那么不可能超越他们。因此，必须科学定位、找准空白、错位发展，打造差异化优势。独立学院定位于应用型院校，与国外应用技术大学具有相似办学定位；企业投资型独立学院具有行业企业背景，这一点与国外应用技术大学不谋而合；独立学院机制灵活、市场反应灵敏、办学效率高，具有体制机制优势，这也为建设应用技术大学奠定了基础。

一、转设后定位的内涵

转设后，学院发展定位就是指如何确定自己的发展规划和发展目标，具体地说，就是指学院根据国家经济、社会发展的要求，通过对国内外高等教育发展的状况、趋势以及学院的自身状况的把握，确定在一定时期内的规划和目标，这个目标可以是阶段性的，也可以是长期的。主要涉及以下几个方面的内容：总体目标定位、办学层次、办学规模定位、人才培养目标定位、学科和专业设置定位、管理理念定位、社会服务定位、服务区域定位、办学特色定位。

二、目前独立学院定位中存在的问题

1. 部分独立学院的定位缺失或具有一定的随意性

办学定位的内涵丰富，它包含办学理念、社会服务面向、发展目标、办学类型层次、人才培养规格、办学特色等方面的定位。或许因为独立学院办学历程较短，加之教育教学组织与管理工作繁重，还没有腾出足够的时间深入研究思考，因而许多院校在上述众多方面的办学定位缺失，模糊不清，任由办学按惯性“自由发展”。有些院校虽然对办学目标做了一些规划，但由于缺乏对时代大背景下高等教育改革形势的深刻分析和把握，因此提出的目标不尽合理、不够科学：要么有悖于高等教育的价值取向，迷失了定位原则；要么脱离实际，难以在操作层面上实施，失去了定位的意义。凡此种种，导致出现办学的盲目性、随意性，直接影响学校事业的健康协调发展。

2. 部分独立学院的定位缺乏特色或简单复制“母体”

部分独立学院在定位的过程中，不从自身的实际出发，不顾高等教育发展的内在规律，盲目确定自身的发展定位，从而影响了独立学院的健康协调发展，如相互攀比、盲目扩大，单科性学院想成为多学科性学院，多科性想成为综合性大学，以求得所谓的“综合化”。这样办学方式千篇一律，特色荡然无存，其结果只会是事与愿违，最终导致教学质量下降。独立学院只有从自身实际出发，找准自己的特色和优势，才能准确的定位。另外，独立学院办学的最大特点是充分利用“母体”大学的优质资源，独立开展教育教学活动，实现高起点快速发展。但这种利用只能是有所选择的“为我所用”（如师资队伍、硬件设施、优良办学传统等），如人才培养模式必须要走出一条自身的路子出来，独立学院要改革人才培养模式，使产业文化进教育，企业文化进校园，工厂文化进课堂。要深化产教融合、校企合作为重点，推动教育与产业、学校与企业，专业设置与职业岗位、课程教材与职业标准，教学过程与生产过程的深度对接与融合，提高人才培养质量。加快专业课程体系改革，按照当前生产服务技术水平与要求，设计课程结构和内容，专业课程和教材要与技术进步保持同步。独立学院要加强工程训练中心建设，加强实践教学环节，努力按照真实生产环境设计教学内容和方式，依据生产服务的实际业务流程设计课程模块。鼓励通过真实项目激发学生的学习兴趣，建立工学全过程结合的教学制度。

3. 部分独立学院的定位缺乏可行性，贪大求全。

近几年来，由于高校连续扩招，致师资和教育设施资源普遍紧缺。在这种形势下，独立学院可以利用“母体”的资源本已有限，然而由于受经济利益的驱动，不少学院仍不顾条件，单纯贪求规模效益，盲目扩大招生，甚至把办学规模目标定为万人大学。其后果不仅把已有的优势丧失殆尽，教育质量严重滑坡，而且发展下去，势必陷入“质量下降—声誉败坏—生源枯竭”的恶性循环之中。本来，独立学院可以借助灵活自主的办学机制，以社会需求为导向举办适销对路的专业。但一些学院片面强调综合性，盲目追求学科门类齐全，加之“母体”为照顾内部院系创收而搞均衡，因此几乎把“母体”所有专业都移植过来，造成办学无个性、无特点、无优势，严重影响了学生就业。

三、独立学院的定位思考

1. 总体目标

实践已经证明，独立学院脱胎于母体大学，但绝不能跟在母体大学之后亦步亦趋，“综合性、研究型和国际化”之类的总体发展目标还不能适用于多数刚刚走上发展正轨的独立学院。与“母体”相比，独立学院的现实选择应主动将层次下移，采取低重心的培养思路。从我国多数独立学院现有的软、硬件办学条件和生源构成分析，将独立学院定位于“教学主导型、单科性（或多科性）、区域化”的学院应该更为切合实际。另外，在我国的教育政策法规还没有明确规定合理回报的“度”的前提下，如何处理好投资与收益之间的关系呢？办学者应该认识到只有首先满足教育教学上的要求，充分认识到教育自身的规律，在此基础上办学才会成功，投资目的才可能实现。所以，通过投资培养好教育对象才是首要的。

2. 办学层次定位

依据办学实力决定办学层次。办学者要综合考虑到自身的师资状况、办学经验以及社会对人才类型的需求，来选择办学层次。在各种条件尚未具备的前提下，不宜盲目地发展研究生教育。独立学院的生源以第三批次录取的学生为主，客观地讲，知识基础和能力素质与公办高等院校的学生有一定的差距。而其学术基础、师资力量、学科发展水平和科学研究水平都相对薄弱，这就决定了不能单纯的定位在科研型层面上，而应以应用为主。

3. 培养目标定位

独立学院应针对自身办学条件和生源状况，准确定位学生主体的培养类型和目标方向。大部分独立学院受现有办学条件和生源质量的制约，大多以“专业型、应用型、复合型”人才为培养目标。这种培养目标的定位，介于学科型（或研究型）和职业技术型（或技能型）之间，是符合社会分工和发展需要的。有职业导向性的专业教育脱离社会需求，过分强调职业导向性、把本科学院办成职业培训所又违背高等教育的基本规律。所以，独立学院人才培养目标的实现，关键在于把握好学科系统性与职业导向性之间的度，在于在基础知识宽度、厚度和技能培养实用度之间寻求新的、甚至是多样性的平衡点，从而建立起自己的新课程体系和多样性的辅助课程体系。同时，依据因材施教、分类培养的原则，推动多样化教育，建立与之相匹配的人才培养模式。

4. 管理理念定位

独立学院的投资主体有别于公办院校，要提高办学效益，既要结合教育教学需要的实际，按教育规律办学，又要引入企业的绩效管理机制，实行成本核算，精简机构高效运行。灵活的办学机制，合理的管理体制是保证独立学院健康发展的基石。

5. 社会服务定位

独立学院要加强对区域发展战略的研究，强化为区域发展服务的意识，围绕当地支柱产业、特色产业以及产业园区的需要设置专业，调整学科专业结构，建设优势学科专业群，培养当地产业发展急需的短缺人才。要根据当地产业发展规划，超前部署，提前谋划，加强新兴产业、高端产业等所需人才的培养和储备。同时，要根据城镇化布局，鼓励独立学院向地级市及经济发达的中心城市发展，提高为中小城市和产业、人口聚集区发展服务的能力和水平。根据产业结构调整升级和企业产品升级换代的需要，开展应用研究，加强社会服务。特别是要密切与企业、行业的协作关系，通过双边技术协作、项目协作、培养协作和相互兼职等形式，积极推动科技的开发、转化及应用工作，同时解决办学脱离实际和实习实践教育基地匮乏的问题。

6. 办学特色定位

独立学院办学历程较短，短期内很难形成鲜明的办学特色，这就更需要办学方在办学初始时就坚定地树立特色发展意识，并把这一理念贯穿和渗透到目标定位与整个办学活动之中。为此，要善于寻求并强化自身的比较优势，在优势中求发展、创特色；要注意利用民办机制的优势，在教育教学管理、人才培养模式、学科专业建设方面开拓创新，力争形成特色，创出品牌，赢得社会影响力和美誉度。

7. 办学规模定位

办学规模要充分考虑学校师资、教室、图书馆等教学设施及后勤服务设施的配备，以及动态支出与收益之间的比例。在独立学院的发展规划中充分考虑到高等教育的“规模经济”现象，提高教育资源的利用效率。但并不是学校规模越大越好，超过了“适度规模”会适得其反。因此，必须考虑学校的类型、层次以及所在地等相关因素。学生规模的扩大对独立学院的影响主要有：第一，学生数增加给学院带来了非常必要的资金；第二，规模扩大使学院知名度增加，整体竞争力增强；第三，学生增加给学院硬、软件设施提出了新的挑战；第四，学生增加给教育教学工作提出了更高的要求；第五，学生增加给人才输出提出了新的问题。办学特色与办学规模并不成正比，所以，独立学院要特别注意根据自身实际情况确定招生数量，不能以牺牲教学质量和办学特色为代价而追求大型规模。依据社会的人才需求和学校性质决定办学规模。

8. 学科定位和专业设置

学科设置不能贪多求全已成为高校的共识。独立学院的学科定位主要取决于三个要素：母体学校的学科资源条件、独立学院自身条件、市场需求的稀缺度。就独立学院的发展现状而言，学科定位最好以母体学校的优势学科为基础，以市场需求为导向，以学科带头人和师资队伍建设为重点，以核心课程建设为中心，循序渐进地构筑优势学科和学科群。另外，也可以根据投资者的实际情况，扬长避短，开设一些其优势技术的相关专业。例如，一个渔业养殖集团投资的独立学院（尤其是水产类性质的独立学院）就可以设置一些水产养殖业方面的专业，从而为学生提供更直接的理论基础和技术指导，这就要比其他的民办高校甚至是公办高校的起点高，更体现出了自己的特色。

同时，投资者的优势在独立学院的教学过程中又能得到运用、继承和发展，不断推进优势技术的发展与进步。这样，双方都能获利，从而实现共赢。

实践证明，凡是转设的独立学院都有一个共同的特征，那就是定位比较准确，专业优势明显，尽管脱离了母体高校的光环，仍然被社会所认可和接受。同时，独立学院将每年节省的管理费用于教学及员工待遇等。经费的大幅度提高也将促进转设的学院发展更加迅速，从而真正走出一条特色之路。

参考文献

安双宏：《印度高等教育：问题与动态》，黑龙江教育出版社2001年版。

曹勇安：《民办学校的产权问题》，《黄河科技大学学报》2003年第9期。

崔玉平、危力军：《民办学校产权及其营利问题分析》，《争鸣》2005年第5期。

道格拉斯·诺斯、罗伯特·托马斯：《西方世界的兴起》，华夏出版社1989年版。

德姆塞茨：《诱致性变迁理论》，上海三联书店1994年版。

邓旭：《教育政策执行的制度分析框架》，《现代教育管理》2010年第7期。

费坚：《当前我国独立学院“独立”的困境研究》，《高教探索》2008年第1期。

冯向东：《独立学院独立之辩》，《复旦教育论坛》2006年第1期。

富鲁普顿、佩杰维奇：《产权与经济理论：近期文献概览》，《经济社会体制比较》1992年第1期。

甘德安：《独立学院“热”发展的“冷”思考》，《光明日报》2005年8月3日。

高卫东：《营利性民办学校及其产权界定》，《教育科学研究》2001年第3期。

黄磊等：《现代公司治理理论基础的分析》，《经济问题》2008年第8期。

黄藤、王冠：《中国民办学校经营运作方式初探》，《海淀走读大学学报》2005年第1期。

黄阳：《独立学院产权问题研究》，优秀硕士论文，学术期刊网，2009年。

金彦龙等：《独立学院管理模式与运行机制》，知识产权出版社2008

年版。

柯佑祥:《适度盈利与民办高等教育的发展》,南京师范大学出版社 2003 年版。

柯佑祥:《适度营利与民办高校的发展》,南京师范大学出版社 2003 年版。

来茂德:《独立学院:中国高等教育发展的新探索——以浙江大学的两个独立学院为案例》,浙江大学出版社 2005 年版。

劳凯声:《高教体制改革中如何理顺政府与高校的法律关系》,《中国高等教育》2001 年第 20 期。

李功林、邓淑华:《试分析独立学院的整体特征》,《西华师范大学学报》(哲学社会科学版) 2009 年第 3 期。

李维安、王世权:《利益相关者治理理论研究脉络及其进展探析》,《外国经济与管理》2007 年第 4 期。

理查德·J. 斯蒂尔曼二世:《公共行政学:概念与案例》,中国人民大学出版社 2004 年版。

厉以宁:《关于教育产品的性质和对教育的经营》,《教育发展研究》1999 年第 10 期。

刘湘玉:《明晰教育产权促进教育体制改革与创新》,《教育发展研究》2005 年第 8 期。

卢现祥:《新制度经济学》,武汉大学出版社 2004 年版。

罗昆、阙海宝:《"国有民营"独立学院发展的制度困境与对策》,《国家教育行政学院学报》2011 年第 3 期。

宁骚:《公共政策学》,高等教育出版社 2003 年版。

诺思:《制度、制度变迁与经济绩效》,上海三联书店 1994 年版。

潘泽谷、李成:《独立学院制度变迁的困境及其突破》,《教育发展研究》2010 年第 8 期。

彭华安、陈维民:《利益相关理论视野下的独立学院"独立"困境研究》,《当代教育科学》2008 年第 19 期。

彭华安、彭满阳:《利益相关者理论与独立学院治理结构的建构》,《现代教育管理》2010 年第 2 期。

鹏淋涛：《独立学院产权问题研究》，武汉理工大学硕士学位论文，2007 年。

青木昌彦：《什么是制度？我们如何理解制度?》，《经济社会体制比较》2000 年第 6 期。

阙海宝、罗昆：《独立学院资产过户的制度设计与完善》，《现代教育管理》2010 年第 5 期。

盛洪：《现代制度经济学》，北京大学出版社 2005 年版。

孙远雷：《关于“高校扩招”后教育质量问题的思考》，《现代大学教育》2002 年第 3 期。

汪丁丁：《探索面向 21 世纪的教育哲学与教育经济学》，《高等教育研究》2001 年第 1 期。

汪海粟：《资产评估》，高等教育出版社 2009 年版。

汪军洪、赵降英：《浙江公办高校创办新制二年级学院若干问题探悉》，《现代大学教育》2001 年第 2 期。

王培根：《高等教育经济学》，经济管理出版社 2004 年版。

王智超：《教育政策执行的滞后问题研究》，东北师范大学博士论文，2009 年。

王作江、王绚皓：《关于独立学院特殊回报问题的探讨》，《教育发展研究》2006 年 5B 期。

吴开化：《民办学校产权界定的基本思路分析》，《教育与职业》2001 年第 8 期。

吴志超：《独立学院发展中存在的法律问题探析》，《中国高教研究》2010 年第 7 期。

徐辉、季诚钧：《独立学院人才培养的理论与实践》，浙江大学出版社 2007 年版。

徐军辉：《内生与外生：独立学院“浙江模式”与“广州模式”的比较与思考》，《教育发展研究》2010 年 Z2 期。

徐晓东：《社会转型与办学体制创新》，浙江大学出版社 2004 年版。

许为民、林伟连、楼锡锦等：《独立学院的发展与运行研究》，浙江大学出版社 2008 年版。

薛娈立：《民办高校合理回报的经济学视角》，《教育发展研究》2005 年 6B 期。

严军：《我国民办教育的产权界定》，《现代教育科学》2005 年第 1 期。

杨德广：《独立学院的发展模式及未来走向》，《教育发展研究》2010 年 Z2 期。

杨继瑞：《高校独立学院市场化运作的经济学分析》，西南财经大学出版社 2007 年版。

杨挺：《教育投资主体多元化背景下的学校产权规范分析》，《中国教育学刊》2004 年第 6 期。

尹伟：《独立学院的发展历程与特征探悉》，《高等农业教育》2007 年第 8 期。

尹晓敏：《利益相关者参与逻辑下的大学治理研究》，浙江大学出版社 2010 年版。

余兴安：《激励的理论与制度创新》，国家行政学院出版社 2005 年版。

俞建明：《论民办高校产权归属与管理》，《中国改革》2003 年第 2 期。

袁振国：《教育政策学》，江苏教育出版社 2003 年版。

袁振国、周彬：《中国民办教育政策分析》，中国社会科学出版社 2003 年版。

张宝灵：《教育政策执行偏差对目标群体影响的研究——以中小学职称评审政策执行为例》，《教育学术月刊》2010 年第 7 期。

张兴：《高等教育办学主体多元化研究》，上海教育出版社 2003 年版。

张兴：《国有民办二级学院的起源于类型》，《当代教育论坛》2003 年第 9 期。

周济：《促进高校独立学院持续健康快速发展》，《教育发展研究》2003 年第 8 期。

朱军文：《新制独立学院概念及本质特征：基于产权分析》，《复旦教育论坛》2004 年第 4 期。

[美] 道格拉斯·C. 诺思：《制度、制度变迁与经济绩效》，上海三联书店 1994 年版。

Robert S. Montjoy, & Laurence J O' Toole, "Toward a Theory of Policy Implementation: An Organizational Perspective", *Public Administration Review*, 1979.

后 记

书稿终于定稿，似乎可以出一口长气了，但是我却觉得并不轻松。就在搁笔之时，我不能不想到中国独立学院曾经和正在发生的故事，种种沉重抑或是轻快身影中依稀尚透出雄劲的风骨；同时，我不能不想到的是，作为一名变革的见证人，在写作过程中的种种复杂心绪。

中国古代的高等教育起源于朝廷，由于在历史上统治权分合的原因才出现官学和私学，即现代意义的公办高校和民办高校。在官学类型上，太学和国子监是中国封建社会的最高学府。汉代的太学，是古代世界上规模最大的高等学府。唐宋时期太学和国子学并存。明清时期的国子监兼具国家教育管理机构和最高学府两重性质，后成为科举的附庸。

私学是封建社会学校的重要组成部分，私学中的经师讲学属于高等教育层次，孔子是创办我国私立高等教育的先驱。汉代以后的私家经馆，培养了大批不求功名的学术人才；唐宋时期的书院，成为研究学问、聚徒讲学的教育场所；明清时期的书院出现了官学化，成为准备科举的场所，但是作为高等教育机构的书院为那个朝代的学术繁荣和人才培养发挥了重要的作用。

严格的、现代意义上的中国私立大学的出现，是最近一百年内的事情。20 世纪二三十年代的南开大学、复旦大学、厦门大学等，都是曾名噪中华的私立高等学府。这个势头一直持续到新中国建国初期，全国有高校 227 所，其中私立的高校 69 所，占总数的 39%。1951 年年初，中国开始有计划、有重点的院系调整，将私立学校全部改为公办学校，形成了单一的政府办学格局。一直到改革开放时期，因“文化大革命”而失去求学机会的一些人士创办了非公立的中学后教育机构，这是我国重新开启民办高等教育的第一步。1982 年，第一所民办高校——中华社会大学（现为北京经贸职业学院）成立，标志着经历了 30 年的沉寂后我国民办高等教育又重新登上了历史的舞台。伴随着我国高等教育的扩招，民办高等教育不仅在数量上已经达到了相当的规模，而且质量也逐步提供，逐步取得了社会的认同，形成了多层次和独特的办学特色的新局面，并逐步成为我国高等教育的重要组成部分。

通过对公办高等教育与民办高等教育发展的整个历程进行梳理，可以发现，在古代，官学是伴随着政治的需要，并为国家培养政治人才服务而逐步发展起来的，国家在官学的兴衰方面一直处于主导地位；而私学的兴起则是由于个人的原因，许多思想家以私学的形式宣传本学派的学说，扩大本学派思想的影响，私学的最初发展就没有受到当时朝廷的财政资助，但在以后的发展过程中，朝廷对书院进行过资助，如元朝政府鼓励民间人士捐赠创办书院的同时，还为书院设置一定数量的学田。学田是书院耐以生存的经济基础，书院把学田租给佃户，岁入租税作为办学经费。可以看出政府资助私学有历来的传统。在当代的计划经济时期，国家把私立大学全部调整为公办大学，政府全权负责公办高等教育的经费。实行改革开放后，由于国家财政难以承担和促使高等教育进一步发展，1989 年国家教委、国家物价局和财政部联合发布了《关于普通高等学校收取学杂费和住宿费的规定》(〔89〕教财字 032 号)，我国普通高等学校开始收取学杂费，至此财政性教育经费和学费成为公办高等教育的两大主要经费来源，这种现象一直持续至今；但是对于民办高校而言，是由于改革开放后社会上热心人士的带头，民办高等教育才逐步恢复、发展起来的。高等教育扩招后，民办高等教育出现一个快速、大规模的发展时期，利用财政拨款以外的社会资源作为办学经费，拥有较大的办学自主权和独立性。办学初期的民办高校的办学经费主要靠投资人集资，后期则大多主要靠收取学生的学费作为办学经费，走的是一条“以学养学”的道路，但是这样经费来源极不稳定，依靠当年招收的学生人数多少而定，给办学带来了极大的风险。相对于公办高校而言，民办高校处于极不平等的竞争地位，民办高等教育的先天局限性——资金不足，严重地制约着民办教育的健康发展。

1999 年对于中国高校出现独立学院这一事物来说仿佛打下了伏笔，那年，全国第三次教育工作会议明确提出了高等教育要走多元化办学的路子。之后，浙江、江苏、广东、山东、辽宁等省的一些普通公立高等学校利用自己的品牌优势和富余的教育教学资源吸引民间资本投入，率先举办了各种形式的高校二级学院……

2003年对于刚刚蹒跚学步的独立学院来说，也是不平常的一年，教育部出台的《关于规范并加强普通高校以新的机制和模式试办独立学院管理的若干意见》及《教育部关于对各地批准试办的独立学院进行检查清理和重新报批工作的通知》，对于中国高校独立学院意味了太多……截至2008年12月31日，全国独立学院共有320所，在校生总数逾200万人，已经成为我国高等教育事业中一支不容忽视的力量。2008年10月，首批申报转设为民办普通高校的独立学院有4所已经获得教育部批准。短短几年，独立学院变化得太多太多。

从2001年开始，我就开始负责公办民助二级学院的管理工作，与独立学院有深厚的感情！作为中国高校独立学院的观察者时时涤荡于胸的悲壮、宏阔的情怀，更重要的是，写作可以说是在激情与理性交困下执著进行的结果，作为见证者，目睹这一系列变化和不确定的未来，我不能不激情满怀；作为研究人员，我只能从教育规律的角度对一系列变化做忠实的记录，并提出自己的想法。

可以说，独立学院的发展走过了艰难的初创期，已经进入了更为艰难的第二次创业期。独立学院将面临着分类管理政策的考验，营利与非营利的分类，或许不一定适合中国的国情，甚少在中国没有形成大规模捐赠的气候之前，匆忙修订，将对独立学院的可持续发展产生不利的影响。中国高等教育的曲折发展，主要的危险就是教育政策的制定随意，没有经过充分的论证，导致重大政策经常变化，没有体现政策的延续性。不忘初心，方得始终，不排除一批独立学院将逐步退出历史的舞台。一批独立学院正在积极的准备转设，真正走出一条独立办学、特色办学、应用型大学之路。然而，独立学院在办学中所遭遇的政策、观念和行业自身的制约因素尚存，社会上仍带偏见的眼光更是令其一直难以被真正了解、接受。独立学院需要社会客观、全面的关注，而非仅仅只是局部的渲染。这就需要国家立法能够确保政策的稳定与延续，真正能让学校安心办学，而不是被政策左右，进行艰难的选择。一些投资方热爱教育事业，在困难环境下投资兴学，其中有多少艰辛，多少泪水，多少煎熬，承受着巨大的压力，几年间，英姿飒飒变成两鬓斑白，百病缠身，而他们却矢志不渝，这需要全社会尊敬他们！

教育政策在执行中由于受到政策本身的质量、政策执行主体、政策对象、政策环境这四个因素的影响，往往会发生偏差，这不仅会增加政策成本，还会影响公共利益的实现，所以，独立学院的政策一定要从重视制定，转向研究执行，防止偏差有利于确保公共政策得到有效执行和正确的评估，也有利于整个政策生命过程的正常运转。制定政策就是要发现问题，解决问题，要经过充分的调研和论证，研究执行就是要确保政策质量。调查和访谈一些独立学院之后，我深深的感觉到，独立学院产权的复杂性就决定不能用一个标准进行规范和管理，如何通过产权政策来维护举办各方的合法权益，确保他们的合理回报，肯定他们对社会的重大贡献。本书研究转设的问题受到政府、社会、举办方、教职工及学生等的关注。也恰因如此，证明了我的切入和关注的确十分及时而必要，但囿于我个人的写作有限，对很多能引起深思的问题和分析都未能进行深入探讨，这也是我深感遗憾的地方。

从独立学院的创建、规范到现今也就十个年头，我尝试从实践中做认真的梳理和小结，也意味着我的工作从一定程度上不是一个省略号。2005 年，我在北大求学，当时就萌生了一定要出一本独立学院的著作，在北大这几年的收获很大，体现在方方面面，感谢教育学院所有的老师，是您们让我见证了什么是真正的学问之道，让我终生受益。特别是我的导师文东茅教授，文老师对学生的要求，不仅仅只是严格要求，同样也是尊重学生的不同禀赋。2012 年，我的第一本独立学院专著《独立学院运行与决策分析》最终出版并获四川省教育厅优秀教育科研一等奖。

2012 年 9 月，我有幸入门到浙江大学公共管理学院，师从邹晓东教授，他为人特别谦和，学识渊博，虽然担任着浙江大学党委常务副书记，但仍然坚持从繁重的事务中抽出时间指导学生，风雨无阻，每周二与学生见面，研讨和指导，他强大的人格魅力和深厚的学术涵养，将是我人生前进的一股源源不断的正能量，还要感谢我的研究生李妍妍、雷承波、米娟、罗悦的支持，感谢我的家人，他们对写作的理解与支持成为我巨大的精神动力，我在此对他们表示感谢！

我也会继续关注和热爱民办教育事业，既然选择了远方，便只顾风雨兼程！

由于水平有限，还请批评指正，谢谢！

责任编辑：孟　雪
封面设计：林芝玉
责任校对：周　昕

图书在版编目（CIP）数据

独立学院转设政策的执行与偏差/阙海宝 等著. —北京：
　人民出版社，2017. 1
ISBN 978 -7 -01 -017171 -5

Ⅰ. ①独…　Ⅱ. ①阙…　Ⅲ①高等学校—学校管理—研究—中国　Ⅳ. ①G647

中国版本图书馆 CIP 数据核字（2017）第 000739 号

独立学院转设政策的执行与偏差

DULI XUEYUAN ZHUANSHE ZHENGCE DE ZHIXING YU PIANCHA

阙海宝　等著

人民出版社出版发行

（100706　北京市东城区隆福寺街 99 号）

北京盛通印刷股份有限公司印刷　新华书店经销

2017 年 1 月第 1 版　2017 年 1 月北京第 1 次印刷
开本：710 毫米 × 1000 毫米 1/16　印张：19
字数：301 千字

ISBN 978 -7 -01 -017171 -5　定价：57. 00 元

邮购地址 100706　北京市东城区隆福寺街 99 号
人民东方图书销售中心　电话（010）65250042　65289539

版权所有 · 侵权必究
凡购买本社图书，如有印制质量问题，我社负责调换
服务电话：（010）65250042